중국 시골 마을로 당장 달려가 이 책의 주인공들을 만나고 싶다. 20세기 중국이 겪은 혼란과 격동을 맨손으로 헤쳐온 평범한 그리스도인들의 숨결이 이 책을 한 장 한 장 넘길 때마다 생생하게 살아 다가온다. 이 책이 중국 그리스도인들이 박해를 이겨낸 기적적인 간증으로만 읽히지 않으면 좋겠다. 그렇다고 20세기 중국의 참혹했던 역사를 고발하는 증언으로만 읽혀서도 안 된다. 랴오는 고난을 견뎌온 인간의 솔직한 면모를 가감 없이 기록했다. 덕분에 우리는 세계의 참혹함 속에서도 빛을 잃지 않는 인간의 존귀함, 그 신비를 읽을 수 있다. 20세기에 인류는 역사를 오른쪽이나 왼쪽에 서서 기록하고 만들려다가 크나큰 비극을 빚어버렸다. 21세기를 살아가는 우리에겐, 역사를 살아온 한 사람 한 사람에게 더 가까이 다가가 그 얼굴의 주름과 손가락의 굳은살을 기록하고 그 체온을 전해주는 역사가 필요하다. 이 책이 바로 그런 역사책이다.   _ 김지방 「국민일보」 기자

이 책은 중국 가정교회에 대한 가장 생생한 증언이다. 중국 남서부 변방 외진 마을의 가정교회는 20세기에 동과 서가 만난 중심점이요, 21세기 세계교회 영성의 무게중심이다. 선교사에 의해 1차 토착화를 이룬 가정교회는, 공산화 과정과 문화대혁명 기간(1966-1976)의 박해와 순교를 견디며 민중의 삶 속에 두 번째 토착화를 이루었다. 이제 그 믿음의 후손인 '평범한' 영웅들이 기적을 경험하며 살아가는 가정교회 이야기는 소비주의 욕망과 전체주의 우상에 절하는 현대교회에 대안적 복음을 제시한다. 『붉은 하나님』은 십자가의 붉은 피 색깔을 잃어가는 한국교회를 위한 책이다.   _ 옥성득 UCLA 아시아언어문화학과 한국기독교 석좌교수

모든 열매에는 씨앗이 있듯, 모든 현상에는 그 단초가 있는 법이다. 하지만 16세기 후반 중국에 왔던 마테오 리치가 지적했듯, 훗날 대단히 중요한 일로 성장하는 어떤 일이라도 그 발생 초기는 아주 작고 미미하여 제대로 된 기록을 찾기가 쉽지 않다. 랴오이우의 집요한 기록 정신과 그 결과물은 19세기 후반까지 중국 선교의 역사와 20세기 후반 급증하는 중국의 기독교 인구 사이의 뻥 뚫린 듯했던 한 세기의 공백을 메워주는 살아 있는 사료다. 뿐만 아니라, 진시황의 통일

이래 2천 년이 넘도록 중국의 수많은 황제들이 왜 백성의 마음을 지배하는 데 성공하지 못했는지에 대한 통찰력, 그리고 성경이 말하는 '세상이 감당하지 못하는 믿음'에 대한 끊임없는 사례를 제공한다.

_ **조영헌** 고려대학교 역사교육과 중국근세사 교수

이 책에서 랴오는 중국 남서부의 잊힌 마을들을 돌아다니면서 근대 문명이 무시했던 영적 세계를 탐구한다. 그는 중국 역사에서 왜곡되고 지워지고 잊힌 중요한 부분을 복원할 뿐만 아니라 자신들의 신앙을 지키기 위해 억압에 맞서 분투한 특별한 집단의 인생 이야기들을 보도한다. 랴오의 그리스도인 취재 기록은 어둠 속에 진실의 빛을 비추어준다. 그것이 바로 그의 글이 아름다운 이유다.

_ **류샤오보** 2010년 노벨 평화상 수상자

랴오이우처럼 중국 인민의 일상을 그 결까지 잘 드러내 보여줄 수 있는 작가는 없다. 그가 그려낸 인물들은 지면에서 나와 독자의 가슴속으로 걸어 들어온다. 『붉은 하나님』은 그리스도인들에 관한 책이지만, 그들의 이야기는 중국의 평균적인 인민들이 독재정권 및 그 권력에 의해 자행된 박해와 폭력과 거짓을 어떻게 극복했는가 하는 보다 광범위한 문제를 밝혀 보여준다. 인간미가 묻어나는 이야기, 진실한 사건의 기록이다. _ **페리 링크** 프린스턴 대학교 동아시아학 석좌교수

금서 조치를 받은 중국 당대의 최고 작가가 써내려간 치밀하고 냉철한 기록이다. 읽지 않을 수 없으며, 인간성이 맥동하는 책이다.

_ **리안시** 『불의 구원: 현대 중국 대중 기독교의 발흥』 저자

『붉은 하나님』은 지금까지 내가 본 중국 교회에 관한 보도 가운데 가장 경이롭고도 놀라운 책이다. 랴오이우는 (단테를 인도한) 베르길리우스 이래로 최고의 문학적 안내자이다.   _ 존 윌슨 「북스앤컬처」(Books & Culture) 편집인

역사를 보는 긴 안목을 가진 이라면 랴오이우의 작품을 읽으면서 끊임없이 고대 로마 제국 치하에서 핍박을 받으며 해방의 날을 고대했던 소수 집단인 그리스도인들과 그들의 투쟁을 떠올리지 않을 수 없다. 그때와 유사한 일들이 오늘날의 세계에서 벌어지고 있다니 충격적이다. 이번에는 그 이야기가 어떻게 끝날지 누가 말할 수 있으랴?   _ 필립 젠킨스 『신의 미래: 종교는 세계를 어떻게 바꾸는가?』 저자

중국에는 두 개의 삶이 있다. 공산당이 선전하는 공인된 삶과, 감추려 하는 공인받지 못한 삶. 랴오이우는 중국 정부에 의해 묻혀버린 삶을 살려내기 위해 어떤 희생도 두려워하지 않는 최전방에 선 작가다.
    _ 「월 스트리트 저널」 The Wall Street Journal

이 인터뷰에서 우리는 중국 기독교의 복원력을 확인할 뿐만 아니라 기독교가 중국의 가난한 사람들에게 지금도 강력한 힘으로 작용하고 있음을 분명히 보게 된다.
    _ 「로스앤젤레스 북 리뷰」 Los Angeles Review of Books

이 책에서 당신은 고난 속에서 빛을 발하는 용맹스러운 이야기를 수시로 만나게 될 텐데, 절제되고 예리한 지성의 이 탁월한 보도는 당신의 삶을 곧 바꿔놓을 것이다.   _ 「크리스채너티 투데이」 Christianity Today

God Is Red

Liao Yiwu

붉은
하나님

중국 공산주의의 엄혹한 탄압 아래서
기독교는 어떻게 살아남았는가?

랴오이우(廖亦武) 지음 | 박명준 옮김

Holy
WavePlus

차례

 베이징과 청두

이 책의 저자인 랴오이우Liao Yiwu는 중국 정부가 예의주시하며 검열하는 동시대의 작가다. 그는 1989년 중국 정부의 천안문 광장 유혈 진압을 규탄한 서사시 "대도살"大屠殺을 쓴 혐의로 4년의 징역형을 선고받고 복역했다. 공산사회의 주변부 인생을 기록한 그의 책 『시체를 옮기는 사람: 밑바닥에서 본 중국』The Corpse Walker, 2008은 중국 내에서 아직까지 금서로 지정되어 있다. 중국 지도부는 사회주의 체제에 대해 비판적인 글을 쓰는 그를 위험인물로 간주하고 있다.

　　랴오는 조국의 반대 속에서도 흔들리지 않고 집필활동에 매진하고 있다. 『중국의 하나님』God in China에서 그는 수년간 서구의 관심사에서 제외되었고 지금도 논란거리로 남아 있는 중국 기독교의 부활이란 주제에 주목한다. "세계 기독교 정보"The World Christian Database에 따르면 중국에는 현재 7천만 명의 그리스도인들이 있는 것으로 추산되는데,

이는 중국 전체 인구의 5퍼센트에 해당하는 수치다. 무신론을 신봉하는 사회로 알려진 중국의 가장 큰 공식종교는 기독교인 셈이다.

이는 분명 수많은 서구인들을 놀라게 하는 숫자다. 서구인들은 중국이라고 하면 분향하는 불교 신자와 도교 신자들, 실리적인 유교 신봉자들, 적기赤旗를 흔드는 공산주의 무신론자들, 영적으로 양면 가치를 지닌 소비주의에 빠진 사람들을 더 많이 떠올린다.

기독교가 중국에 들어온 것은 7세기까지 거슬러 올라간다. 쿠빌라이 칸(원의 초대 황제, 1215-1294—옮긴이 주)의 궁궐에 예수회가 들어온 것을 비롯하여 체계적인 교류가 있었다는 사실은 역사적으로 잘 알려져 있다. 하지만 기독교가 확고하게 뿌리를 내린 것은 19세기에 들어서면서부터다. 교통수단의 발달로 중국 내지까지 진출이 가능해지자 유럽의 선교사들은 '가운데 왕국'Middle Kingdom, 中華으로 물밀듯이 들어가 사역을 펼쳤다. 1949년 중국이 공산화되기까지 해외에서, 혹은 선교사들로부터 훈련 및 교육을 받은 중국 그리스도인 지도층의 수는 급격히 증가했다. '중국을 그리스도께 재단'China Soul for Christ Foundation에 따르면, 1949년 공산당이 중국을 장악하고 외국 선교사들을 추방할 때 중국 내 신자 수는 70만 명에 달했다고 한다.

1976년에 마오쩌둥이 죽기까지 중국 내 수많은 그리스도인들이 투옥되거나 처형당했다. 최근 들어 정부의 종교 통제가 완화되면서 기독교는 폭발적으로 성장했다. 이에 공산당은 '중국 기독교 삼자애국운동 위원회'나 '중국 천주교 애국회'에 모든 교회를 가입시키는 방식으로 기독교운동을 억제하려 하고 있다. 2007년 관영「중국일보」는 자신을 개신교인이라고 밝히는 중국 내 그리스도인들의 수가 4천만 명에 이르며, 가톨릭교인은―중국 정부는 가톨릭교를 주류 기독교와 구분해서 본다―1천만 명에 이르는 것으로 추산된다고 보도했다. 이러한 정치 현실을 받아들여 정부가 정한 테두리 안에서 신앙생활을 하기로 선택한 대다수의 중국인이 있는 반면, 믿음을 요구할 수 있는 이는 오직 하나님뿐이라고 생각하여 저항하는 이들도 있었다. 이들은 "정부 공인" 교회를 멀리하고, 계속되는 정부당국의 박해에도 불구하고 가정집에 모여서 예배를 드렸다. 이른바 "가정교회 운동"인 것이다. 이 운동은 현재까지도 빠르게 확산되고 있다.

랴오가 기독교에 관심을 기울이게 된 때는 1998년 7월로 거슬러 올라간다. 베이징에 있는 한 친구를 방문하던 중 신경과 전문의에서 지하교회 전도자로 변한 쉬용하이Xu Yonghai를 만나면서부터였다. 중국인 그리스도인을 만난 것은 그때가 처음이었다. "나도 교회는 다니지 않아요"(13장)라는 장에서 그 만남을 이렇게 묘사하고 있다.

그들의 대화에서 알아들은 몇 가지 사실을 종합해보건대, 그들은 금지된 자료를 찍어낼 계획을 세우고 있었다. 용하이는 신경이 곤두서서 수시로 고개를 들어 밖에 누가 있는지 살펴보곤 했다. 이야기가 끝나자 용하이는 내게로 다가와 귓속말로 속삭였다. "조심해야 합니다. 웬리의 집이 도청당하는 것 같소." 나는 고개를 끄덕여 동의를 표했다.

용하이는 베이징 가정교회 신자들을 위한 출판물 제작 일을 웬리가 도와주기를 바랐다. 그는 곧 나에 대해 호의를 갖게 되었기에 하나님이 주시는 구원의 개념에 대해 내게 설명해주었다. 당시 나는 기독교에 대해 아는 바가 거의 없었다. 그래서 그가 하는 말에 관심을 기울였으나 개종을 권하는 그의 말은 내심 거절했다. 결국 나는 이렇게 말했다. "나는 교회에 다니지 않아요." 그는 웃으며 말했다. "나도 교회는 다니지 않아요…. 교회는 모두 정부의 통제 아래 있거든요."

모든 종교활동이 금지되고 마오쩌둥을 숭배하는 공산주의 사상이 국교처럼 신격화되어버린 시기에 성장기를 보낸 랴오는, 종교에 대해서는 그것이 어떤 형태든 회의적이었다. 기독교에 대한 그의 지식은 일천했다. 그도 그럴 것이 기독교는 외국의 제국주의자들이 들여온 "영적 아편"으로 중국 정부에 의해 오랜 세월 동안 악마 취급을 당해온 터였다. 하지만 그는 정부에 비판적인 글을 써서 투옥된 바 있는 작가로서 표현의 자유와 종교의 자유를 지지하는 확고한 견해를 가지고 있었다. 그는 쉬용하이와 같은 신앙을 갖고 있지는 않았으나 그의 용기만은 존중했다.

랴오는 쓰촨 성의 고향으로 돌아와 중국의 기독교 신앙에 대한 조사를 시작했고 지하 기독교운동에 대해 알게 되었다. 그 운동의 선두에 쉬용하이가 있었다.

랴오는 2004년 초에 쉬의 전화가 끊길 때까지 그와 연락을 유지하면서 정치와 신앙에 대해 긴 대화를 이어갔다. 쉬는 중국 남동부 저장 성의 한 가정에서 설교하던 중 체포되어 3년 징역형을 선고받았다.

쉬가 구속되자 랴오는 기독교에 급격히 관심을 기울였다. 2005년 베이징을 다시 방문했을 때, 그는 작가이자 저명한 기독교 활동가인 친구 위지에Yu Jie로부터 위안즈밍Yuan Zhiming이 만든 다큐멘터리 "십자가: 중국의 예수"The Cross: Jesus in China 사본을 건네받았다. 중국 기독교의 역사와 성장 과정을 연대순으로 정리한 이 다큐멘터리는 초기 기독교 순교자들과 신자들, 오늘날 중국 "가정교회 운동"의 한 축을 이루고 있는 그들의 삶을 조명하고 있다. 수많은 사람들이 참석한 기독교 집회를 담은 광범위한 자료화면을 보는 것 자체가 랴오에게는 경이로운 경험이었다. 현대 중국사회의 주변부 인생을 취재하는 자신의 프로젝트에 그리스도인들을 포함시키지 않을 이유가 없었다.

2004년 12월, 정부가 불법으로 규정한 유사종교단체인 파룬궁 회원들을 인터뷰하기 위해 집을 비운 사이 정부 공안요원들이 그의 아파트를 덮쳤고 랴오는 공안을 피해 윈난 성으로 숨어들었다. 자연스럽게 기회가 마련되었다. 리장 시에서 중국인 그리스도인 의사를 만난 것이다. 이 책에 선 선생Dr. Sun으로 소개되는 그는, 벌이가 좋은 도심의 의사직을 버리고 중국 남서부의 외진 산간 지역에서 선교사역을 하고 있었다. 그의 활동 영역은 초창기 유럽 선교사들과 미국 선교사들이 활발히 선교하던 중국 내 소수민족 거주지를 아우르고 있었다. 랴오는 중국 소수민족 중 가장 큰 두 민족인 먀오족苗族과 이족黎族의 마을을 순회하는 한 달간의 여정에 동행하게 해달라고 선 선생에게 부탁했다.

근대화의 물결에서 소외된 궁핍한 소수민족 거주지에서 랴오는 19세기 말과 20세기 초 서양 선교사들의 사역에서 태어나 현재까지 왕성하게 활동하고 있는 기독교 공동체와 조우했다. 그들이 랴오 같은 외지인에게 공동체를 개방한 것은 이례적인 일이었다.

랴오는 "산봉우리들을 배경으로 우뚝 솟은 첨탑 꼭대기에 세워진 붉은 십자가가 선연히 보이는" 흰색 교회당에서 그리스도인들을 인터뷰했다. 그는 "가축과 사람이 나란히 함께 살면서 한 편의 화목한 그림"을 이루는 마당에서 열린 기도모임에 참석했다. 마을 잔치와 같은 예배에 참석해서는 글자도 모르는 사람들이 하나님을 향한 자신의 사랑을 유창하게 표현하는 이야기를 듣기도 했다.

이 책을 쓰기 위해 랴오가 인터뷰한 사람들은 대부분 외지인에게 마음을 연 적이 없었다. 그들은 20세기 벽두에 중국을 비롯한 세계 여러 지역을 휩쓴 제3차 전염병인 선페스트(1855년 윈난 성에서 발생해서 중국과 인도에서만 1천2백만 명의 사망자를 낸 유행병─옮긴이 주)가 창궐하던 시기에 마을을 구한 "큰 키의 금발 또는 빨강머리" 외국인들 이야기를 들려주었다. 그 외국인들은 공중위생의 중요성을 알리고, 상수원 오염 예방법을 가르치고, 학교를 세워 문맹률을 낮추고, 병원을 열어 마을 사람들의 건강 상태를 개선하고, 가난 때문에 버려진 아이들을 살렸다. 마을 사람들은 마오 시대에 자행된 잔인한 탄압과 저명한 기독교 지도자들에 대한 박해 이야기까지 마음을 열고 들려주었다. 그중에는 문화대혁명 기간 중 처형된 개신교 목사인 왕즈밍王志明, Wang Zhiming, 1907-1973의 비극적이면서도 영웅적인 이야기도 있었다. 영국 런던의 웨스트민스터 사원에서는 서쪽 정문 위에 그의 동상을 세워 지난 세기의 기독교 순교자 10인 중 한 명으로 그를 기리고 있다.

랴오는 그가 만난 회중들을 지탱해주는 믿음의 능력과 그들에게서 발견한 긍정적인 정신에 감동을 받았다. 예를 들어, 왕즈밍 목사의 비극적인 이야기를 회상하던 끝에 그의 아들인 왕즈성 목사는 이렇게 고백했다. "원망하지 않아요. 우리 그리스도인들은 죄인을 용서하고 미래를 향해 나아가야 합니다. 오늘 우리가 가지고 있는 것에 감사해

붉은 하나님

야 하지요. 그리고 오늘날 우리 사회는 사람들의 생각이 서로 복잡하게 얽혀 있고 혼란스럽지요. 다른 어느 때보다 바로 지금이 복음의 말씀이 더욱 필요한 때입니다."

랴오는 도시의 경우 정부 인가를 받은 교회와 그렇지 못한 가정교회 사이에 정치적 긴장이 있다는 것을 목격했다. 또한 정부가 시골 지역에 비해 훨씬 방임적인 정책을 취한다는 사실에 신선한 충격을 받았다. 도시인들이 정치와 종교를 대하는 방식은 실용적이었다. 그들은 정부 인가를 받은 삼자애국교회에서 세례를 받았더라도 가정교회 지도자들과 함께 기도하고 그들의 말을 경청하는 데 아무런 거리낌이 없었다. "설교단 위에 있는 십자가상의 거룩하신 분은 나의 주님이에요. 정부가 인정한 교회의 설교단 위에 있든 누군가의 집 거실에 있든, 마찬가지예요." 스물네 살의 청년은 그렇게 고백했다. 게다가 집마다 한쪽 벽에는 마오 주석의 초상을, 맞은편 벽에는 예수의 초상을 걸어두는 게 일반적이라는 사실을 알게 되었다.

2009년 봄이 끝나갈 무렵, 랴오와 나는 그의 윈난 성 경험을 바탕으로 해서 책을 집필하는 것에 대해 상의하기 시작했다. 랴오는 마오 이후 시대 중국의 영성이라는 큰 주제를 살펴보기 원했다. 마오 이후에 중국은 국가 주도의 강력한 근대화를 거치면서 사회 전반에 부패와 탐욕이 만연했고 공산주의에 대한 전반적인 신뢰가 사라지면서 믿음의 위기에 처하게 되었다. 이 책 『붉은 하나님』 God Is Red은 기독교를 주제로 다루고 있으나, 그 목적은 특정 집단의 과거와 현재 경험을 살펴봄으로써 중국의 미래를 내다보는 단초를 찾아보려는 것이다.

2009년 여름, 랴오는 윈난 성으로 되돌아가 다양한 종교 문화가 왕성하게 꽃피운 곳으로 잘 알려진 다리 시의 구시가에 한 달간 머물렀다. 거기서 그는 이 책의 범위를 확장하기 위해 일련의 새로운 인터뷰를 진행했다. 20세기 초 서양 선교사들이 세운, 다리 시의 가장 오래된 기독교회 두 곳을 방문하고, 지역의 기독교 지도자 및 활동가들을 찾아가 그들의 인생 이야기를 기록했다.

랴오는 2002년부터 2010년까지 기록한 18편의 인터뷰와 에세이를 엮어 『붉은 하나님』에 담아 독자들 앞에 처음으로 내놓았다. 중국의 과거와 현재와 미래가 이 책 속에 공존한다. 어떤 이야기는 독특하고도 흥미롭게 들릴지 모르나 실은 평범한 중국 그리스도인들의 전형적인 경험을 보여주며, 오늘날 중국의 기독교 신앙을 둘러싼(때로는 그것을 가리는) 사회적·정치적 논쟁에 새로운 빛을 비춰준다. 어떤 이야기들은 마오 통치기의 중국 전역에 정치적 박해가 미치지 않는 곳이 없었고, 수천 명의 그리스도인들과 그 밖의 수많은 사람들이 고문받고 처형당한 암흑의 세월을 정확히 담아내고 있다. 그러나 그보다 중요한 점은, 각각의 이야기가 아직까지도 경찰국가로 남아 있는 이 국가에 맞서 보통 사람들이 벌이고 있는 역사적·정치적 투쟁에 인간의 얼굴을 입혀준다는 점이다.

『붉은 하나님』에 실린 랴오의 개인적인 에세이들은 그 자신의 변화를 연대순으로 기록하고 있다. 이 프로젝트를 시작할 때 그는 외부인, 즉 도시인, 비그리스도인, 한족 출신의 중국인 작가로서 이질적인 언어와 문화 전통과 신앙을 가진 변방의 랴오족, 이족, 바이족 그리스도인들 속으로 뛰어들었다. 소외감을 느끼고 당황스러울 때도 있었다. 그러나 여정을 끝마칠 즈음에는 마을 사람들이 보여준 환대와 정직,

진실, 한결같은 신앙, 미래에 대한 희망으로 인해 거리감은 눈 녹듯 사라져버렸고 중국에 대한 이해 또한 깊어질 수 있었다. 그는 자신이 듣고 목격한 이야기에 깊은 감동을 받았다. "눈물 흘리며 웃음 터뜨리며" (7장)"라는 장에서 그는 이렇게 증언한다.

> 대부분 읽고 쓸 줄 모르기에 오랜 세월 동안 발언권을 빼앗긴 채 자신의 이야기를 "말하지" 못하고 살아온 여인들이 마치 훈련받은 전문 배우인 양 자신의 생각을 분명하게 표현하고 있었다. 그들의 이야기에는 생생한 일화가 담겨 있었다. 떨리는 목소리와 이따금씩 터져 나오는 눈물로 인해 이야기는 더욱 생생하게 다가왔고 감정도 고조되었다. 그 여인들이야말로 참으로 이야기꾼들이었다. 그들의 재능에 비하면 나는 형편없는 필사자일 뿐이다.

랴오는 여전히 "비종교인"으로 남아 있다. 그러나 이 여정을 통해 그는 고삐 풀린 소비주의가 전통적인 가치체계를 뒤엎고 있는 격변하는 사회 속에서 의미를 찾아 분투하는 수백만의 중국 그리스도인들과 연대감을 갖게 되었다. 그는 중국 그리스도인들의 인내 속에서, 집필과 여행의 자유를 얻기 위해 싸워온 자신의 투쟁과 유사한 점을 발견한 것이다. 2010년 9월, 랴오는 10년간 14번에 걸쳐 청원한 끝에 작품 낭독과 연주를 위해 독일에 가도 된다는 중국 정부의 허락을 받았다. 그때 그는 친구들에게 다음과 같은 이메일을 보냈다. "싸우지 않고는 자유와 존엄성을 쟁취할 수 없으며 지킬 수도 없습니다. 공산당이 나의 저술활동을 못마땅하게 여길지라도 나는 사회 밑바닥 인생들의 고난을 기록하는 일을 멈추지 않을 것입니다. 중국의 참 정신을 세상에 알릴 책임이 나에게 있기 때문이며, 현재 정권을 쥐고 있는 전체주의 정부는 영원할 수 없으나 중국의 참 정신은 영원할 것이기 때문입니다."

2010년 11월 시카고에서

웬광후앙

붉은 산길

발 아래 흙은 희미한 겨울 태양 아래서 피를 흠뻑 머금은 듯
붉게 빛나고 있었다.

2005년 겨울, 나는 일기에 이렇게 적었다. 그때 나는 중국 남동쪽에
위치한 윈난 성의 좁은 산길을 따라 먼 길을 걷고 있었다.

1년 전, 그러니까 파룬궁 회원들을 인터뷰했다는 이유로 나를 심
문하기 위해 찾아온 공안요원들을 피해 달아났던 그해에 나는 윈난
성에 도착했다. 체포될까 두려워 나는 아파트 2층에서 지체 없이 뛰어
내렸었다. 햇볕이 따갑게 내리쬐는 다리 시로 도망해 그곳에 있는 한
친구의 집에서 잠시 숨어 지냈다. 구사일생으로 목숨을 건진 쥐처럼
쓰촨 성 분지를 벗어난 나는, 얼하이 호숫가에서 먼지를 떨고 기지개
를 켰다. 그리고 작가와 연주자의 삶을 계속해서 이어갔다. 거리와 술
집에서 중국의 전통 피리를 불었고 사람들을 인터뷰하고 그들에 관해

글을 썼다.

　새로운 도시에서 빈털터리에 우울했던 나는 베이징과 청두에 있는 친구들과 모든 연락을 끊었다. 낮 동안 나는 하릴없이 거리를 배회했고 거지, 노점상, 거리의 악사, 창녀들과 어울리며 그들의 이야기에 귀를 기울였다. 해가 진 뒤에는 술에 절어 외로움을 달랬다. 그러다가 나를 감시하기 위해 파견된 사복 경찰들과 뜻밖에 안면을 트게 되었다. 쓰촨 성의 경찰들과 달리 윈난 성의 경찰들은 공짜 술을 마다하는 법이 없었기에 거리낌 없이 술친구가 될 수 있었다. 그들은 만취한 때에도 당의 방침을 어기는 법이 없었다. 자신들이 공산주의 체제를 수호하기 위해 얼마나 애쓰고 있는지, 그 모든 일이 다 중국을 위한 것이라고 취중에도 떠벌이는 것이었다. 술은 효과적인 탈출구가 되지 못했고 외로움은 깊어만 갔다.

　2004년 말에 한 그리스도인을 만났는데, 그는 지역 사람들 사이에서 선 선생Dr. Sun으로 알려진 의사였다. 그는 기독교로 회심한 뒤에 상하이 인근의 큰 규모의 의과대학 학장직을 사임하고 윈난 성의 시골 지역으로 가서 병든 사람들을 치료해주면서 복음을 전하고 있었다. 그날 그는 리장 시에 있는 내 친구의 판잣집에서 백내장 수술을 하고 있었다. 환자는 정부가 운영하는 병원에 수술비를 낼 수 없을 정도로 가난한 할머니였다.

　안경을 쓰고 흰색 티셔츠에 녹색의 재킷을 걸친 선 선생의 모습은 의사보다는 학교 선생처럼 보였다. 그는 머리 정수리 부근에 탈모가 진행되고 있었는데, 그것을 보니 6년 전 베이징에서 만났던 전직 신경과 전문의인 쉬용하이 목사가 생각났다. 정부가 금하고 있는 가정교회 운동의 활동가인 쉬 목사는 중국 남동부의 저장 성에서 복음을 전한 혐의로 수개월간 투옥된 적이 있었다. 이날 선 선생은 나를 개종시키려 들지 않았다.

놀랍게도 그는 내 책 몇 권을 거리에서 파는 해적판으로 구입해 읽었다고 했다. 그가 내 작품에 대해 정중히 칭찬하는 말을 들으면서 나는 궁금해졌다. 기독교의 무엇이 이들 성공한 의사들로 하여금 돈이 되는 대도시의 직장을 버리고 위험과 고생이 넘치는 삶을 추구하게 한 것일까?

내가 인터뷰를 요청했을 때 처음에 선 선생은 사양했다. "제가 살아온 인생은 평범합니다." 그는 겸손하게 말했다. "관심이 있으면 저와 같이 산간 지역에 가보시죠. 산속 마을에서 평범하지 않은 이야기를 발견하게 될 겁니다."

물론 나는 관심이 있었다. 나는 평범하지 않은 사람들의 이야기를 담아내는 데 이미 인생의 절반 이상을 보낸 터였다.

1년 후인 2005년 12월, 선 선생과 나는 윈난 성의 성도省都인 쿤밍시에서 만나 산속 깊숙한 곳으로 한 달간의 여정을 떠났다. 버스를 타고 출발했고, 나중에는 작은 트랙터로 갈아타고서 현지인들이 "알사탕 길"이라고 부르는 자갈돌로 포장된 위태로운 산길을 따라 갔다. 우리는 푸민 현과 루취안 시를 지나서—두 곳 모두 한 번도 들어본 적 없는 곳이었다—사잉판 마을에 이르렀는데, 거기서 포장도로가 끝났다. 구불구불한 황톳길을 따라 걸어서 마침내 여러 작은 마을들이 높은 산에 둘러싸여 옹기종기 모여 있는 곳에 이르렀다. 선 선생은 활기 넘치는 기독교 공동체가 그곳에 있다고 했다.

그곳을 보고 있자니 옛 중국 속담 하나가 떠올랐다. "천국은 높이 있고 황제는 멀리 있다." 이는 신의 능력도 세속 권력도 미치지 못할 것 같은 외따로 고립된 지역을 일컫는 말이다. 중국 전역을 휩쓴 거대한 근대화의 물결조차 비껴간 이 외진 지역에 기독교라는 외국 신앙이 어떻게 들어와 성장할 수 있었는지 궁금해졌다. 농부들은 지금도 좁은 계단식 농지를 괭이와 삽으로 일구며 겨우 생계를 꾸리고 있었다. 텔레비전은 사치품이었고, 컴퓨터나 인터넷은 말할 것도 없이, 냉장고라는 말조차 들어본 적 없는 주민들이 대부분이었다. 병원 진료를 받는 경우는 없다고 보는 편이 나았다. 예컨대, 마을 주민 가운데 누가 병이 들면 가까운 병원까지 그를 데려가는 데만 여섯 시간이 걸렸다. 환자는 병원에 도착하기도 전에 울퉁불퉁한 길 위에서 기력이 떨어져 죽었다. 선 선생의 순회 의료활동만이 외딴 마을 주민들의 유일한 희망이었다.

이후로 몇몇 마을 주민들을 만나 그들과 이야기를 나누면서 내가 품고 있던 가정들이 하나 둘 바뀌기 시작했다. 윈난 성의 추운 고산지대 사람들은 분명 도심에서 단절되어 곤궁한 생활을 하고 있었다. 하지만 조금 깊이 들여다보니, 그 지역 또한 바깥세계의 정치적·문화적 영향으로부터 면제된 곳이 아니었다. 실은 신의 권능과 세속 권력의 손 안에 있었다.

중국의 소수민족 중 하나인 이족이 거주하고 있는 저혜이 촌에서, 마을 주민들은 교회 장로인 여든여섯 살의 장잉룽의 흙집으로 나를 인도했다. 평화롭고 자애로운 그의 얼굴을 보니 돌아가신 아버지 생각이 났다. 그는 애정 어린 목소리로 런던에 본부를 둔 중국내지선교회China Inland Mission에 대해 이야기해주었다. 선교회는 지금으로부터 150여

년 전에 선교사들을 처음으로 상하이에 파송했다. 상하이에 도착한 19세기 선교사들 가운데 산속에 숨겨져 있던 이족 마을에 주목한 이들이 있었다. 근대적인 운송수단이 없었기에 이들 "금발의 코쟁이" 외국 선교사들은 나귀를 타고 여러 날을 여행해서 이족 마을에 도착했다. 선페스트가 전국을 휩쓸던 때였는데, 선교사들은 그들이 알고 있던 서양의술과 근대적 위생법에 관한 지식을 이용하여 페스트가 퍼지기 전에 사람들을 구할 수 있었다. 그들은 표준 중국어로 번역된 성경 몇 권을 가지고 들어왔다. 여러 세대에 걸쳐 무당의 주문과 여러 신을 섬기는 데서 위로를 얻었던 마을 사람들이 '하나님의 말씀'에 마음을 열었고 기독교는 그렇게 전 지역으로 서서히 퍼져 나갔다고 장잉룽은 말했다. 그의 선친은 초기 신자 무리 중 하나였으며 온 가족을 교회로 이끌었다. 마침내 선교사들은 학교와 병원을 세웠다. 장잉룽은 이른 나이에 남서 신학교Southwestern Theology Seminary에 다녔고 스무 살 이전에 벌써 선교사들의 발걸음을 따라갈 준비가 되어 있었다.

장잉룽의 매혹적인 이야기를 들으면서 나는 내가 잘 알지 못하고 있던 기독교에 대한 관심이 일었다. 어렸을 때 나는, 서양 선교사들은 중국인의 정신을 예속화하고 중국 아이들을 살해하며 중국의 토착 문화를 파괴하는 "제국주의자들의 사악한 앞잡이"라는 말을 들으면서 자랐다. 나는 그 지역의 그리스도인 몇 사람과 이야기를 나눠보기로 했다. 선 선생의 도움을 받아 바야흐로 산골짜기 깊은 곳으로 뛰어든 것이다.

강 건너편 마을에는 먀오족 출신의 그리스도인 지도자인 왕즈성 목사가 살고 있었다. 그도 벽안의 선교사들에 대해 비슷한 이야기, 즉

많은 사람의 생명을 구하고 복음의 말씀을 전한 선교사들의 이야기를 들려주었다. 살라우 촌의 장마오언 목사도 마찬가지였다. 인터뷰를 진행하면서 나는 몇 가지 공통점을 발견할 수 있었는데, 그들 모두가 외국인 선교사가 베푼 가르침의 혜택을 입은 부모나 조부모로부터 기독교 신앙을 물려받았다는 점이었다. 그 선교사들은 영국인, 프랑스인, 독일인, 미국인, 호주인 혹은 뉴질랜드인이었던가? 그들은 알지 못했다. 그들에게 그런 것은 조금도 중요하지 않았다. 그들 선교사들이 기름진 땅을 발견해 믿음의 씨앗을 심은 덕에 중국의 다른 어느 지역보다 일찌감치 이 지역에서 기독교가 뿌리를 내렸던 것이다. 그 후로 삼사 대를 거치면서 기독교는 각 가정의 유산이 되었고 지역 역사에서 빼놓을 수 없는 부분이 되었다.

하지만 갈등과 희생이 가득한 길이기도 했다.

"마귀는 종종 하나님을 뒤따라와서 그분의 일을 망치곤 하지요." 지역의 한 그리스도인이 나직이 속삭인 말인데, 공산주의자들이 무력으로 밀고 들어와 마오쩌둥의 무신론과 기독교 신앙이 충돌한 1940년대를 말한 것이었다. 장잉롱은 공산당에 의해 토지 재분배 사업이 실시되던 1950년대에 목사로 훈련받았다. 그에게는 자기 소유의 재산이 하나도 없었지만 "지주"라는 딱지가 붙었다. 무자비한 매질을 당하고, 장대비 속에서 깨진 기와조각 위에 무릎 꿇고 앉아 며칠을 굶주린 결과, 그는 몸에 중풍이 와서 수년간 제대로 거동하지 못한 채 지내야 했다.

또 다른 목사 왕즈밍은 서양 선교사들이 중국을 떠난 뒤에 기독교 운동을 이끈 지도자였다. 1950년대에 지방 공산당 관리들은 교회를 폐쇄하고 그를 밭으로 보내 재교육을 받도록 했다. 그는 공산주의 치하의 현실을 말없이 받아들였고 한동안 교회 활동을 접었다. 그러나 문화대혁명 시기에 당이 그가 양보할 수 없는 선을 침해하자—기도할 권리를 인정하지 않자—그는 목숨까지 내놓으려는 마음으로 당의 방침에 저항했다. 아니나 다를까, 그는 산속 동굴에서 비밀 기도회를 인도하던 중 체포되어 공개비판집회를 거쳐 잔인한 방식으로 처형되었다. 혀가 잘리고 몸은 산산조각이 났다.

마오 시대에 지역의 그리스도인들은 기도하거나 교회에서 예배를 드릴 수 없었고 공산주의 사상을 강요받았다. 그리스도인들은 당의 요구에 순응하기는 했으나 믿음을 버린 이들은 소수에 불과했다. 일부 용감한 이들은 믿음을 지키기 위해 산속 동굴에 모여 예배를 드렸다. 결국, 기독교는 그 시기를 견뎌냈고, 마오쩌둥이 죽자 수년이 못 되어 엄청난 기세로 되돌아왔다. 마을마다 기독교의 영역으로 편입되었다.

이족을 만나러 가는 여정에서 나는 성찬식에 참석했는데, 그들은 돼지와 닭을 잡아 근사한 잔치를 벌이며 성찬식을 마치 명절처럼 기념했다.

나는 도시에서 성장기를 보냈는데, 기독교는 마오 시대 이후 도시에서도 서구적 특성을 띠며 부흥하고 번창했다. 새로 회심한 사람들은 대부분 고등교육을 받은 고소득 전문직 종사자들이거나 은퇴자들이다. 그들은 코카콜라나 폭스바겐을 받아들인 것과 마찬가지 방식으로, 다시 말해 서구 물건이 품질이 좋듯이 서구 신앙이 더 낫다는 생각으로 기독교를 받아들였다. 이들보다 젊은 도시의 그리스도인들은 십자가 목걸이를 하고 서구식 찬송가를 부르는 것이 최신 유행이라는 생각에 예수의 발 앞에 엎드렸다.

이제 이족과 먀오족 마을에서 기독교는 토착 종교라 해도 될 정도로, 이족의 전통 음식인 캬오바만큼이나 그들의 삶 깊숙이 친숙하게 자리해 있다. 내가 만난 그리스도인들 대부분이 가난한 문맹의 농부들이었다. 그들은 찾아온 손님에게 내놓을 떡 한 조각조차 없었지만 이야기만큼은 부자였다. 캬오바와 마찬가지로, 기독교는 이족 사람들의 생명을 유지해주는 양식인 것이다. 왕즈성 목사와 장잉룽 장로는 신앙이 있었기 때문에 마오 치하의 엄혹한 세월과 박해를 견뎌낼 수 있었다. 마오의 정치운동에 남편과 오라버니들과 아들들을 잃은 장메이즈는 최근 회심하여 그리스도인이 되고 나서야 비로소 분노를 거둬내고 평화를 얻을 수 있었다. 뱀을 죽이면 나병에 걸린다는 미신 때문에 마을에서 추방된 한 사람은 최근에 기독교 신앙을 갖고 나서 자신을 환영해주는 더 큰 공동체를 얻게 되었다.

부와 물질적 안락에 사로잡혀 있는 중국 대도시의 불안한 인민들에게 기독교는 과연 참 평안을 주는 영혼의 항구가 될 수 있을까? 기독교는 분명 쉬용하이와 선 선생 같은 이들의 인생을 변화시켰다. 아니면 불교와 도교가 그랬던 것처럼 기독교 또한 전체주의 권력에 순응하는 사람들을 양산하는 신앙이 되고 말 것인가? 중국 학자들 사이에서 끊이지 않는 논쟁에서 보듯이, 살인적인 악한 정부를 용서한 일부 그리스도인들의 행동은 과연 하나님의 자비하심을 보여주는 표지인가, 아니면 비겁함을 감추기 위한 변명에 불과한가? 정부가 그리스도인들에 대한 박해를 멈추지 않는 한, 그리고 정권에 위협이 될 것 같은 영적 운동에 대한 감시의 눈을 떼지 않는 한, 기꺼이 정부를 용서하는 일이 그리스도인들의 보편적인 선택이 될 수는 없을 것이다. 교회를 없애버린 공산당 정부를 용서하고 그 정부를 위해서 기도하는지 묻는 질문에 100세의 노수녀는 자리에서 벌떡 일어나 발을 구르며 힘주어 말했다. "아니요, 절대 못하죠! 그들은 여전히 우리 교회 부지를 차지하고 있어요! 이대로 죽을 수는 없어요! 정부가 모든 것을 교회에 되돌려줄 때까지 눈을 감을 순 없지요!"

선 선생과의 여행에서 돌아온 뒤로, 이 주제가 머리에서 한시도 떠나지 않았다. 윈난 성의 기독교에 대한 연구를 마무리하기 위해 나는 2009년에 다시 한 번 다리 시를 찾아가 초기 선교사들의 발자취를 추적했다. 그곳에 정착해서 그곳을 선교의 발판 삼아 더 먼 곳으로 나아간 이들의 길을 따라가 보았다. 그 여행은 내게 더할 나위 없는 기쁨을 주었고 술로 인한 우울증에서 나를 건져주었다. 장잉룽 장로, 왕즈밍 목사, 선 선생과 같은 영웅적인 그리스도인들의 이야기에서 나는 영감을 얻었다. 그들의 이야기는 동과 서가 만나기도 하고 충돌하기도 하는 이 시대에 나로 하여금 이 책을 쓰도록 몰아붙였다. 이들 변방의 외진 마을에서 나는 동과 서가 만나는 중심점을 발견했던 것이다. 비록 과거에는 서로 다른 두 문화가 충돌했었으나, 이제는 중국적인 특성을 가진 새로운 기독교가 되어 그곳에 자리하고 있다.

윈난 성의 구불구불한 산길이 붉은 것은 오랜 세월 동안 피로 물들었기 때문이다.

2010년 11월
쓰촨 성 청두 시에서
랴오이우

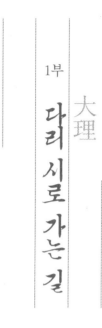

1부

大理

다리 시로 가는 길

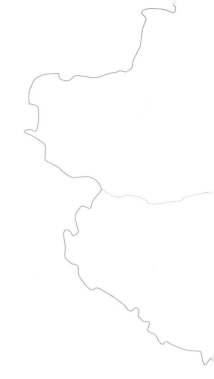

디칭 티베트족 자치주

쿤밍 시

윈난 성
雲南省

다리 바이족 자치주

마오쩌둥(毛澤東 | 1893-1976) 중국의 공산주의 이론가이자 군인, 정치가다. 1931년 이래 중국
공산당의 지도자였고, 1949년-1959년 중화인민공화국의 국가주석을 지냈으며 중국의 혁명정
신을 재건하기 위해 1966년부터 10년간 문화대혁명을 추진했다. 그가 중국 현대사에 미친 영
향에 대한 평가는 논란이 분분한데, 대약진운동과 문화대혁명에 이르기까지 계속된 급진적인
정책이 중국 전반에 입힌 물적·인적·문화적 피해는 수치로 계산이 힘들 정도로 막대하다.

여름의 마지막 장미 한 송이

홀로 피어서 남아 있네.

사랑하던 친구들은

모두 시들고 사라져,

꽃잎도 없고

꽃봉오리도 남은 게 없네.

붉은 얼굴 서로 볼 수도

한숨을 주고받을 수도 없네.

1장
여름의 마지막 장미 한 송이
− 공동묘지 −

저위Ze Yu는 중국 전역의 식당에서 흔히 볼 수 있는 웃음 띤 자비 어린 표정에 둥근 얼굴, 짧게 깎은 머리, 통통한 몸에 턱이 세 개인 배불뚝이 불상을 닮아 보였다. 그는 수도승이지만, 온갖 농담을 즐겨 했다. 미래에 도래할 부처인 미륵이 될 수도 있겠다는 내 말에 그는 사람 좋은 웃음을 지으며 우리−나와 나의 어머니−가 때마침 점심시간에 왔다며 윈난 성 남서부 다리 시의 구시가로 우리를 데리고 갔다. 시각은 막 정오를 지나고 있었다. 그날은 2009년 8월 3일이었고, 우리는 인근의 쓰촨 성 청두 시에서 이틀 밤낮을 이동해온 터였다. 우리는 전위시인인 내 친구 예푸Ye Fu가 창산蒼山 기슭의 시골 마을에 마련해준 마당 있는 집에 머물 예정이었다.

우리는 이슬람 식당에서 점심을 먹었다. 식당의 중앙 홀에는 메카를 순례하는 순례자들을 그린 그림이 걸려 있었다. 우리는 소고기와 양고기를 주문했고, 수도승인 저위는 채식요리가 다양하게 있다며 칭찬을 아끼지 않았다. 이러저러한 이야기를 나누다가 중국의 정치 개혁과 인권 증진을 목표로 하는 선언인 "08헌장"(세계인권선언 60주년인 2008년 12월 중국의 민주화를 요구하는 지식인 350여 명이 서명한 선언문. 발표 이후 중국 내외의 만 명 이상이 선언에 동참했다—편집자 주)으로 화제가 이어 졌다. 저위는 그 헌장에 서명한 사람들 중 하나였다. 나는 그의 용기에 경의를 표했으나 수도승이 정치에 참여해도 되는 것인지 궁금해했다. 그는 웃음을 거두며 진지한 표정으로 말했다. "민주주의가 없다면 불교도 살아남지 못할 겁니다."

점심을 먹고 소화도 시킬 겸 우리는 오래된 도시를 산책했다. 저위는 일반 관광객의 눈에는 보이지 않지만 지난 수천 년간 다리 시의 역사에 생명력을 불어넣어 준 소소한 사실들을 알려주었다. 중국을 기준으로 볼 때 이 오래된 도시는 분명 작은 도시였다. 도시 한쪽에서 반대쪽까지 3-4킬로미터를 넘지 않고, 상주하는 인구 또한 3만 명에서 4만 명 정도였다. 그러나 수많은 신을 섬기는 사람들이 밀집해 있는 도시였다. 토착민족인 바이족은 전설 속의 동중국해 용왕과 천국 황태후에서부터 고대의 황제와 용사들에 이르기까지 수천에 달하는 신들을 숭상하는 신당을 가지고 있었다. 저위는 회교사원과 불교사원 그리고 가톨릭교회와 개신교회를 우리에게 보여주었다. 바하이교나 파룬궁 수행자들은 좀처럼 눈에 띄지 않는다고 그는 덧붙였다. 정부 공인교회를 인정하지 않는 그리스도인들과 마찬가지로, 그들도 주로 가정집에서 모였다.

내가 그리스도인들에게 관심을 갖게 되었다는 것을 아는 터라 저위는 한 세기 전에 중국을 찾아온 서양 선교사들이 묻혀 있는 유명한 공동묘지를 나에게 보여주고 싶어했다. 거기서 내가 배울 것이 있다고 생각했던 것이다. 그래서 며칠 후에 저위와 나는 산길을 한참 걷고 버스를 여러 번 갈아탄 끝에 울리차오 촌에 도착했다. 거기서 오르막 길로 더 걸어 올라가, 이글거리는 태양 아래서 공동묘지의 가장자리에 섰다. "여긴가요?" 내 물음에 저위는 고개를 저었다. 그곳은 이슬람 교도들의 묘지로 주로 후이족이 묻혀 있다고 했다. 나는 19세기 중반 이슬람이 중국의 통치에 반대해 일으킨 봉기와 그 결과 다리 시에 휘몰아친 유혈진압에 대해 알고 있었다. 수많은 한족과 바이족이 몰살 당했다. 청나라 황제는 군대를 보내 이슬람 봉기를 무자비하게 진압했고 수천 명이 죽거나 부상을 당했다. 돌담이 묘지 경계를 두르고 있었다. "이슬람 영혼만이 여기 묻힐 수 있어요." 그가 말했다. 이슬람 봉기가 진압되고 나서 평온한 시기가 왔고, 그 소강기에 선교사들, 그중에서도 중국내지선교회 소속 선교사들이 이 지역에 들어왔다.

"거의 다 왔어요." 저위는 이렇게 말하고 계속해서 걸었다. 300미터 가량 더 가자, 허리춤까지 빽빽이 자란 대마와 향초 밭 앞에서 길이 끊겼다. 우리는 산마루로 이어진 샛길을 찾아 올라갔다. 산 아래가 한눈에 들어오는 산마루에서 저위는 팔을 뻗어 옥수수밭 다섯 곳을 가리켜 보였다. 밭 중앙에 굴착기가 서 있었는데, 거대한 바퀴벌레의 다리처럼 굴착기의 금속 팔이 부르르 떨고 있었다. "저기가 선교사들의 묘지예요." 그가 말했다.

우리는 양팔을 벌려 중심을 잡으며 가파르게 난 구불구불한 길을 따라 내려갔다. 하지만 그곳이 묘지임을 알려주는 표식은 어디에도 보이지 않았다. 굴착기는 금속 팔을 들었다가 땅을 향해 내리꽂기를 반복했다. "묘지 정비를 하는 건가요?" 내가 물었다. 그는 냉소 어린 웃음을 지었다. "바랄 걸 바라야죠. 묘비를 뽑아내는 거예요. 부동산 개발업자들이 갖고 싶어 안달하는 고급 석재거든요." 발아래로 파헤쳐진 땅을 내려다보니 깨어진 묘비 조각들이 들쭉날쭉 드러나 있었고, 조각들을 자세히 보니 로마자로 새겨진 영어 단어와 십자가가 눈에 들어왔다.

묘지 담장의 기초석을 찾아 걸음짐작으로 재어보니 각각 2천 평방미터 크기의 장방형 묘지 두 개가 나타났다. 많은 외국인 선교사와 중국인 그리스도인들의 묘지로 충분한 공간이었다. 하지만 얼마나 많은 이들이 여기 묻혀 있는지 알려주는 온전한 기록은 어디에도 남아 있지 않았다.

내가 조사해본 바에 따르면 이렇다. 영국인 선교사 조지 클라크 George Clarke가 이 땅을 사서 묘지를 조성했다. 클라크의 중국 이름은 화과샹Hua Guoxiang으로, 꽃과 과일의 향이라는 뜻이다. 런던에 본부를 둔 중국내지선교회의 일원으로 1865년부터 활발히 활동해온 클라크는 1881년에 스위스인 아내 패니Fanny와 함께 영국을 떠나 미얀마와 구이저우 성을 거쳐 고대의 도시인 다리 시에 도착했다.

조지와 패니 클라크 부부가 이 지역에 들어온 첫 번째 선교사인 것은 거의 확실하다. 초기에 이들 부부는 기독교적 내용을 담은 소책자를 찍어 시장과 길거리에서 사람들에게 나누어주었다. 아이들에게는 사탕을 나누어주었다. 그러나 그들은 자신들이 나눠준 소책자가 대부분 소용이 없다는 것을 곧 알게 되었다. 바이족 사람들 대부분이 글자를 읽을 줄 몰랐을 뿐 아니라 이들 부부가 사용한 표준 중국어는 바이족 언어밖에 모르는 이들과 소통하는 데 아무런 도움이 안 되었다. 그래서 이들 부부는 바이족 언어를 배우기 시작했고 글자 교실을 열어 중국어 찬송가를 가르쳤다. 또한 바이족의 조상숭배 춤을 배워서 그들의 문화 속에 기독교적 가르침을 집어넣었다. 머지 않아 클라크 부부는 바이족 복장을 입고서 징과 북소리 장단에 맞춰 거리에서 춤을 추며 사람들을 끌어 모아 복음을 전했다. 그들은 바이족 사람들에게 익숙한 오행시로 찬송을 지었다. 그들 부부는 바이족 여러 마을을 다니며 악사들과 시간을 보냈다. 그들 부부가 얼하이 호숫가의 달빛 아래서 춤추는 모습을 주민들은 종종 보았다고 한다.

클라크 부부는 다리 시에서 2년을 살았지만 그들이 거둔 성공은 제한적이었다. 기숙학교를 세웠으나 세 명의 학생밖에 모집하지 못했다. 패니는 임신하여 아들을 낳았다. 부부는 아들에게 새뮤얼 다리 클라크Samuel Dali Clarke라는 이름을 지어주었다.

아이를 낳고 두 달 후 패니는 크게 아팠다. 그녀가 아프다는 소식이 중국인 이웃들 사이에 빠르게 퍼졌고, 소식을 들은 이들은 그녀를 찾아와 위로했다. 패니의 아름다운 목소리와 병상에서 그녀가 보여준 긍정적인 태도에 찾아온 이들은 큰 감명을 받았다. 그녀는 자신이 죽거든 다리 시에 묻어달라고, 그래서 창산과 얼하이 호수와 하나가 되게 해달라고 남편에게 부탁했다. 그녀의 죽음은 많은 중국인 친구들과 이웃들, 그리고 다시 그들의 친구들과 이웃들의 영혼에 감화를 주었다. 그들은 교회로 몰려와 세례를 받았다.

창산 기슭의 그리스도인 공동묘지는 그렇게 시작되었다. 장인들은 묘지를 둘러싼 담장에 십자가를 새기고 중국어와 영어로 성경구절을 새겨넣었다. 1883년 10월 30일 아침, 조지 클라크는 아내를 땅에 묻었다. 장례 예식은 지역 토착민들의 눈에는 전혀 새로운 것이었다. 그들에게 죽은 자를 떠나보내는 일이란 향을 사르고 경전을 낭송하고 무당이 춤을 추는 것을 의미했다. 그런데 이 장례식은 패니의 영혼이 하늘로 올라가 거기서 하나님과 함께할 것임을 알라고 그들에게 촉구하는 것이었다.

그 후로 최소 50명의 외국인 그리스도인들이 다리 시의 여러 마을을 섬겼다. 2005년에 우용성Wu Yongsheng이 자비 출간한 『다리 시의 기독교 역사』The History of Christianity in Dali에 따르면, 1881년부터 1949년까지 기독교의 중국 남서부 선교에서 다리 시는 중추적인 역할을 감당했다. 산들이 병풍을 이루고 수많은 호수가 곳곳에 자리한 이 아름다운 땅 시골 전역에 교회가 생겨났고, 10만 명이 넘는 사람들이 찾아와 신자가 되었다. 선교사들은 병원과 고아원을 짓고 학교를 세웠다.

선교사들의 헌신은 그야말로 감동적이었다. 그 헌신적인 이야기 중에 캐나다 출신의 의사 선교사인 제시 맥도널드Jessie McDonald를 빼놓을 수 없다. 1913년 중국에 온 제시는 중국의 중심 도시인 허난 성 카이펑 시의 한 병원에서 일했다. 1940년 카이펑 시가 일본군에 함락되자, 그녀는 남서쪽으로 병원을 옮겨 다리 시에 '복음 병원'Gospel Hospital을 세웠다. 그녀의 사역은 1951년 5월 4일 갑자기 중단되고 말았다. 공산당 관리들이 병원과 의료장비를 접수하고 제시에게 갑작스런 추방명령을 내렸던 것이다. 병원 전면 벽에 그려진 적십자는 "제국주의자들을 중국에서 몰아내자"라는 구호가 덧칠해지면서 지워졌다. 많은 기독교 신자들이 겁을 먹었다. 신자들은 더 이상 교회에 가지 않거나 공개적으로 신앙을 버렸다. 제시는 마지막으로 중국을 떠난 외국인 선교사로 알려져 있다. 떠나는 날 그녀는 군인들의 위협에 아랑곳하지 않고 선교사들이 1870년에 세운 현 '구시가교회'에 들어가 기도했다. 텅 빈 회중석에서 그녀만이 홀로 앉아 기도를 드렸다.

돔 모양의 교회 지붕 꼭대기에는 런던의 '빅 벤'을 본떠 만든 무게 150킬로그램의 시계가 걸려 있었다. 리처드 윌리엄스Richard Williams와 윌리엄 J. 엠버리William J. Embery 두 사람이 시계의 종을 의뢰해 제작했고 완성된 종을 해로를 통해 베트남의 사이공까지 직접 운송했다. 종은 거기서 다시 메콩 강을 따라 윈난 성으로 옮겨졌고 이후에 다리 시까지 오게 되었다. 운송에만 석 달이 걸렸다.

제시는 종탑으로 다가가 마지막으로 종을 울렸다. 종소리는 다리 시를 가로질러 울려 퍼졌다. 오래된 도시의 어느 구석에서 차를 마시던 노인 세 명은 그날의 일을 이렇게 회상한다. "종소리가 밀려오는 파도처럼 울리고 또 울렸어요. 샤관 사람들 모두가 그 여운을 느낄 수 있었다오."

1998년 1월 28일 오후, 조지와 패니 클라크 부부의 후손인 프랑스인 부부가 다리 시에서 우용성과 만났다. 이들 부부는 앨빈 오스틴Alvyn Austin이 쓴 중국내지선교회의 역사를 기술한 『중국 수백만의 영혼들』China's Millions을 읽고 마음이 움직여 증조부모가 묻힌 곳을 찾아보고 싶어졌다.

그들의 사연을 들으니 폴 발레리Paul Valery의 시, "해변의 묘지"The Graveyard by the Sea의 한 구절이 떠올랐다.

그러나 대리석으로 무겁게 짓눌린 사자死者들의 밤에

나무뿌리에 감긴 몽롱한 사람들은

이미 서서히 너의 편이 되어버렸다.

시인의 상상력은 지중해 연안의 고향 마을인 세테의 공동묘지로 돌아간다. 시인은 정오의 묘비 위에 앉아서 잔잔한 바다를 응시하며 삶과 죽음을 생각하고 있다. 그러나 세상일이 어디 우리가 바라던 대로 되던가. 조상을 찾아 중국을 찾아 온 프랑스인 부부는 중국의 아름다운 자연을 보게 되리라 기대했겠지만, 1998년에 그들이 마주친 광경은 10년 후에 내가 보게 될 광경과 다르지 않았다. 묘지도 정원도 없었다. 돌덩이 외에는 아무것도 없는 빈 땅, 씨를 뿌리기 위해 쟁기질한 밭이 전부였다. 우용성이 내게 해준 이야기에 따르면, 마을 사람들은 이들 프랑스인 부부 주위로 모여들어 그동안 묘지에 무슨 일이 있었는지 이야기해주었다고 한다. 문화대혁명 기간 동안 홍위병들은 묘지를 표적으로 삼아 적기를 흔들고, 구호를 외치고, 혁명가를 불렀다고 누군가가 전해주었다. 홍위병들은 묘지를 뒤집고 뒤집어엎으면서, 제국주의자들 조상의 무덤을 쓸어버리겠다고 공언했다. 다른 주민은 홍위병들이 묘비에 폭약을 설치해 폭파시켜 묘비를 산산조각낸 것을 기억했다. 또 다른 사람은 이미 1950년대부터 묘지가 파괴되기 시작했다고 덧붙였다. 묘지는 정치운동의 바람이 불 때마다 외국 제국주의자들을 향한 증오의 표적이 되었다. 지역 주민들의 절도도 한몫했다. 주미들은 묘비와 표지석을 가져다가 돼지우리, 마당 담장, 집을 짓기 위한 주춧돌로 사용했다. 문화대혁명이 시작되기도 전에 이미 무덤의 절반이 사라지고 평토가 되었다. 중국 역사의 귀중한 보물을 쓰레기 취급한 공산주의는 선교사들의 묘지를 다시 한 번 모독했다.

프랑스인 부부는 끝내 패니 클라크의 무덤을 찾지 못했다. 그러나 그들은 세대를 거쳐 전해져 내려오는 마을 주민들의 이야기 속에 증조할머니가 살아 있다는 사실에서 희망을 얻었다. 다시 폴 발레리를 인용해보자.

바람이 분다!⋯살아야겠다!
무한의 대기가 내 책장을 펼쳤다가 덮는다.
파도의 포말이 바위에서 솟구친다.
날아라, 온통 눈부신 나의 책장이여!

프랑스인 부부는 들꽃으로 만든 화환을 옥수수밭 한가운데 두었다고 우용성은 전한다. 그들 부부는 작은 아코디언을 가져왔는데, 여인은 패니 클라크가 가장 좋아했다고 알려진 노래를 불렀다. 우용성이 그 노래를 말하자마자 나는 그 노래가 어떤 곡인지 알 것 같았다. 토머스 무어Thomas Moore가 1805년에 쓴 시로서, 여러 가수와 작곡가들, 심지어 할리우드의 마음속에 지금까지 남아 있는 시다.

여름의 마지막 장미 한 송이
홀로 피어서 남아 있네.
사랑하던 친구들은
모두 시들고 사라져,

꽃잎도 없고
꽃봉오리도 남은 게 없네.
붉은 얼굴 서로 볼 수도
한숨을 주고받을 수도 없네.

11년 후 같은 곳에 내가 서 있었다. 그리고 어둠이 곧 내릴 것 같았다. 곡이 떠오르자 나는 보이지 않는 아코디언 리듬에 맞춰 몸을 천천히 흔들었다. "돌아갈 시간이에요." 저위가 말했다. 우리는 왔던 길을 따라 거꾸로 돌아갔다. 대마초 숲을 헤치고, 버스를 몇 번 갈아타고, 큰길로 나왔다. 교회 첨탑이 보였고 초승달이 별들 가운데 떠 있었다. 그리고 멀리서 들려오는 찬송가 부르는 소리가 귓가에 울렸다.

무리가 주먹을 들고 연호하기 시작했어요.

"반혁명분자 수녀를 타도하자!"

이모는 굽히지 않았어요. 욕하는 사람들을 향해

이모는 이렇게 말했어요.

"정 때려야겠다면 내 뺨을 때려요. 당신이 왼뺨을

때리면 나는 오른뺨을 돌려 댈 거예요."

2장

당신이 왼뺨을 때리면

- 나이 많은 수녀 -

장인샨Zhang Yinxian은 백 세 넘은 노인치고는 걸음이 빨랐다. 다리 시 구시가에 위치한 교회 마당에서 그녀를 따라잡으면서 나는 그녀가 등 이 좀 굽기는 했지만 생명과 기운이 넘쳐나는 갓 캐낸 인삼을 닮았다 고 생각했다. 뒤를 쫓아가며 그녀의 주의를 끌어보려 했지만 그녀는 본체만체하더니, 결국 바빠서 이야기할 짬이 없다고 쐐기를 박았다. 나는 그 말을 이해할 수 없었다. "이 부근에서 꽤 유명한 분이세요." 2008년 8월에 나와 다른 두 명의 작가를 웨이보 산으로 초청한 친구 는 그렇게 설명했다. 그는 런민 가의 오래된 로마가톨릭교회를 방문 하자고, 학창시절의 친구가 그곳에서 신부로 섬기고 있다며 우리를 초청했다.

장 수녀 생각이 머리에서 떠나지 않았기에 나는 한 주 후에 그녀가 교회에 있다는 소식을 듣고는 다시 그녀를 찾아갔다. 하지만 심한 남 서부 사투리와 가는귀가 반쯤 먹은 탓에 그녀와 의미 있는 대화를 나누기가 어렵다는 것을 곧 알게 되었다. 나의 큰 목소리와 몸짓이 몇몇 수녀들의 주의를 끌었고, 그중 칠십 대로 짐작되는 가장 젊은 수녀가 내게 다가오더니 꼬치꼬치 캐물었다. 어디서 왔나요? 원하는 게 뭐죠? 교구민인가요? 그리스도인 맞아요? 나는 작가라고 신분을 밝혔고 장 수녀님을 인터뷰하고 싶다고 말했다. 수녀는 "그러니까 기자라는 말씀이죠?" 하고 묻고는 지역 종교국에 가서 허가증을 받아와야 한다고 했다. 나는 실수를 깨닫고 그 자리를 떠났다.

이듬해 다시 한 번 다리 시를 방문했을 때 이미 한 번 실수한 적이 있는 터라 조금 더 신중하게 접근했다. 교회와 장 수녀에 관한 정보를 모으느라 이틀을 보냈다. 신학에 대해 잘 알고 있는 그리스도인 친구 펑쿤Peng Kun에게 도움을 청했다. 펑은 타오 수녀에게 연락을 했다. 삼십 대 중반의 친절하고 초롱초롱한 눈을 가진 그녀는 장 수녀의 시중을 들고 있었는데, 인터뷰를 주선하고 통역을 맡아주겠다고 했다.

그 다음 주일 아침미사 후 펑쿤과 나는 다시 교회로 찾아가 회의실에서 기다렸다. 한 시간쯤 후에 타오 수녀가 장 수녀를 모시고 회의실로 들어왔다. 타오 수녀는 내가 알아듣지 못하는 장 수녀의 말을 유창하게 설명해주었다. "수녀님은 이가 하나도 없으세요." 타오 수녀가 말했다. "화를 잘 내시는 편이고 목소리도 크시죠. 이 도시 출신이 아닌 사람에게는, 수녀님의 말이 외국어로 고함치는 것처럼 들릴 거예요."

인터뷰를 진행하는 동안 타오 수녀는 장 수녀의 오른편 뒤쪽에 가까이 앉아 있었다. 장 수녀는 왼쪽 귀가 멀었고 왼쪽 눈의 시력도 손상된 상태였다. 하지만 놀랍도록 비상한 기억력을 갖고 있다는 게 곧 드러났다. 특히 장 수녀는 분명한 견해를 갖고 있는 주제에 관해 말할 때면 자리에서 일어나 발을 쿵쿵 구르곤 했는데, 그럴 때면 폭풍우 앞에서 노를 발하는 셰익스피어의 리어 왕이 떠올랐다. 틀림없이 장 수녀는 미쳐 있었다. 하지만 여느 광증과는 다른 이유에서였다.

인터뷰는 빠르게 진행되었다. 중간에 나는 장 수녀에게 쉴 시간을 드리자고 했으나 타오 수녀는 그럴 필요가 없다고 했다. "수녀님은 선생님 생각보다 훨씬 강하세요. 지금도 음식을 직접 만들어 드시는데 식욕이 아주 좋으세요." 인터뷰 중 장 수녀의 건강 상태에 대한 이야기가 나왔는데 그때 갑자기 장 수녀가 큰 화분 쪽으로 가더니 화분을 들어서 반대쪽에 옮겨놓기도 했다. 모두가 웃었다. 장 수녀는 마치 어린아이처럼 웃었고, 환하게 웃는 장 수녀의 얼굴은 주름이 모두 사라진 듯했다.

장 수녀는 늘 지니고 다니는 십자가 세 개를 보여주었는데, 그중 하나는 60여 년 동안 갖고 다녔던 것이다. 인터뷰가 두 시간을 넘자 타오 수녀는 점심때가 되었으니 그만 마무리하자고 했다. 하지만 장 수녀는 자리를 뜨려고 하지 않았다. 우리는 그녀를 부축해 일으켜 세우려 했으나 장 수녀는 아랑곳하지 않고 양손을 휘저으며 말을 이었다. 무슨 말을 하는지 이해할 수 없던 나는 타오 수녀에게 도움을 청했다. "원래 교회 소유였던 땅을 문화대혁명 기간 중 정부에 빼앗겼는데, 그 사실 때문에 아직 분이 안 풀리셨어요." 타오 수녀가 말했다. "수녀님은 그 땅을 돌려받기 원하세요. 이 세상을 뜨기 전에 그 땅이 교회 소유로 다시 돌아오는 것을 당신 눈으로 보고 싶어하세요." 오래된 속담 하나가 머리에 떠올랐다. "화를 쉽게 내는 사람은 오래 살지 못한다." 장 수녀는 분명 예외인 게 틀림없었다.

랴오이우: 오래전부터 수녀님을 만나 뵙고 싶었습니다.

장인샨: 나는 날마다 이 교회에 있어요. 여기서 기도하고, 밥 짓고, 운동하고, 꽃밭을 돌보고, 개미와 지렁이가 숨을 쉴 수 있게 호미질을 해요. 내가 이 근처에 없다면, 야채 사러 시장에 간 거예요.

랴오: 언제 태어나셨나요?

장: 1908년 8월 3일, 윈난 성 취징청에서 태어났어요. 부모님의 모습은 기억나지 않아요. 내가 세 살 되던 해에 돌아가셨으니 말이에요. 나는 고아였어요. 오빠가 하나 있었는데, 지역 군벌 대장이 데려가버렸어요. 아마 전투에 나갔다가 죽었을 거예요. 삼촌은 주님을 섬기라며 나를 쿤밍 시로 보내셨어요.

랴요: 삼촌이요?

장: 삼촌은 신부셨어요. 청나라 황제 동치제 통치기(1856-1875년)에 가톨릭 선교사들이 베트남을 거쳐 윈난 성에 들어왔어요. 내가 자라던 시절에는 외국인 선교사들이 많이 있었어요. 특히 프랑스 선교사들이 많았죠. 나는 읽고 쓰는 법을 선교사들한테서 배웠어요. 성경을 배웠고, 미사를 드렸고, 기도도 드렸지요. 이따금 심부름을 했어요. 그때는 다들 사는 게 고달팠어요. 작은 수도원은 난장판 같은 바깥세상으로부터 나를 지켜주는 방패와 같은 곳이었죠.

열세 살 때 이모를 따라 다리 시로 왔어요. 그때 다리 시 구시가에는 교회가 몇 개 있었어요. 그 후에 가톨릭 선교사들이 많이 들어왔죠. 예수회, 성 바오로회, 프란치스코회 같은 다양한 수도회에서 파송된 선교사들이었어요. 내가 속한 교구는 빠르게 성장해서 리장 시, 바오산 시, 디칭 자치주, 린창 시, 더훙 자치주, 시슈앙바나 자치주에까지 퍼져 나갔어요. 한창때는 한족, 바이족, 티베트족, 이족, 다이족, 징포족 등 소수민족을 아우르며 교구민의 수가 8만 명이 넘었어요. 제가 빠뜨린 민족이 있나요? 아무튼, 그런 성장세에 부응해 1920년대에 성심선교회Missionaries of the Sacred Heart는 큰 수확을 거두었어요. 선교회는 프랑스인 주교를 책임자로 세웠어요. 주교의 중국 이름은 예메이장Ye Meizhang이었고, 그의 지도 아래 수도원과 고아원을 짓고 여기 있는 이 교회를 세운 거죠.

그즈음에 4백 명 정도가 교회에서 생활했고, 일요일이면 사방에서 지역 주민들이 몰려와 미사를 드렸어요. 교회는 그 많은 사람들을 모두 수용할 수 없었죠. 결국 교회 밖 마당에 서서 미사를 드리거나 마당에 무릎 꿇고 앉아서 미사를 드리기도 했어요. 엄마 아빠를 따라 아이들도 왔는데, 그 애들은 심심하면 나무에 올라가곤 했지요.

나는 어릴 때부터 교회에 다녔기 때문에 찬송가를 모조리 알고 있었어요. 신부님이 설교 중간에 인용하는 성경구절이 몇 장 몇 절인지 곧바로 맞출 수 있었고 그와 관련된 이야기도 모두 알고 있었어요. 사람들은 나에게 똑똑하다는 칭찬을 아끼지 않았지만, 그때마다 이모만은 진지한 표정을 지으며 "교만해져서는 안 된다" 하고 말씀해주셨죠.

랴오: 1960년대에 성장기를 보낸 저희 세대는, 종교는 인민을 예속시키려는 제국주의자들의 앞잡이다, 외국인들이 운영하는 고아원의 수녀들은 아이들에게 의학실험을 한다는 말을 들으면서 자랐습니다.

장: 전부 거짓말이에요. 문화대혁명 기간 중 공개비판집회가 열릴 때마다 우리는 고아들을 살해한다고 비난을 받았어요. 신부들은 흡혈귀라는 소리를 들어야 했고요.

기근이 들거나 전쟁이 나면 가난한 사람들은 제 자식을 길가에 버리기도 했어요. 달빛 환한 밤, 옷 뭉치에 아기를 싸서 교회 문 앞에 두고 갔어요. 수녀들은 그런 아기를 발견하고 안으로 안고 들어왔고요. 아기가 건강하든 병들었든, 상관없었죠. 가끔은 아주 약삭빠른 부모들이 있었어요. 자식을 두고 갔다가 힘든 시절이 지나면 아이를 다시 찾으러 왔어요. 하지만 대부분의 아이들은 부모에게 돌아가는 일이 없었죠. 그 시절에는 모두가 가난했고, 집집마다 자식을 많이 낳았어요. 부모들은 자식들을 가축새끼 대하듯 했어요. 강해서 살아남는 아이들만 키웠어요. 약한 아이는 낯선 이의 손에 버리거나 죽게 내버려두었어요.

그렇게 버려진 아이들을 많이 봤는데, 특히 여자아이들이 많았어요. 숲속 길가나 강가 같은 곳에 버려졌지요. 운이 좋은 아이들은 지나가던 사람들의 눈에 띄었지만 대다수 아이들은 들개 같은 들짐승들의 먹이가 되었어요. 남자아이들은 장애나 병을 갖고 태어난 경우에 여자아이들과 같은 운명에 처했죠. 수녀들은 버려진 아이를 발견하면 서양 의술을 알고 있는 신부나 주교에게 데려갔어요. 버려진 지 얼마 안 된 아이는 희망이 있었어요. 버려진 지 오래되었다면 들짐승에게 팔이나 다리를 뜯긴 경우가 많았어요. 그러면 살려내기가 무척 어려웠어요. 아이가 죽으면 우리는 아이를 위해 기도하고 교회 공동묘지에 묻어주었어요. 울리차오 촌 남쪽에 공동묘지가 있었는데, 지금은 파괴되어 없어졌어요.

랴오: 공동묘지에 가봤습니다. 이제는 옥수수밭으로 변해 있더군요.

장: 실은 그곳에 묘지가 두 개 있었어요. 하나는 가톨릭교인을 위한 묘지, 다른 하나는 개신교인을 위한 묘지였어요. 두 묘지는 서로 붙어 있었는데, 이제는 둘 다 파괴되어 사라졌어요. 우리는 정부로부터 그 땅조차 돌려받지 못했어요. 지역의 많은 가톨릭교인들이 그곳에 묻혔어요. 우리가 살리지 못한 많은 버려진 아이들도 그곳에 묻혀 있고요. 불쌍한 아기들이에요! 아이들을 위해 우리는 약식이지만 제대로 된 장례를 치러주었어요. 주교, 신부, 수녀, 수도승, 교구민, 버려진 아이 관계없이 공동묘지의 모든 묘에 묘비를 세웠어요. 묘비를 살펴보면 이름과 태어난 날, 이 땅을 떠난 날 등이 새겨져 있는 게 보일 거예요.

랴오: 버려진 아이들의 이름은 어떻게 알아냈나요?

장: 아이의 이름이 적혀 있지 않은 경우에는 아이를 발견한 수녀가 이름을 지어주었어요. 중국 이름이나 프랑스 이름을 지어주었죠. 그러고 나서 언제, 어디서 아이가 발견되었는지 명단을 작성해 기록해두었지요.

　　1940년대까지 우리 교회가 받아들인 아이들은 2백 명이 넘었어요. 수녀들 대다수가 하루 종일 아이들을 돌봐야 했어요. 의료훈련을 받은 수녀들은 소아과 의사가 되었고요. 내가 맡은 일은 우유를 데우고 쌀죽을 만드는 일이었어요. 어떤 날은 버려진 아이들이 하루에 네댓 명씩 오기도 했어요. 그 아이들은 몹시 굶주려 있었죠. 그때 고아였던 이들 가운데 두어 명이 아직 이 근처에 살고 있을 거예요. 이제 칠십 대, 팔십 대겠네요. 정치적 환경이 전과 달라졌지만, 지금도 교회와의 관계를 인정하려 들지 않을 거예요.

랴오: 무슨 이유가 있나요?

장: 그 사람들은 문화대혁명 기간 동안 교회와 관계를 끊었어요. 외국 제국주의자들과 공모했다고 몰릴까 봐 두려웠을 거예요. 지난 10년 동안 상황이 많이 좋아졌지만, 지금도 박해받지 않을까 두려워하고 있을 거예요.

　　인생 전반부를 돌아보니, 정말 행복한 시절이었어요. 교회는 날마다 사람들로 시끌벅적했어요. 바람 불고 낙엽 떨어지는 가을이 오면, 오 주님, 천지는 온통 금빛으로 물들었죠. 기도회나 미사 시간이면 교회는 교구민들로 발 디딜 틈이 없었어요. 하지만 모임이 없는 날 교회 마당은 고요하고 행복한 평화가 깃들었어요. 그 지나간 시절에, 우리 교회는 컸고 나는 날마다 할 일이 많아서 등이 늘 아팠어요. 교회당 청소, 그러니까 강대상, 회중석, 성상에 쌓인 먼지를 닦아내는 일이 가장 좋았어요. 프랑스, 스위스, 벨기에에서 온 신부님들이 열두 명 넘게 있었는데, 내가 실수를 하면 신부님들은 "벌로 찬송가 세 곡, 독창으로" 하는 말로 저를 놀리곤 했어요. 신부님들은 내가 부르는 찬송을 따라 부르기도 했어요. 찬송대회를 열기도 했죠.

랴오: 인생 후반부는 어떠셨나요?

장: 1949년 8월, 공산주의자들이 정권을 잡던 날 밤 스위스인 모리스 토리Maurice Toruay 신부님이—세상에, 그분 이름을 아직도 기억하고 있네요—복음을 전하러 (티베트와 가까운) 치중 지역으로 가셨는데, 거기서 총에 맞아 돌아가셨어요. 우리는 그 소식을 듣고 큰 충격을 받았어요. 시커먼 까마귀의 불길한 울음소리 같았죠. 코앞에 위험이 도사리고 있

음을 감지한 거예요. 모두 무릎을 꿇고 이 새로운 시대를 잘 헤쳐나가 도록 지켜주시기를 간구했어요. 우리는 특별미사를 드리면서 조만간 다가올 고난에 대비해 마음을 단단히 먹었어요. 주님을 영화롭게 하는 일이라면 토리 신부님의 발자취를 따라 목숨까지 바칠 준비가 되어 있 었어요. 우리 앞에 놓인 길이 순탄치 않다는 것을 알았어요. 그래서 마음을 단단히 먹었던 거죠.

곧이어 공산당 군대가 시내로 들어왔어요. 사람들은 적기를 흔들 고 북과 징을 치며 군인들을 맞았죠. 나라 전체가 "붉게" 물들었어요. 산들도, 얼하이 호수도 "붉게" 물들었어요. 교회마저도 붉은 깃발과 마 오 주석의 초상화로 단장했고요. 외국인 선교사들은 일렬로 늘어선, 커 튼으로 가려진 작은 방에 분리 수감되었어요. 군인들이 문을 지켰고 아무도 얼씬 못하게 했어요.

랴오: 그때가 몇 년도였죠?
장: 1952년이에요. 그해 2월까지 모든 외국인이 중국을 떠났어요.

랴오: 선교사들을 떠나보내면서 송별 미사 같은 것은 없었나요?
장: 방법이 없었어요. 예배당 문이 봉인되었기 때문에 허락 없이는 아무도 들어갈 수 없었죠. 외국인들이 떠나자, 교회에서 생활하던 사람들 모 두 사상 검증을 받아야 했어요. 평신도든 성직자든 하나같이 겁에 질 려 대거 교회와 연을 끊었어요. 그들은 당국의 명령에 따라 집으로 돌 아가 농사를 지었죠. 공개적으로 교회를 버린 이들도 있었어요. 그들은 "나는 마오 주석의 말씀을 따를 것이며 인민을 예속화하는 가톨릭교회

와는 모든 연을 끊겠다"고 했어요. 공산당이 노린 것은 전국 각지에 있는 교회의 재산이었어요. 외국인 주교들은 정권을 잡은 새로운 정부에 모든 것을 헌납하겠다고 서약하는 서류에 강제로 서명을 해야 했어요. 교회의 재산은 노동 대중을 착취해서 얻은 것이라고 새 정부는 비난했죠. 그런 식으로 그들은 교회의 모든 재산은 몰수했어요.

1952년을 잊을 수 없어요. 그해에 교회는 빈털터리가 되었어요. 한때는 그토록 찬란하던 교회가 하룻밤 사이에 모든 것을 잃고 말았죠. 교회는 쥐들의 소굴이 되어버렸어요. 전에는 4백 명이 생활하며 일하던 교회에 이제 단 세 명, 나와 이모와 류한천Liu Hanchen 주교님만 남았어요. 우리에게도 교회를 떠나라는 명령이 떨어졌어요. 류 주교님은 떠나지 않겠다고 나서서 반대했어요. "교회는 우리의 집이오. 우리는 아무 데도 가지 않을 것이오."

처음에 정부는 우리가 교회에 머무는 것을 허락했어요. 그러나 그해가 지나기 전에, 지방 군벌이 보낸 일단의 무장 군인들이 와서 우리를 창산 기슭에 있는 마을로 끌고 갔어요. 지방 관리들은 마을 주민들을 불러 모아서 우리를 감시하라고 공개적인 명령을 내렸어요. 우리는 강제노역에 동원되었고 사상을 개조하라고 명령받았어요. 정부는 교회로부터 빼앗은 땅에 초등학교와 고등학교를 지었고 교회 수도원은 정부 관리들을 위한 숙소로 개조해버렸어요.

랴오: 그래서 농사일을 하게 되신 거군요.
장: 노동 대중에 짓밟히는 하등 시민이 되었죠.

랴오: 몇 년 동안 강제노역에 동원되었나요?

장: 1952년부터 1983년까지니까, 31년인가 봐요.

랴오: 그 시간을 어떻게 견디셨나요?

장: 농작물과 채소를 길러 간신히 연명했어요. 교회에서 내쫓길 때 아무것
도 가지고 나올 수 없었어요. 우리는 하루 종일 걸어서 마을에 도착했
는데, 마을 지도자들은 물 한 모금 주지 않은 채 공개비판집회장으로
우리를 끌고 갔어요. 불교 승려와 비구니, 도교 성직자, 지역의 개신교
지도자들과 함께 우리를 앞세우고 온 동네를 돌아다녔죠. 마을 지도
자들은 우리로 하여금 단 앞쪽에 세 줄로 서 있게 했는데, 주먹을 불끈
쥐고 혁명 구호를 연호하는 수백 명의 마을 주민들을 마주보고 있어야
했어요. 주민들은 우리에게 침을 뱉고, 저주의 말을 내뱉었어요. 지도
자가 무리를 선동하자, 농민 활동가 한 명이 류 주교 앞으로 나오더니
주교님의 뺨을 때렸어요. 이모가 앞으로 한 발짝 나가며 항의했어요.
"어떻게 주교님의 뺨을 때릴 수 있어요?" 농민 활동가는 전에 가난한
농부였다가 공산당이 지주들의 재산을 몰수할 때 득을 본 사람 중 하
나였어요. 그 사내는 이모에게 손가락질을 하며 고함을 질렀어요. "너
는 반혁명분자인데 우리가 너희를 이겼단 말이다. 착취를 일삼는 제국
주의자의 앞잡이 주제에." 그러자 이모는 이렇게 말했어요. "아니에요.
우리도 가난한 집에서 태어났고 아무도 착취한 적이 없어요." 그러자
활동가는 다시 소리쳤어요. "패배를 인정할 줄 모르는 고집불통 같으
니라고. 너 같은 건 당해봐야 해." 무리가 주먹을 들고 연호하기 시작했
어요. "반혁명분자 수녀를 타도하자!" 이모는 굽히지 않았어요. 욕하는

사람들을 향해 이모는 이렇게 말했어요. "정 때려야겠다면 내 뺨을 때려요. 당신이 왼뺨을 때리면 나는 오른뺨을 돌려 댈 거예요."

랴오: 다른 쪽 뺨을 돌려 댄다….

장: 사람들은 이모의 말을 이해하지 못했어요. 우리는 더 많은 정치집회를 견뎌야 했지만, 시간이 조금 지나자 조롱하는 말이나 구타가 더 이상 괴롭지 않았어요. 상황 파악을 했어요. 자기 보호법을 배운 거예요. 지주를 비판하든, 불교인을 비판하든, 가톨릭교인을 비판하든, 지식인을 비판하든, 정치집회는 모두 똑같았어요. 사람들은 언제나 "타도하자!", "다시 일어서지 못하게 패버려!", "마오 주석 만세!", "공산당 만세!", "승리는 영원하리!" 같은 구호를 외쳤고 그때마다 우리는 자백을 해야 했어요. 그래서 우리는 암기해서 자백했어요. 단어 몇 개만 바꾸면 되었죠.

랴오: 시골 마을에서의 생활은 어땠나요?

장: 마을 주민들은 방이 두 개 딸린 돌집에서 우리를 살게 했는데, 외풍이 아주 심한 집이었어요. 집이라기보다는 돼지우리에 가까웠죠. 새로운 생활은 류 주교와 이모가 견디기 정말 힘들었는데, 두 분 모두 나이가 무척 많았거든요. 나는 비교적 젊었고요. 나는 촌장에게 가서 취사도구와 곡식, 침구를 조금 달라고 부탁했어요. 촌장은 나중에 돈을 벌어서 갚겠다는 내용의 각서를 쓰게 했지요.

　고된 노동이 이어졌어요. 농사일이 크게 힘든 건 아니었지만, 몸에 힘이 있어야 했어요. 대부분의 농사일은 내가 했고, 이모와 류 주교님은 나를 도와 일했어요. 공개비판집회가 없는 날은 조용히 지낼 수 있었어요. 우리는 마을 사람들에게 소를 빌려서 밭을 갈았고, 돼지와 닭을 키우고 채소도 심었어요. 먹고 남는 야채와 달걀을 거둬다가 마을 장터에 내다 팔았고요. 그렇게 번 돈으로 기름과 간장 같은 것을 샀어요. 힘든 생활이었지만 그럭저럭 살아갈 수 있었고, 조만간 한숨을 돌릴 만큼 되었어요.

랴오: 그러다가 대약진운동이 시작되었죠.

장: 마을에 철을 녹여내는 풀무가 있었는데 그게 멈추지 않도록 땔나무를 대기 위해 모두가 산에 올라가 나무를 베어야 했어요. 열심히 하면 2-3년 안에 중국은 선진 공업국에 접어들 거라고들 했어요. 철을 만들기 위해 우리는 갖고 있는 모든 것을, 심지어 조리 기구까지 모두 넘겨줘야 했어요. 반면 농작물에 신경 쓰는 사람은 아무도 없었어요. 바로 그때 기근이 들었어요. 당연히 사람들이 많이 죽었죠. 정말 끔찍했어요. 우리는 묽은 옥수수죽으로 연명했는데, 희멀건 게 맹물이나 다를 바 없었어요. 햇빛 아래서 보면, 죽을 담은 그릇에 태양이 비치는 거예요. 달걀노른자 같았어요. 류 주교님은 달걀 모양이라도 뜨는 게 아예 없는 것보다는 낫지 않느냐며 눙치셨어요. 이모도 두 손으로 죽 그릇을 그러모아 쥐고 진지하게 이렇게 말하곤 했어요. "우리는 주님께서 주신 태양의 달걀죽을 먹고 있는 거란다. 분명 이 그릇에 담긴 죽에는 영양분이 아주 많을 거야."

이내 먹을거리가 모조리 떨어졌어요. 우리는 먹을 만한 것을 찾아 산을 돌아다녀야 했어요. 산나물, 풀뿌리, 이끼, 때로는 나무껍질까지도 구하러 다녔어요. 마을 주민들 가운데 궁지에 몰린 이들은 시체를 파내서 그 살을 먹기도 했어요. 스님들마저 쥐를 잡아먹을 때였으니까요. 그때는 말이죠, 온 천지가 지옥이었어요. 기근이 조금만 더 길었더라면, 마을 사람들은 분명 우리를 잡아먹었을 거예요. 주님 덕분에 살아남은 거죠.

우리는 기도했어요. 길에서도 기도하고, 산을 오르면서도 기도했어요. 그리고 성경을 읽으면서 긴 세월을 견뎠어요. 머리와 마음속에 하나님의 말씀이 한 땀 한 땀 아로새겨졌어요. 정부가 아무리 애쓴다 해도 그렇게 새겨진 말씀은 지워지지 않아요. 먹지 못해 현기증이 났지만 다른 사람들의 도움을 구하지 않았어요. 모두가 자기 몸 건사하기조차 힘들었거든요. 우리는 그저 주님께서 평화 주시기만을 간구했어요.

하루는 산중턱에 있는 밭에서 마을 사람들과 같이 밭을 샅샅이 뒤지며 먹을거리를 찾고 있었어요. 반나절쯤 지났지만 나는 아무것도 못찾았어요. 지쳐서 땅에 쓰러졌는데 다시 일어날 힘이 없는 거예요. 그때 알록달록한 야생버섯이 눈에 띄었어요. 독버섯이라 아무도 손대지 않았던 건데, 배가 고파서 의지력과 판단력이 흐려졌던가 봐요. 버섯을 움켜쥐고 입안에 밀어 넣었어요. 그 지역에서 자란 터라 독버섯을 먹으면 치명적일 수 있다는 것을 잘 알고 있었어요. 굶어 죽든지 독버섯을 먹고 죽든지 선택해야 한다면 어쩔 수 없지… 고민 없이 후자를 택했고 하나님께 용서를 빌었어요. 몇 분 후에 갑자기 배가 찢어질 듯 아파왔어요. 목구멍 깊숙이 손가락을 밀어 넣어 위 안에 든 것을 토해 내려고 했지만 텅 빈 위 속으로 들어간 독버섯은 이미 소화되어 몸에 흡수된 뒤였어요. 손이 떨리고 온몸에 경련이 일었어요. 나는 나무를 부둥켜안고 쉬지 않고 기도했어요. 죽어야 한다면 기도하다가 죽고 싶었던 거예요.

나중에 깨어나 보니, 달이 떠 있었어요. 겨우 몸을 일으켰죠. 여전히 배가 고파 죽을 것 같았지만, 아까의 통증은 더 이상 느껴지지 않았어요. "아멘" 하고 나직이 기도했죠. "아멘. 주님, 감사합니다. 지켜주셔서 고맙습니다." 죽을 거라 생각했는데 살아 있었던 거예요.

라오: 세 분이 모두 그 시기를 견뎌내셨나요?

장: 문화대혁명 기간 동안 류 주교님은 하이둥 지구 어딘가로 보내져 더 심한 심문을 받았어요. 주교님은 여러 번 매질을 당했어요. 그래서 건강이 더 악화되었고요. 공산당에서 종교정책을 180도로 바꾼 1983년이 되어서야 우리는 재회할 수 있었죠. 지방종교국에서는 옛 교회 건물 맞은편에 방 두 개짜리 집을 마련해주었어요. 그 집에 들어간 우리 세 사람은 교회와 교회에서 빼앗아 간 재산을 돌려달라고 주민들과 학교 당국을 설득하기 시작했어요. 류 주교님은 공산당 강령을 들어가며 협상에 임했어요. "우리가 비록 힘없는 늙은이들일지 모르나 결코 물러서지 않을 겁니다. 이 건물은 하나님의 교회입니다." 주민들은 주교님께 "하나님은 무슨 염병할!" 하고 악담을 했어요.

그 다음은 지방종교국 공무원들을 설득하는 거였어요. 나는 이모를 등에 업고 다리 자치주 정부청사를 찾아갔어요. 아무도 우리를 만나주지 않으려 했죠. 그래서 청사 밖으로 나가 청사 앞 계단에 이모를 내려놓고 이모 옆에 앉아 단식하며 연좌시위를 벌였어요.

랴오: 그때 나이가 몇이셨죠?

장: 일흔다섯 살인가 일흔여섯 살인가 그랬어요. 이모는 아흔 살이 넘었고요. 해가 지면 집으로 돌아왔고 해가 뜨면 다시 청사 앞으로 갔어요. 이모는 천식을 앓고 있어서 숨을 제대로 쉬지 못했어요. 나는 이모에게 집에 계시라고 했지만, 이모는 내 말을 들으려 하지 않았죠. "주님은 너 혼자만의 주님이 아니라 우리 두 사람 모두의 주님이시란다." 이모는 그렇게 말했어요. 1980년대에 다리 시 구시가에서 청사가 있는 샤관까지 가는 길은 정말 형편없었어요. 나는 매일 아침 동이 트면 잠자리에서 일어나 기도를 드리고, 마당을 쓸고, 아침을 지었어요. 이모는 스물한 살의 나이에 수녀가 되셨어요. 어여쁘신 분이었고 자신을 정말 잘 돌보시는 분이었어요. 사내아이처럼 군다고 종종 나를 혼내곤 하셨죠. 그래요, 나는 남자처럼 살아야 했어요. 밭일을 해야 했고 돼지와 닭도 키워야 했으니까요. 나를 위한 시간을 낼 짬이 없었던 거죠. 공식적으로 연좌시위를 시작한 첫날 아침, 이모는 내게 새 옷으로 갈아입으라고 했어요. "우리는 거리 한복판에서 시위를 하는 거다. 그러니 거지처럼 너저분한 옷 말고 주님의 대사처럼 입거라."

나는 이모를 업고 도시의 남문 밖에 있는 버스터미널로 갔어요. 두 시간 뒤에 우리는 자치주 청사 앞에 도착해 있었죠. 바닥에 명석을 깔고 이모를 뉘었어요. 나는 이모 옆에 앉아 기도드리기 시작했어요. 호기심 많은 군중들이 이내 우리를 둘러싸고 모여들었어요. 나는 그들에게 지금까지 있었던 일을 이야기해주었어요. 우리는 매일 청사 앞에 갔어요. 비가 오든 해가 뜬든, 시종일관이었죠.

우리는 매일 수많은 사람들이 그곳을 지나간다는 것 정도만 알고 있었어요. 어떤 때는 사람들이 너무 빽빽이 밀려들어서 그들이 마치 인간 벽처럼 느껴지기도 했어요. 그러면 좀 불안했어요. 그럴 때면 자리에서 일어나 머리 위로 십자가를 치켜들고, 좀 떨어져달라고 부탁했죠. 하지만 그럴수록 더 많은 사람들이 가던 걸음을 멈추고 우리를 지켜봤어요. 심지어는 이모 가까이 다가와서 살펴보고는 뒤에 있는 사람들에게 "이 할머니 아직 숨을 쉬네요. 혼자 뭐라고 중얼거리는데" 하고 말하는 이들도 있었어요. 그러면 나는 "혼잣말 하시는 게 아니라 기도하시는 거예요"라고 고쳐주었죠. 그러면 그들은 "뭘 기도하는 거요?" 하고 물었어요. 나는 이모를 대신해서 이모의 기도말을 큰소리로 말해주었어요. "사랑하는 주님, 주님께서는 저를 이 세속 한복판에 두셔서 시험하셨습니다. 저의 죄를 용서하고 저의 생각을 바로잡아주십시오. 이 세상의 악한 세력들로부터 저를 건져주십시오. 아멘."

랴오: 사람들이 이해하던가요?

장: 아뇨. 이해 못했죠. 많은 사람들이 우리가 미쳤다고 했어요. 마음 따뜻한 사람들은 우리에게 그만 포기하라고 했어요. 그들은 이렇게 말했어요. "정부 입장에서 생각해봐요. 정부는 주 전체를 관리해야 하는데, 수녀님들의 요청을 들어줄 수 있겠어요? 조국에 충성하고 조국을 사랑해야죠." 나는 그들과 말다툼을 벌이지 않았어요. 우리는 28일 동안 주정부청사 앞에서 시위를 했어요. 낮 동안에는 단식했고 물만 약간 먹는 게 전부였죠. 건강이 약해질 것을 고려해 이모에게는 정오에 탕면을 드시게 했어요. 해가 질 때쯤 이모를 업고 버스터미널로 가서 다리 시에 있는 집으로 돌아왔어요.

시간이 흐를수록 이모를 업고 다니는 게 점점 더 힘들어졌어요. 아침만 먹고 하루 종일 굶었으니 당연한 일이죠. 몸무게가 줄었고, 다리도 가늘어졌어요. 그래서 그냥 노숙을 했죠. 청사 경비들과 경찰들이 우리를 쫓아내려고 했지만, 우리는 그들을 무시했어요. 아무도 감히 우리를 체포하지는 못했어요. 늙은 두 수녀잖아요. 분명 그들은 우리를 보면서 마음이 불편했을 거예요.

시간이 지나자 우리는 길거리 사람들에게 익숙한 풍경이 되었어요. 곁을 지날 때면 인사를 건네는 사람들도 생겼죠. 우리 주위로 사람들이 몰려드는 일도 없었어요. 아이들 두어 명이 다가와 우리와 장난하면서 시간을 보내기도 했지요. 하지만 정부당국에서는 우리의 존재가 무척 신경 쓰였던 것 같아요. 28일째 되는 날, 한 고위 공무원이 부하직원 둘을 데리고 우리 앞에 나타났어요. 몇 분간 그 자리에 가만히 서 있더니, 내 옆에 웅크리고 앉아 이렇게 말하더군요. "할머니가 장인 샨입니까?" "맞아요. 그리고 이쪽은 나의 이모인 리화전Li Huazhen이에요." 그의 목소리에서 냉소가 느껴져 나는 이렇게 말했어요. "당신을 곤란하게 할 생각은 없어요. 우리는 지낼 곳이 필요한 것뿐이에요." 그는 내 대답에 어리둥절해하더니 이렇게 말하더군요. "살 곳은 이미 줬잖아요. 방 두 개짜리 집이면 두 분이 살기에 충분하잖소?" 나는 곧바로 덧붙였어요. "우리는 정부로부터 연금을 받아 사는 자식 없는 노인들이 아니에요. 우리를 집에 넣어버리면 입을 다물 줄 알았나요. 우리는 교회를 돌려받기 원해요. 우리는 주님을 예배할 제대로 된 장소가 필요한 거예요." 그는 약간 뒷걸음질하더니 이렇게 말하는 거였어요. "교회 재산은 언젠가는 돌려줄 거요. 시간이 필요한 일이라고요." 나는 못

견디고 쏘아붙였죠. "시간이요? 우리는 31년을 기다렸어요. 나는 일흔한 살이지만, 물론 더 기다릴 수 있어요. 하지만 이모는요? 이모는 아흔 살이 넘었어요. 건강에 문제가 많아서 더는 기다릴 수 없어요." 관리는 화를 내며 목소리를 높이더군요. "자신이 뭐 대단한 줄 아는가 본데, 정부를 협박해서 이래라저래라 할 수 있다고 생각하는 거요? 우리도 할머니들을 위해 할 만큼은 했어요. 그런데 시간이 필요한 일인 걸. 최소한 3-4년은 더 기다려야 할 거요." 비몽사몽 중에 이야기를 듣고 있던 이모가 나에게 일으켜달라고 했어요. 이모는 몸을 일으켜 앉더니 말했어요. "상황이 그렇다면, 난 그냥 여기서 죽겠소. 여기 길바닥에서 말이오." 나도 거들었어요. "나도 마찬가지예요. 우리 두 사람은 이미 여기 정부청사 앞에서 죽을 각오가 되어 있어요." 그러자 관리가 쏘아붙였어요. "하고 싶은 대로 하시구려." 그는 분하던지 우리를 떠나기 직전 나를 돌아보고 욕설을 퍼붓더군요. "공산당을 협박하겠다 이 말이지?" 나는 침착하게 쐐기를 박았어요. "교회를 되찾기 바랄 뿐이에요. 우리 목숨을 책임지라는 게 아니고요."

랴오: 그 후에 어떻게 되었나요?

장: 그러고 나서 두 달 후, 우리는 교회를 돌려주겠다는 소식을 들었어요. 옛 예배당과 그 주위로 두 줄로 늘어선 가옥들과 마당이 딸린 두 집을 말이죠. 구시가 사람들은 크게 놀랐어요. 사람들은 이렇게들 말했어요. "사악한 두 노인네야. 얼마나 질긴지, 정부가 다 물러서다니 말이야." 충분하지는 않았어요. 우리는 교회 재산의 4분의 1만 돌려받은 거였으니까요. 길 건너편에 있는 두 학교도 교회의 것이었거든요. 학교 부지

는 축구장의 서너 배가 될 정도로 컸어요. 그 땅은 돌려주지 않겠죠.

랴오: 세 분 모두 이렇게 큰 곳에서 살게 되었으니, 꿈을 이룬 것 아니었
　　나요?
장: 교회는 우리 소유가 아니에요. 주님을 위해서 맡아 돌볼 뿐이죠.

랴오: 그 즈음에는 어떻게 먹고 사셨어요?
장: 그때에는 나 말고 두 분 모두 나이가 많고 몸도 아팠어요. 나는 돼지와
　　닭을 키우고 채소를 길렀어요. 먹고 살 만큼 벌 수 있었죠. 우리는 행
　　복했어요. 이모는 1989년에 돌아가셨어요. 아흔세 살이셨죠. 류 주교
　　님은 1990년에 아흔 살의 나이로 돌아가셨어요. 두 분 모두 창산에 묘
　　가 있어요. 그분들 묘지 옆에는 나의 자리도 마련되어 있죠. 돌아가시
　　기 전날, 류 주교님은 교회에서 미사를 집전하고 싶다 하셨어요. 하지
　　만 예복을 다 입지 못한 채 쓰러지셨어요. 그분을 위해 기도했지만, 주
　　교님은 마지막으로 긴 숨을 내쉬시고 눈을 감으셨어요. 웃고 계셨어요.
　　땅거미가 드리우고 있었고요. 문밖에 천사들이 와 있다가 지는 해를
　　향해 날아가는 것을 느낄 수 있었어요. 부드러운 바람이었어요.
　　　이제 나 혼자만 남아 무척 슬펐어요. 이따금 교회 안이나 마당, 또
　　는 두 분과 함께 시간을 보낸 장소에서 나도 모르게 두 분을 찾곤 했어
　　요. 하루는 눈을 감고 있는데, 두 분이 내 손을 만지는 게 느껴졌어요.
　　무척 기뻤어요. 눈을 떠보니 개가 핥고 있는 거였어요.
　　　1998년이 되자 변화가 있었어요. 새로 주교님이 오신 거예요. 타오
　　수녀 같은 새로운 세대의 수녀들도 왔고요. 이제는 마음이 한결 편안

해요. 나는 돌려받지 못한 교회 재산을 정부로부터 받으라고 그들에게 계속해서 힘주어 말할 거예요. 설령 돌려받지 못하더라도, 우리는 교회 역사에 그 사실을 기록해 남길 필요가 있어요. 무슨 일이 있었는지 미래 세대가 알고 있어야 해요.

그동안 나는 주님께서 데려가시기를 기다려왔어요. 류 주교님과 이모를 다시 만날 날을 손꼽아 기다려요. 바라지 않았지만 어느새 또 10년이 흘러갔어요. 곧 백한 살이 돼요. 여기 있는 사람들은 나보다 서른 살이나 마흔 살이나 어려요. 내가 뭘 할 수 있겠어요?

랴오: 어떤 일을 하고 싶으세요?

장: 계속해서 주님을 찬양하고 싶어요. 계속해서 교회가 빼앗긴 땅을 돌려받는 일을 확실히 하고 싶어요. 또 계속해서….

저는 교회에 속해 있어요

교회가 보내는 곳으로 갈 거예요.

가톨릭교회가 더 보수적이라고 생각하는

사람들이 있는 것 같아요. 사실이에요.

그런데, 그래서 세상 정부가 가톨릭교회를

더 두려워하는 거예요.

3장

교회가 보내는 곳으로 갈 거예요

- 티베트인 -

다리 시의 외국인 거리에 즐비한 술집과 나이트클럽, 한낮의 빛 속에서 거리는 밤과는 다른 세상 같다. 화려한 네온사인과 행인을 유혹하는 음악소리가 사라진 그곳은 아침잠을 깬 화장기 없고 화려한 옷도 걸치지 않은 모델을 떠올리게 한다. 거리에 불어오는 신선한 아침 바람은 지난밤의 마리화나 연기에 찌든 체취를 밀어낸다. 거리 저쪽에 야채를 파는 노점상들이 보인다. 화려한 옷을 입은 바이족 여인들이 자기 밭에서 캐온 과일과 채소를 내놓고 있다. 그들이 내놓은 채소에서 흙내음이 피어나고 이파리는 신선하고 무성하다. 노점 앞에 서서 감탄하듯 청경채를 살펴보다가 유전자 변형종은 아닌지 짓궂게 물었다. 바이족 여인은 눈을 가늘게 뜨고 나를 바라보더니 치아가 모두 빠진 입으로 미소 지으며 꾸짖었다. "이런, 지진 난 쓰촨 성에서 귀신 납셨구려."

　2009년 8월 3일 아홉 시를 조금 넘긴 시각에 나는 런민 가에서 오른쪽으로 돌아 돌멩이로 포장된 좁은 길로 들어섰다. 거기서 "가톨릭 교회"라 쓰인 표지판을 따라갔다. 한쪽 마당으로 난 문이 열려 있어 안을 들여다보니, 좁은 길에서 보이는 "교회" 내부는 언뜻 주변의 여느 고택과 다를 바 없었다. 교회 처마에는 바이족 전설 속의 새와 동물이 새겨져 있었고, 황금빛으로 칠한 십자가 첨탑이 높이 치솟아 있었다. 안으로 들어가보니 다층 구조의 아치형 천장은 높았고, 건물 외관은 비상 준비를 마친 채 날개를 펴고 있는 나비의 형상이었다.

주일 미사가 막 시작되었다. 나는 찬송하는 백여 명의 교구민 사이를 조용히 지나 회중석을 따라 나의 친구 쿤펑이 있는 자리로 조심스럽게 다가갔다. 찬송가를 몰랐기에 나는 콧노래로 멜로디를 따라 불렀다. 제단 뒤쪽으로 '하나님은 사랑이시다'라고 쓰여진 큰 글씨가 걸려 있었고, 제단에서는 중년의 신부가 두 명의 어린 복사의 도움을 받아 오래된 예식을 진행하고 있었다. "예수께서는 그들 가운데 누가 믿지 않고 자신을 배반할지 처음부터 알고 계셨습니다." 신부는 낮은 음성으로 읊조렸다. 믿지 않는 내가 교회에 앉아 믿는 신자들의 행동을 관찰하는 게 조금 마음에 걸렸다. 신부가 읽고 있는 구절은 내가 익히 아는 구절이었다. 나는 다만 신자들이 내가 그 배반자라고 생각하지 않기만을 바랐다.

해안가에 출렁이는 파도처럼, 미사에는 상승과 하강의 리듬이 있었다. 자리에서 일어나 찬송을 불렀고, 자리에 앉아 설교를 들었으며, 무릎을 꿇고 기도했고, 다시 일어나 찬송을 불렀다. 쿤펑은 이런 행위를 반복함으로써 마음이 깨끗해지고 경건해지며 뜨거워진다고 말해준 바 있다. 오르간 연주가 시작되자 모두가 다시 한 번 자리에서 일어났다. 영성체, 곧 그리스도의 살과 피를 뜻하는 떡과 포도주를 받기 위해 회중들은 복도에 열을 지어 섰다.

나 혼자만 자리에 앉아 있는 것이 아니었다. 호기심에 혹은 그저 음악을 즐기려는 생각에 이곳을 찾은 비신자들이 나 말고도 몇 사람이 더 있었다. 11시에 미사가 끝났다. 쿤펑은 옆에 있는 수도원 건물을 봐야 한다며 나를 데리고 갔다. 바이족 양식의 마당 있는 두 가옥 사이를 높은 담장이 가르고 있었다. 마당의 풀은 무성하고 꽃은 만개해 있었다. 두 가옥 모두 허름해 보였다. 수녀들과 수도사들이 주일 업무로 들락날락했는데, 그중에는 예복을 입은 이도 있고 그렇지 않은 이도 있었다. 그들 가운데 스물네 살의 티베트인으로 가톨릭교인이자 신학생이라고 자신을 소개한 한 젊은이가 있었다. 대부분의 중국인처럼, 나는 티베트인은 모두 티베트 불교의 열렬한 신봉자일 거라고 생각하고 있었다.

지아보어Jia Bo-er는 처마 아래서 쪼그리고 앉아 대야에다 예복을 빨고 있었다. 검정색 옷을 힘껏 치댈 때마다 검은 곱슬머리가 햇빛을 받아 반짝이며 출렁였다. 지아는 자신의 세례명이 가브리엘이라고 했다. 그가 빨래를 마치자, 우리는 그늘로 자리를 옮겨 이야기를 나눴다. 그는 '샹그릴라'Shangri-La에서 왔다고 했다.

라오이우: 샹그릴라? 제임스 힐튼James Hilton의 소설 『잃어버린 지평선』Lost Horizon, 문예출판사 역간에 나오는 유명한 낙원 아닌가요?

지아보어: 거기 맞아요. 제 친구들 대부분이 그 소설을 읽었어요. 1933년에 나온 소설이죠. 힐튼이 책에서 묘사한 낙원은 윈난 성 디칭 자치주

치중 지역의 어느 한 곳일 거예요. 1990년대가 되자 우리 마을이 "잃어 버린 샹그릴라"라고 자치주 지도자들이 공식 인증해주었어요. 제 생각 에는 관광객을 끌어 모으기 위한 쇼 같아요. 고향이 그토록 유명해진 게 무척 자랑스럽기는 하지만요.

우리 가족은 대대로 치중 지역에서 살았어요. 옛날에는 모두가 불 교를 믿는 집안이었고요. 2백 년쯤 전에는 라마 사원의 군사들과 중국 군대가 끊임없이 교전을 벌이고 있었어요. 전쟁은 오랜 세월 이어졌고 가난과 혼란만이 인근 마을에 남았죠. 전쟁으로 파탄 난 지역에서는 항상 사람들이 죽는다고 어르신들은 말씀하시곤 했어요. 19세기 중반 에 몇몇 신부들이 '파리해외선교회'Foreign Missions of Paris라는 가톨릭 조직과 함께 들어왔어요. 그들은 수많은 보통 사람들의 삶을 바꿔놓았 어요.

랴오: 치중 지역에는 불교인과 그리스도인 중 어느 쪽이 더 많았죠?
지아: 반반이었던 것 같아요. 불교인과 그리스도인이 모두 한 마을에서 함 께 살았어요. 피부색도 같고, 비슷비슷한 염소가죽옷을 입고, 염소를 치고, 농사일을 함께 했어요. 사이가 아주 좋았죠. 친구들과 이웃들과 함께 저녁을 먹을 때면, 불교인들은 경전을 읊었고 우리는 하나님의 복을 구하는 기도를 드렸어요. 그러고 나서 서로 건배를 했죠. 이따금 목에 걸고 있는 목걸이를 끌러서 어느 쪽 펜던트가 더 멋진지, 십자가 가 더 멋진지 작은 부처상이 더 멋진지 견주기도 했지요. 선생님도 교 황과 달라이 라마가 만났다는 기사 보셨죠? 그분들 서로에 대해 진심 으로 칭찬을 아끼지 않으셨잖아요. 서로 다른 신앙이 조화롭게 공존하

는 법을 추구하는 게 바람직하지 않을까요? 저희 집은 4대째 그리스도인이에요. 저는 평생을 그리스도인으로 살아왔고요.

랴오: 티베트 이름 같지 않군요.

지야: 네, 서양 이름이에요. 저는 교회에서 세례를 받았어요. 신부님이 제게 "가브리엘"이란 이름을 지어주셨죠. 하나님의 천사 중 하나인 가브리엘, "하나님의 사람"이란 뜻이에요. 아시겠지만, 우리 티베트 사람들은 아이들의 이름을 즉흥적으로 짓잖아요. 아이가 태어나자마자 아버지는 곧바로 이름을 정해야 해요. 많은 경우 아버지들은 집을 나설 때 처음 눈에 띄는 것에서 영감을 얻어요. 풀밭에 피어 있는 칼상화Kalsang flower(코스모스의 티베트식 이름―편집자 주) 본다면, 아버지는 딸아이의 이름을 '칼상' 또는 '거상'格桑이라고 지을 거예요. 그날이 바람 부는 아침이라면, 십중팔구 아들의 이름을 "바람"이나 "공기"라는 뜻으로 지을 거고요. 저는 성경에서 따온 제 이름이 아주 맘에 들어요.

랴오: 세례는 어디서 받았나요?

지야: 치중교회에서요. 프랑스인 선교사들이 150년쯤 전에 세운 교회예요.

랴오: 윈난 성에서 가장 오래된 교회 아닌가요?

지야: 아마 그럴 거예요. 골짜기에 서면, 멀리 눈 덮인 산봉우리들을 배경으로 서양식 첨탑이 서 있고 불교 사원들이 그 주위를 둘러싸고 있는 게 보여요. 그 옆으로 란창 강이 흐르는데 여러 마을을 휘감고 흘러가요. 마을 어르신들 말씀에, 기독교 선교사들에게 치중은 국경 지방이라

고 했어요. 19세기 중반부터 20세기 초까지, 선교사들은 복음이 티베트까지 흘러들어가기를 바랐어요. 하지만 여러 신앙이 경쟁하는 것을 바라지 않았던 라마 승려들로 인해 많은 신부들이 죽임을 당했어요. 티베트 망명정부의 행정기구인 카샤그Kashag는 주요 산간도로에 군인들 수천 명을 배치해서 외부인들의 티베트 출입을 차단했어요. 한족 사람인가 서양 사람인가, 총을 지녔는가 성경을 지녔는가 하는 게 중요하지 않았어요. 군인들은 티베트에 출입하려는 사람이라면 누구든 잡아서 처형했어요. 많은 이들이 가서 돌아오지 못했어요. 마지막에 선교사들은 치중에 선교 본부를 두고 거기서 티베트의 마을들을 오가며 섬겼어요.

라오: 현재 티베트에 그리스도인들이 많이 있나요?

지아: 아뇨. 겨우 7백 명 정도 될 거예요. 치중에는 가톨릭 선교사들이 가장 먼저 도착했어요. 하지만 멀리 여행하는 것이 용이해지자, 개신교회도 계속해서 확장하고 있어요. 최근 몇 년간 치중은 관광객들이 선호하는 곳이 되었어요. 프랑스, 미국, 영국, 캐나다, 호주, 스웨덴, 뉴질랜드에서 사람들이 찾아오고 있죠. 사람들은 메일리 스노우 산Meili Snow Mountain(중국의 유명한 트래킹 코스—옮긴이 주)에 가는 길에 치중교회에 들러 예배를 드려요.

라오: 치중 지역의 초기 서양 선교사들에 대해서 들은 이야기는 없나요?

지아: 들었죠. 선교사들의 묘비를 보았어요. 문화대혁명 기간 중 일부 묘비가 훼손되기도 했지만 지금은 복구되었고 잘 보존되어 있어요. 또한

지난 세기 초에 외국인 선교사들이 심은 나무들도 봤어요. 선교사들은 햇볕이 잘 드는 산비탈을 골라 포도나무를 심었어요. 우리는 그 포도를 "장미 꿀"이라고 불러요. 강하고 진하며 맛이 달콤하거든요. 그 나무들은 옛 프랑스 품종이에요. 선교사들은 포도주 제조법을 그 지역에 전수해주었어요.

랴오: 장미 꿀 와인 맛을 봤는데, 순한 적포도주더군요.

지아: 보리술처럼 목을 자극하지 않아요. 프랑스 선교사들은 원래 성찬식에 쓰려고 재배했거든요. 선교사들이 우리 촌락에 자리 잡고 그곳에 교회를 세운 뒤로 사람들은 문화적 차이를 넘어 선교사들이 마치 가족이라도 되는 양 대했어요. 티베트인들은 고산지에서 나는 보리술을 프랑스인 친구들에게 주었고, 프랑스 선교사들은 답례로 붉은 장미 꿀 와인을 주었고요.

티베트 상인들과 농부들은 기도나 찬송을 드리려고 교회에 간 것이 아니라―그들은 여전히 불교 신자였어요―프랑스인 친구들을 만나 같이 술을 마시려고 교회를 찾았던 거였어요. 이따금 지역의 한 농부가 술을 너무 많이 마시고 곯아떨어져서 신부님들이 그의 잠자리를 마련해주었다는 이야기를 들은 적이 있어요.

추수 때면 프랑스 신부들은 손수 만든 와인을 가지고 보리밭으로 찾아가 추수와 파종 일을 돕기도 했어요. 신부들은 농부들에게 찬송가를 가르쳐주려고도 했어요. 아시겠지만, 티베트 사람들은 고함치듯 부르는 산 노래를 잘 하잖아요. 입을 열고 큰소리로 부르짖죠. 신부는 그들의 노래를 막고 이렇게 말했어요. "아멘. 하나님께서 여러분의 목소리에 복을 주시기를. 하지만 악을 쓰지 않아도 돼요. 하나님은 귀머거리가 아니시거든요. 그분은 여러분의 소리를 듣고 계세요." 프랑스인 신부들은 티베트인들이 부르기 좋게 찬송가를 편곡했어요. 요즘은 티베트인들은 고산지대의 노랫가락에 시편을 붙여서 불러요. 주일 미사 때는 모닥불 주위를 돌며 춤을 추기도 하고요. 크리스마스에는 모닥불 주위를 돌며 춤추고 성탄을 기뻐하지요.

지역의 티베트인들과 외국 선교사들의 관계가 늘 순탄했던 건 아니에요. 우리 티베트인들은 고난을 많이 겪었어요. 때로는 전쟁, 때로는 전염병, 이따금은 전쟁과 전염병을 동시에 겪은 적도 있는데, 그때마다 삶이 황폐해졌지요.

고조할아버지 때에는 극심한 가뭄이 있었다고 들었어요. 여러 해 계속해서 비도 눈도 오지 않았어요. 강바닥이 드러났고, 염소와 가축들은 먹을 풀이 없어서 굶어 죽기도 했어요. 농작물은 말라 바스러졌고요. 사람들의 목숨이 경각에 달렸죠. 라마 승녀들은 비가 내리기를 바라며 경전을 읊고 기도했어요. 도움이 안 되었죠. 사람들은 여러 지역 신들에게 향을 살라 바쳤어요. 소용이 없었죠. 어떤 티베트인들은 외국인 선교사들에게 분노를 터뜨리기도 했어요. 마을에 외국인들을 끌어들여 신앙을 바꾼 것이 조상님들의 심기를 건드린 거라고 주장하는 사람들도 있었어요.

어느 지역에서는 마을 주민들이 교회를 둘러싸고 홀로 있는 신부를 붙잡았어요. 그들은 신부를 줄에 묶어 산으로 데려갔는데, 조상님들에게 제물로 바칠 생각이었어요. 칼이 신부의 목에 닿는 순간, 신부의 머리가 푸른 바위로 바뀌었다고 해요. 그의 목에서는 피가 아닌 우유가 뿜어져 나와, 산 아래 마을까지 흘러내렸다고 해요. 모두들 집에서 달려 나와, 그 물결에 뛰어들어 생명의 음료를 마셨어요. 황폐했던 땅은 그렇게 다시 생명을 되찾았던 거예요. 사람들은 감사하는 마음으로 신부의 시신을 산 아래로 모셔와 교회 뒷마당에다 장례를 치렀어요. 이후로 그들은 어려운 일이 닥칠 때면 신부의 무덤 앞에서 기도하고 하나님의 돌보심을 구한다고 해요.

라오: 역사와 전설의 경계는 엄밀하지 않아서, 때로 서로 넘나들기도 하지요.

지아: "황금바늘 이야기"를 해드릴게요. 수십 년 전에 선페스트와 콜레라가 우리 지역을 강타한 적이 있어요. 그 때문에 사람들이 많이 죽었어요. 그나마 살아남은 사람들은 다른 지역으로 탈출했고요. 마을마다 텅텅 비었어요. 한족 군대와 티베트 군대 사이의 끊임없는 전쟁마저 그쳤어요. 침묵만이 사방에 감돌았어요. 그때 다행히도 선교사들이 황금바늘을 가지고 찾아왔어요. 전염병을 막는 백신이었죠. 그들은 콜레라 약을 가지고 있었던 거예요. 어떤 이들은 빠르게 회복되고 어떤 이들은 천천히 회복되었지만, 얼마 지나지 않아 모두가 나았어요.

라오: 서양 선교사들이 의술로 사람들의 생명을 살린 이야기는 많이 들었어요. 중국 여러 지역에서 전염병 확산을 막는 데 선교사들이 큰 역할을 했지요.

지아: 제가 어릴 적에 밤이면 어른들이 모닥불 주위에 둘러앉아 이야기하던 모습이 기억나요. 술 몇 잔씩 하고 나면 어른들은 그런 이야기를 나

누셨죠. 하지만 너무 어릴 때 들은 이야기라 전부 기억하지는 못해요. 우리 부모님은 자녀를 일곱 명 두셨는데, 동기들이 저보다 훨씬 잘 기억하고 있어요.

랴오: 일곱 자녀요?

지아: 위로 누나가 셋, 아래로 남동생 셋이 있어요. 저는 중간이지만 장남이었어요. 부모님이 저를 청두로 보내 신학 공부를 시키셔서 얼마나 다행인지 몰라요. 저는 전부터 항상 교회에 마음이 끌렸어요. 주님이 원하시는 게 무엇이든, 저는 그분의 뜻을 따르려고 해요.

하지만 때로 결단이 미흡할 때가 있어요. 나이 많은 타오 수녀나 딩 신부님이 저보다 훨씬 신앙심이 깊어요. 신학교 동료들은 대부분 3년마다 새롭게 서약하고 헌신해요. 그렇게 세 번 하면 9년이 되요. 9년 후, 그들은 남은 생애 동안 독신으로 주님을 섬기겠다는 최종 서약을 하게 되요. 저는 지금도 주저하고 있고 미래에 대해 고민해요. 선배들만큼 헌신적이지 못한 거죠.

랴오: 이제 겨우 스물네 살인데요. 교회와 관련해서 주저하는 이유가 결혼 때문인가요?

지아: 아뇨. 현재로서는 결혼 문제는 생각하고 있지 않아요.

랴오: 신학교를 졸업하고 치중으로 돌아갈 생각인가요?

지아: 아뇨.

랴오: 왜요? 치중은 당신의 고향이자 큰 지역이잖아요.

지아: 저는 교회에 속해 있어요. 교회가 보내는 곳으로 갈 거예요. 성경에 보면, 예수께서는 고향을 떠나 여러 해 동안 세상을 돌아다니셨어요. 저도 떠났으니 돌아가지 않을 거예요. 전국을 돌아다니며 하나님을 섬길 준비가 되어 있어요.

랴오: 가톨릭교회는 독신이라는 규율로 당신을 묶어 두고 있어요. 개신교회는 사정이 다르죠.

지아: 가톨릭교회가 더 보수적이라고 생각하는 사람들이 있는 것 같아요. 사실이에요. 그런데, 그래서 세상 정부가 가톨릭교회를 더 두려워하는 거예요.

랴오: 정말로 그런가요?

지아: 예를 하나 들어볼게요. 입구에 전단이 하나 붙어 있다고 해봐요. 2천 년 이전에 살았던 한 사람의 실종 전단이에요. 거기에 이렇게 쓰여 있어요. "나사렛 출신의 예수, 키 180센티미터, 갈색의 곱슬머리, 반짝이는 강렬한 눈빛, 낭랑하고 힘찬 목소리. 악에 굴하지 않으며 위선을 혐오함. 하나님이 길이요 진리요 생명이심을 대변함. 발견한 자는 그를 따라가기 바람."

랴오: 바티칸에 충성서약을 하나요?

지아: 실은, 그렇지 않아요. 바티칸과 관련이 있는 주교와 신부들은 모두 정부의 감시를 받고 있어요. 바티칸과 접촉하지 못하게 하려고 무척

열심이죠. 공산당은 교회 안에 사람들을 많이 심어놓았어요. 정부는 당의 정책을 벗어나는 일이나 정책에 위반되는 일은 절대 하지 말라고 끊임없이 성직자들에게 상기시키죠. 어느 정도 이상 되는 큰 규모의 미사는 설교 내용에 대해 정부로부터 미리 허가를 받아야만 해요.

랴오: 악한 힘에 굴복하나요?

지아: 아직 그런 시험은 받지 않았어요.

랴오: 부모님의 경우는 어떠셨나요?

지아: 부모님은 문화대혁명의 참상을 직접 겪으셨어요. 부모님은 하나님을 버린 적이 없었다는 말씀만 해주셨어요. 부모님은 몰래 기도하셨다고 해요. 부모님은 과거에 대해 지나치게 깊이 생각하지 않으려 하세요. 중국 내 가톨릭교인들 대부분이 부모님 말씀에 공감할 거예요.

겁을 먹은 도둑은 침대 안쪽으로 더 기어들어갔습니다.

거실에 있던 앨런 목사가 달려 들어왔어요.

그는 허리를 숙여 도둑에게 나오라고 설득했어요.

"걱정하지 않아도 돼요. 경찰에 신고하지 않을게요.

학생네 집이 가난하다는 것 알고 있으니,

나와서 필요한 것을 가져가요. 우린 괜찮아요."

도둑은 울기 시작했어요.

4장
'보통 그리스도인'이 겪은 일
- 장로(I) -

자료를 조사하는 과정에서 나는 중국 남서부에서 초기 선교사들의 활약상을 개괄한 우용성의 책 『다리 시의 기독교 역사』를 입수했다. 나는 과거와 현재의 기독교 전파 상황에 대해 저자와 이야기해보기로 마음먹었다.

1870년에 세워진 구시가교회 The Old City Church 는 90평 넘는 대지 위에 건축학적으로 혼합된 형태로 지어진, 다시 말해 바이족의 주거양식과 유럽의 고딕양식이 혼재한 형태로 지어진 건물이다. 교회 정면부에는 석재가 노출되어 있고, 붉은색 십자가가 세워져 있는 중국식 지붕은 하늘을 나는 독수리 모양을 하고 있었다. 교회 주위에 자리한 마당 딸린 옛 주택과 바이족 건물들은 그 위용 앞에 왜소해 보였다.

2009년 8월 11일 오후에 친구인 수도승 저유와 함께 그곳을 찾았을 때 예배당은 비어 있었다. 우리는 밖으로 나가서 예배당 옆으로 난 작고 고요한 길로 들어섰다. 교회 직원이 전해준 주소에 써 있는 마당 딸린 작은 집을 찾아가 문을 두드렸다. 회색머리의 나이 많은 여인이 엄하고 성가신 듯한 표정으로 고개를 내밀었다. 교회의 친구라고 우리를 소개하자 그녀는 잠시 고민하더니 장식 없는 집 안으로 우리를 들였다. 집의 안쪽 벽에는 여러 개의 십자가, 성경의 잠언을 적은 두루마리, 가족 사진이 걸려 있었다. 사진은 우용성과 그의 아내 장평시앙(조금 전의 회색머리의 여인), 그리고 두 사람의 자손들—모두 스무 명쯤—인 듯했다.

우용성은 1924년에 태어났다. 다리 시의 구시가교회 장로인 그는 기독교 공동체 내부에서 크게 존경받는 인물이었다. 우리가 방문하기 석 달 전에 그는 뇌졸중으로 쓰러졌었다. 움직임이 부자연스럽고 지팡이를 짚어야만 했지만, 제때에 조치를 취한 덕에 몸의 기능에 문제가 없었고 발음도 정확했고 생각도 명료했다. 그는 내게 시편을 한 부 건네주었다. 나는 책을 받으며 "주의 깊게 공부하겠다"고 말했다. 우용성은 내 말을 바로잡아주었다. "공부할 게 아니라 그 책을 거울로 삼아 자신의 죄를 고백하고 고치시오." 우용성은 수도승 저유에게 부처를 통해 깨달음에 이르려 하지 말고 예수께 나아가서 구원을 찾으라고 권했다. 저유는 미소로 응답했다.

2009년 8월 11일, 인터뷰 중 과거의 정치운동에 대한 견해를 묻는 나의 질문에 그는 신중했고 애매한 말로 비껴가기도 했다. 인터뷰의 끝을 향해 갈수록 그가 그런 질문에 대해 답하기를 주저한 이유가 명확해졌다.

우용성: 윈난 성의 성도省都인 쿤밍 시에서 태어났습니다. 1937년, 초등학

교를 마칠 즈음 다리 시에 있던 막내외삼촌이 쿤밍 시로 돌아와서 내게 학교를 그만두라고 하셨죠. "온 나라가 혼란스럽다." 외삼촌은 그렇게 말했습니다. "재앙이 곧 닥쳐올 텐데, 학교를 다녀서 뭘 하겠니?" 외삼촌은 자기를 따라 다니면서 목수 일을 배우지 않겠냐고 물었습니다.

(일본과의) 전쟁이 본격화되기 전이었지만 누구나 직감적으로 알고 있었습니다. 종종 공습경보가 울렸죠. 식량 가격은 폭등했고 사람들은 물자를 몰래 비축해두었어요. 우리 가족은 늘 두려움 속에 살았습니다. 부모님께서는 외삼촌의 제안을 좋게 여기셨어요. 그래서 나는 사람과 짐을 함께 싣는 구식 버스를 타고 외삼촌과 함께 다리 시로 갔습니다. 외삼촌과 나는 감자알만큼이나 큰 돌멩이로 포장된 길로 나흘을 가야 했어요. 평탄치 않은 길이었죠. 팔다리가 모두 떨어져 나가는 줄 알았죠. 요즈음은 쿤밍 시에서 여기까지 반나절이면 됩니다.

랴오이우: 외삼촌이 다리 시에서 사업을 하셨나요?

우: 예, 다리 시의 구시가에 가게를 갖고 계셨어요. 나는 견습생으로 심부름을 하며 삼촌을 돕는 것으로 일을 시작했어요. 외삼촌은 그리스도인이었고 쿤밍 시에 있는 외국인 선교사들을 많이 알고 있었습니다. 수리할 게 있으면 선교사들은 외삼촌을 찾아왔어요. 외삼촌은 나를 자기 아들처럼 생각해주셨고 주일마다 예배에 데리고 갔어요. 나는 곧 성경을 배우고 찬송가를 불렀습니다. 1940년에 어느 미국인 부부가 다리 시에 도착했어요.

랴오: 그들 부부의 이름을 기억하나요?

우: 그러니까…해럴드 테일러Harold Taylor 부부였어요. 그들은 외국인 거리에 있는 마당 딸린 작은 집을 임차해 지냈어요. 문에는 팻말을 걸었는데, "기독교회"라고 쓰여 있었어요. 그들은 우리에게 집수리를 부탁했습니다. 집을 수리하는 동안 우리는 2층에서 지냈어요. 테일러 부부는 아침 일찍 집을 나가서 밤늦게 돌아왔어요. 우리에게 무척 친절히 대해주었지요. 그들은 우리에게 매일 일을 시작하기 전에 기도를 드리거나 또는 성경을 읽기 바랐고, 우리는 그들이 바라는 대로 따랐어요. 1941년 6월이 되기 전에, 나는 하나님의 부르심을 느끼고 세례를 받았어요. 열일곱 살이었습니다.

세례를 받기로 한 날 새벽, 외삼촌이 나를 깨웠습니다. "오늘은 네가 다시 태어나는 날이구나." 외삼촌은 그렇게 말했죠. 당시 구시가의 성벽은 여전히 건재했기 때문에, 시내 중심가에 서 있으면 동서남북 사방으로 난 누문樓門을 모두 볼 수 있었어요. 우리는 서문을 통해 시내로 들어가 창산에서 흘러내린 물이 흘러오는 개천가에서 기다렸어요. 거기에는 곡식을 찧는 물레방아가 있었거든요. 나무로 만든 두 개의 큰 바퀴가 밤낮으로 돌고 있었죠. 1940년대에 물레방아는 색다른 볼거리였습니다. 테일러 목사는 겨우 삼십 대였는데 기계에 관심이 아주 많았어요. 그는 내게 세례를 베풀 장소로 물레방아가 있는 물가가 적합하다고 생각했던 겁니다. 테일러 목사는 나에게 수차 오른쪽의 물웅덩이로 들어가 성경구절을 암송하게 했어요. 그는 큰 손으로 내 작은 몸을 단단히 붙잡고, 머리부터 발끝까지 천천히 물속에 내 몸을 잠기게 했어요. 나는 눈을 뜨고 있었는데, 도시의 성벽, 창산, 그리고 푸른 하늘에 흘러가는 흰 구름이 보였어요. 하늘 높은 곳에 계신 나의 창조주를 보게 되지 않을까 싶었습니다. 하지만 아름다운 흰 구름에 둘러싸인 기분을 맛보는 것으로 만족해야 했습니다.

라오: 근사한 경험이었던 것 같네요.

우: 세례식을 마치고 난 뒤 테일러 목사는 내 손을 잡고 불완전한 중국어로 이렇게 말했습니다. "우 형제님, 내 일을 맡아줘서 고마워요." 테일러 목사가 다리 시를 떠날 때까지 나는 그의 말이 무슨 뜻인지 몰랐어요. 미얀마에서 진격을 시작한 일본군은 다리 시 인근의 도시 텅충을 점령했습니다. 일본군은 쿤밍과 샤관을 폭격했어요. 미국인들 대다수가 떠나기로 했습니다.

라오: 당시 다리 시에 외국인이 많았나요?

우: 상당히 많았습니다. 잠깐 머문 이들도 있었죠. 그들은 왔다가 이내 떠나갔습니다.

라오: 테일러 부부는 이 지역에 잘 알려진 사람들이었나요?

우: 별로 그렇지 않았어요. 테일러 부부는 다리 시에 겨우 2년 동안 머물렀습니다. 그들은 작은 교회를 세웠고 신자들의 수도 많지 않았어요. 당시에 가장 유명했던 선교사는 량시성Liang Xisheng 부부였어요. 영어 이름은, 그러니까, 윌리엄 앨런William Allen 부부였죠. 그들 부부는 이 지역에서 꽤 유명했습니다. 다리 지역에서 10년 이상 섬겼는데 물질적으로나 영적으로나 너그러운 분들이었어요. 테일러 부부와 달리, 앨런 부부의 사역은 성공적이었고 신자도 아주 많이 모였습니다. 많은 고등학

생들이 그들의 집에서 영어를 배웠어요.

어느 날 밤, 앨런 사모는 심야기도를 드리다가 그녀의 침대 밖으로 남자의 발이 삐죽 나와 있는 것을 눈치챘어요. 전에 그녀에게 영어를 배우던 학생들 중 한 명이었는데 먹을거리를 훔치러 몰래 들어왔던 거였어요. 막 도망치려는데 그때 앨런 사모가 방으로 들어온 거였습니다. 그 학생은 앨런 사모가 잠들면 도망칠 생각으로 침대 밑에 숨었던 거예요. 앨런 사모는 무서워서 벌떡 일어나 비명을 질렀어요. 그 소리에 겁을 먹은 도둑은 침대 안쪽으로 더 기어들어갔습니다. 거실에 있던 앨런 목사가 달려 들어왔어요. 그는 허리를 숙여 도둑에게 나오라고 설득했어요. "걱정하지 않아도 돼요. 경찰에 신고하지 않을게요. 학생네 집이 가난하다는 것 알고 있으니, 나와서 필요한 것을 가져가요. 우린 괜찮아요." 도둑은 울기 시작했어요. 그리고 앨런 목사가 침대에서 멀리 떨어져 있어준다면 나오겠다고 약속했습니다. 앨런 사모는 이렇게 말했어요. "내가 기도해줄게요. 주님께서 당신의 죄를 용서해주시기를 구할게요." 그러자 도둑은 이렇게 대답했어요. "아니, 괜찮아요. 나를 위해 기도하지 마세요. 난 그리스도인이 아니에요." 결국 도둑은 침대 밑에서 빠져 나왔어요. 하지만 그때 앨런 목사의 손에서 반짝이는 뭔가를 보았어요. 그게 무기라고 생각한 도둑은 가지고 있던 칼로 앨런 목사의 허벅지를 찔렀습니다. 도둑이 무기라고 생각했던 것은 실은 그에게 주려고 앨런 목사가 들고 있던 물이 담긴 잔이었어요. 칼부림에 놀란 앨런 사모는 방에서 도망치며 "도와주세요, 도와줘요" 하고 외쳤고, 소동을 들은 이웃들이 와서 도둑 잡는 것을 도왔습니다.

랴오: 굉장한 이야기네요. 도둑은 어떻게 되었나요?

우: 다음날, 앨런 목사는 경찰서에 가서 도둑을 빼내 왔어요. 가난한 아이가 빈곤 때문에 부지불식간에 강도짓을 할 수 있다는 것을 그는 알고 있었습니다. 어떤 고발도 하지 않았어요. 한동안 이 소식은 이 부근에서 큰 뉴스거리였고 지역 사회에 급속히 퍼졌어요. 사람들은 목사 부부의 너그러움에 깊이 감동했습니다. 거리에서 앨런 목사를 만나면 사람들은 그에게 "성인"聖人이라 불렀어요. 그는 손사래를 치며 다리 지방 방언으로 이렇게 답하곤 했어요. "나는 그런 말을 들을 자격이 없는 사람입니다. 그저 주님의 일을 할 뿐입니다."

　다리 시는 옛날부터 온갖 종교가 터를 잡은 땅이었어요. 수많은 신들이 이 땅 곳곳을 채우고 있습니다. 불교와 이슬람은 기독교가 들어올 즈음에 이미 이곳에서 자리 잡고 있었어요. 하지만 기독교는 빠르게 퍼져 나갔는데, 앨런 목사 같은 훌륭한 사람들이 많이 있었기 때문입니다. 그들은 하나님의 자비로우심을 삶으로 보여주었습니다.

랴오: 당신도 그들 중 하나인가요?

우: 저는 그저 보통 그리스도인일 뿐입니다. 목수였을 뿐이지 특별히 내세울 만한 것은 없습니다. 아무튼 일본의 미국 진주만 폭격 이후에 미국이 참전하자, 일본의 점령지에서 일하고 있던 서양인들 중 일부는 잡혀가서 처형당했습니다. 대부분은 남쪽으로 도망쳐야 했지요. 남하한 이들 중 다수가 다리 시로 들어왔어요. 중국내지선교회는 1906년경 허난 성에 기독교병원을 설립했는데, 그즈음에 다리 시로 병원을 옮겼습니다.

랴오: 제임스 허드슨 테일러James Hudson Taylor가 1865년 런던에 설립한 영국 선교단체인 중국내지선교회에 대해 읽은 적이 있습니다. 테일러 목사와 열여섯 명의 선교사들이 1866년 상하이에 도착했다고 쓴 것을 당신의 책에서 읽었어요. 아마도 그들은 중국에 온 초기 외국인 개신교 선교사들이었겠죠.

우: 아마 그럴 겁니다.

랴오: 이야기를 마저 해주세요.

우: 1942년, 일본군은 미얀마를 거쳐 중국으로 진군해왔습니다. 완딩, 텅충, 바오산 같은 도시들이 차례로 함락되었습니다. 쿵밍과 시아광은 수시로 폭격을 당했죠. 기독병원은 모든 사람들에게 문을 열어두었습니다. 의사들은 부상당한 민간인들과 군인들을 치료하느라 눈코 뜰 새가 없었어요. 콜레라가 발생했어요. 정말로 손발을 놀릴 새가 없었습니다. 나는 병원에서 목수 일을 하다가 정직원이 되었어요. 치료에 관심이 생겨 수업을 들었고 나중에는 그 병원의 의사가 되었죠. 1988년에 은퇴하기까지 그 병원에 근무했습니다.

랴오: 지난 60년의 인생을 너무 간략하게 말씀하셨네요.

우: 과거를 곱씹고 싶진 않아요. 게다가 뇌졸중을 앓고 난 뒤로는 기억력이 전과 같지 않네요. 우리 기독병원은 동남 지방 전체에서 가장 좋은 병원이었어요. 수천 명의 환자들을 돌보았죠.

　　선교사들의 이름을 지금도 여러 명 기억하고 있어요. 더메이쥔 Jessie McDonald, 바오웬리안Frances Powell, 쉬아이렌M. E. Scott, 마광취

Doris M. L. Madden 같은 이들이 1937년에 허난 성에서 다리 시로 건너 왔습니다. 그들은 이곳 사람들을 섬기는 일에 자기 목숨을 바쳤습니다. 하지만 공산당 군대가 들어와서 외국인 선교사들을 모두 추방해버렸 어요. 지금도 1951년 5월 4일을 기억하고 있어요. 그날 공산당 군대가 병원을 접수했습니다. 그들은 재고 및 자산현황을 검토하더니 병원 원 장이던 제시 맥도널드 선교사에게 병원의 모든 재산을 넘기라며 서명 을 강요했습니다. 그러고는 그녀를 내쫓아버렸습니다.

랴오: 당신도 비판을 받았나요?

우: 나에 대한 공격은 비교적 아주 적은 편이었다고 말할 수 있어요. 나는 그저 병원 직원 중 한 사람일 뿐이었으니까요. 그때에는 직원이 쉰 명 있었는데, 열 명만이 그리스도인이었습니다.

랴오: 공개비판집회에도 참석했나요?

우: 비판 대상으로 지목되지는 않았지만 수많은 정치학습모임에 참석해야 했습니다.

랴오: 당신과 외국인 선교사들과의 긴밀한 관계에 대해 물어보지 않던가 요?

우: 외국인 선교사들이 모두 떠난 뒤였어요. 물어볼 것이 없었죠. 자술서를 수없이 써야 했습니다. 살아오면서 지금까지 수백 번을 썼을 거예요.

랴오: 사람들이 교회 예배에 참석하는 것을 허락하던가요?

우: 처음에는 허락했습니다. 그러더니 모든 종교활동을 금지하더군요. 많은 사람들이 겁에 질려 교회에 가지 못했습니다. 예배에 오던 이들 중 몇몇은 나중에 공개적으로 신앙을 버리기도 했어요. 나는 고집스럽게 견뎠습니다. 마지막에 가서는, 집에서 기도를 드렸습니다.

랴오: 낮에는 공산당의 정치학습모임에 참석하고 밤에는 집에서 하나님께 기도드리는 게 이상하지는 않았나요?

우: 일터에서 당국이 내게 원하는 일은 무엇이든 했습니다. 하지만 세속의 정치가 영적인 갈망을 밀어낼 수는 없었습니다.

랴오: 1950년대에 베이징의 우야오종Wu Yaozong 목사가 '삼자애국교회' Three-Self Patriotic Church를 세웠는데, 이 교회는 당시 정부의 인가를 받은 교회였습니다. 삼자원칙을 지지했습니까?

우: 서양인들이 중국을 떠난 시점에 교회들은 이미 자치self-governance, 자전self-propagation, 자립self-support의 원칙을 따르고 있었습니다. 다리 시에도 삼자애국위원회가 설립되었지요. 두안리번Duan Liben 목사가 책임자였어요. 성경에 제시되어 있는 교의를 나는 지지했습니다.

랴오: 마오 시대에 그 같은 입장을 공개적으로 천명했다는 말인가요?

우: 아, 감히 어떻게 그럴 수 있었겠어요. 1952년 '다리 시 통일전선부'Dali United Front Department는 서로 다른 교단의 기독교회들에게 하나로 합칠 것을 명령했습니다. 다리 시에는 가톨릭교회, 성공회교회, 구시가교회가 있었어요. 정치운동이 격해지기 전까지 우리는 모두 함께 예배를

드렸습니다. 그러나 이제 동원된 혁명대중이 그리스도인들을 공격했어요. "저들의 육체를 쳐서 영혼을 새롭게 하자." 이게 그들의 구호였어요. 그 결과, 사람들은 무더기로 교회를 빠져나갔습니다. 결국, 다리 시에 남은 공공연한 그리스도인은 호우울링Hou Wuling 목사와 그의 아내 리쿠안벤Li Quanben, 그리고 양펑전Yang Fengzhen 같은 이들뿐이었습니다.

랴오: 그들은 어떻게 되었나요?

우: 모두 비극적인 죽음을 맞았습니다. 호우울링 목사는 여러 번에 걸쳐서 공개적으로 비난을 당했습니다. 그러다가 공산당 정치학습모임 중간에 동맥류로 죽었죠…. 그에 대해서는 더 이야기하지 맙시다. 생각하는 것만으로도 마음이 무겁습니다.

문화대혁명의 막바지에는 모든 공적인 종교활동이 금지되었습니다. 교회와 교회 재산은 모두 몰수되었죠. 사람들은 비밀리에 기도하고 성경을 읽을 수 있을 뿐이었죠. 입술을 움직여 소리 나지 않게 하나님의 이름을 말하는 것만도 우리에게는 호사였어요.

나는 정부 정책에 공공연하게 항의할 수 없었습니다. 나의 신앙을 공개적으로 드러낼 엄두가 나지 않았습니다. 내가 그렇게 할 수 없는 사람이라는 것을 깨닫고 하나님께 용서를 구했습니다. 자비로우신 주님 덕분에 1950년대의 정치적 격변 속에서도 살아남을 수 있었습니다.

랴오: 문화대혁명 기간 중에 어려움을 겪지는 않았나요?

우: 홍위병들은 온갖 종류의 "뱀과 귀신들"을 없애버리기 원했습니다. 아

내와 나는 도망칠 수 없었습니다. 그들은 우리 집을 덮쳐 아수라장으로 만들었어요. 우리 부부는 취조를 당했습니다. 홍위병들은 우리 머리에 바보 모자(학교에서 벌로 씌우던 원추형 모자—옮긴이 주)를 씌우고 거리행진을 시켰어요. 소중히 간직해둔 성경책들을 모두 불태워버렸고요. 슬펐죠…. 하지만 과거는 흘러가는 구름과 같아요. 흘러가게 내버려둬야 했습니다.

(과거 이야기를 힘들어하는 남편을 보고 있던 아내 장평시앙이 나머지 이야기는 자신이 하겠다며 인터뷰 중간에 끼어들었다. 그녀는 이렇게 말했다. "지난날은 남편에게 너무도 커다란 정신적 외상을 남겼어요. 남편은 과거를 다시 되살리고 싶어하지 않아요. 특히 뇌졸중이 온 뒤로는 더욱 그래요.")

장평시앙: 나는 1933년 윈난 성 추슝 현의 가난한 집에서 태어났어요. 집 근처에 '베델교회'가 있었죠. 다섯 살 때, 동네 아이들과 함께 교회에서 여는 무료 학교에 다녔어요. 선생님들은 벽안의 코쟁이 외국인이었어요. 그들은 항상 웃었고 우리를 잘 참아줬어요. 우리에게 영어로 읽고 쓰는 법을 가르쳐주었죠. 그리고 우리는 기도와 찬송도 배웠어요. 몇 년 후에는 성경 이야기를 배우기 시작했어요. 수업시간이 좋았던 건, 선생님의 질문에 정답을 알아맞히면 사탕과 장난감을 주셨기 때문이에요. 그 선생님들의 영향을 받아 나는 그리스도인이 되었고, 열다섯 살에 세례를 받았어요. 1950년에 다리 시에 있는 기독병원과 연관된 간호학교에 지원했고 졸업 후에는 간호사가 되었어요. 1953년, 스무 살에 지역교회에서 우용성과 결혼식을 올렸죠. 우리 둘은 같은 병원에

서 일하고 있었어요.

문화대혁명 초기에 우리는 병원에서 주요 표적이 되었어요. 온갖 고문을 당했어요. 마오쩌둥의 공산당 반군은 간첩 혐의를 씌워 우리를 고발했어요. 우리 교회 앞에다 우리를 세워놓고 북과 꽹과리를 두들기며 혁명가를 불러댔어요. 그들은 먼저 성경책과 성경 관련 서적들을 쌓더니 거기에 불을 붙였어요. 그러더니 환호하고 춤을 추었어요. 남편과 나를 비롯한 몇몇 그리스도인들은 불 옆에서 90도로 허리를 숙이고 있어야 했어요.

그러고도 성이 차지 않았는지 그들은 창문, 회중석, 책꽂이, 가구, 옛 그림, 심지어는 서양 선교사들이 가져온 파이프오르간까지 깨부수었어요. 알다시피, 교회 첨탑에는 거대한 종이 매달려 있었어요. 그들은 종을 끌어내렸고 그 종을 깨부수려 했지만 금 하나 내지 못했죠. 결국 그들은 종을 가져가버렸어요. 그 종이 지금 어디에 있는지는 아무도 몰라요. 부끄러운 일이죠. 런던에서 만들어져 1905년에 다리 시로 운반되어 온 종인데 말이죠.

그들은 철두철미했어요. 하나도 남겨두지 않았어요. 그들 중 한 사람이 우리가 첩자이며 전신기나 무기를 감추고 있다고 의심했어요. 남편은 첩자가 아니라고 항변했지만 그들의 우두머리는 남편의 말에 귀를 기울이지 않았어요. "제국주의자들이 떠나면서 당신들을 여기 심어두고 특별 지령을 내렸을 텐데, 관대한 처벌을 원한다면 실토하는 게 좋을 거요." 내가 나서서 남편 대신 말했어요. "불법 물품을 교회에 숨겨두지는 않아요. 교회는 거룩한 곳이에요." 그들은 고집불통이라며 내게 욕을 해댔어요. 그러고는 가지고 있던 삽과 전기드릴로 몇 시간 만에 예배당 바닥에 커다란 구멍을 뚫어놓았어요.

랴오: 그 사람들 첩보 영화를 너무 많이 본 모양이군요.

장: 나중에는 마을 주민들 십여 명이 교회를 차지하고 눌러앉았어요. 예배당은 대장장이와 땜장이, 도공, 목수들의 작업장으로 바뀌어버렸죠. 우리는 감금되어 고문을 당했어요. 풀려날 때면 곧장 병원으로 돌아가 일했고 환자들을 돌봤어요. 한번은 일단의 농부들이 "고맙습니다"라고 벽보를 써서 붙였어요. 벽보 옆에는 "우용성과 장평시앙을 박살내자" 같은 수많은 구호들이 휘갈겨져 있었고요. 우리가 처한 상황은 최악이었지만 할 수 있는 최선을 다했어요. 저항하지 않고 모욕을 감내했지요.

남편이 말한 두안리번 목사는 이 지역의 삼자애국위원회를 이끈 인물이에요. 1956년, 그는 '중국 기독교회 개혁을 위한 전국대회'에 참석하기 위해 베이징으로 떠났어요. 1966년 7월, 정부는 "종교대회"에 참석했다는 이유로 그를 잡아 가뒀는데—정부는 지역의 가톨릭 지도자와 개신교 지도자들을 모두 잡아 가뒀어요—그는 "육체노동을 통해 정신 개조"를 하도록 시골로 보내졌어요. 그는 큰 곤욕을 치렀어요. 우리 같은 보통 그리스도인들보다 훨씬 큰 고난을 받았어요. 그는 이제 더 이상 우리와 함께 있지 않아요.

1980년, 연합전선부로부터 주일예배를 드릴 수 있다는 통지를 받았어요. 20년 이상 금지되었던 예배였어요. 그들은 교회 재산을 대부분 돌려주지 않았고, 앞으로도 돌려주지 않을 거예요.

그는 신앙을 부인하지 않았기에 정치적 표적이 되었다.

연합전선부가 개최한 회의에서 한 관리는 호우 신부에게 이렇게 맞섰다.

"혁명대중의 권력에 도전하려는 것이오?" 그는 침묵했다.

그의 대답은 그의 행동 속에 담겨 있었다.

그는 계속해서 주님을 따랐고 교회를 수호했다.

"말 없는 어린 양." 이것이 그의 별명이었다.

5장

말 없는 어린 양

- 성공회 교인 -

1937년에 일본이 중국을 침공한 직후, 카이용춘Cai Yongchun과 우성더 Wu Shengde 두 교수는 우한 시 중심에 있는 화중 대학에서 다리 시로 건너와 '다리 성공회교회'를 세웠다. 1943년, 두 설립자는 상하이의 여러 교구로부터 재정 지원을 받아 6천여 평방미터에 달하는 땅에 건물과 집 스무 채를 매입했다. 그들은 건물을 개조하여 예배실과 고아원 그리고 초등학교를 만들고 복음 전파의 속도를 높였다. 1948년에는 젊은 사제인 호우울링이 교회를 이어받았다. 1964년, 정치학습모임 중 호우 신부는 상의 안주머니에 숨겨둔 십자가를 꺼내들고 바닥에 쓰러져서 죽었다. 사인은 동맥류였다.

_우용성, 『다리 시의 기독교 역사』

이 젊은 사제 호우울링은 누구인가? 우용성의 책에서는 간략하게 언급되어 있어 그의 삶이나 죽음을 둘러싼 정황과 관련된 단서가 많이 드러나지 않는다. 어떻게 그와 같은 종교 지도자가 유성처럼 잠깐 반짝이다가 거의 흔적을 남기지 않고 사라져버릴 수 있었을까? 공산주의 치하에서 그에게 무슨 일이 일어난 것일까? 어찌하여 감추고 있던 십자가를 정치학습모임 중간에 꺼내 든 것일까? 수수께끼 같은 사건에 호기심이 일었다. 우선 현존하는 교회 기록들을 검토했다. 그러나 호우 신부에 관한 기록은 없었다.

나는 우용성의 책에서 정부가 나중에 호우 신부에 대한 판결을 번복했다고 우용성은 그 소식을 호우 신부의 가족들에게 전할 책임을 맡았다고 짧게 언급된 것을 발견했다. 우용성은 호우 신부가 다리 시 성공회교회의 책임자였다고 말했으나 더 이상 자세한 이야기는 해주지 않았다. 정치적으로 위험한 사안을 피하려고 한 것일까?

나는 친구 쿤펑에게 연락을 취했다. 그는 관련된 모든 사람을 알고 있을 것 같았다. 나는 좀더 많은 정보가 필요했기 때문에 쿤펑이 제대로 방향을 잡아주기를 바랐다. 특히 호우의 가족을 찾고 싶었다. 며칠 후 쿤펑이 전화를 걸어왔다. 호우의 딸은 찾지 못했으나 그의 삶에 대해 뭔가 알고 있는 것 같은 나이 든 그리스도인 세 명을 찾았다고 했다. 세 사람을 인터뷰하면서 구체적인 사실을 조금 더 알게 되었다.

호우 신부는 나라 전체가 내전에 휘말려든 1948년에 다리 시의 성공회교회를 맡았다. 교회가 여러 해에 걸쳐 축적한 재산을 관리하는 일 또한 그의 책임이었으나 그는 전쟁의 두려움 속에서 살아가는 수천 명의 신자들을 돌보는 일에 더 관심을 집중했다. 호우 신부는 맡은 일에 성실했고 일단 맡은 일은 탁월하게 해냈다. 우용성이 기억하기로 호우 신부는 공산당과 국민당 정부가 전쟁을 벌이는 사이에서 교회의 중립을 지키기 위해 애썼으며 1949년 마오쩌둥이 승리한 이후로는 교회를 정치로부터 떼어놓기 위해 노력했다. 그러나 새로 등장한 공산당 정부는 외국인 선교사들을 적대 세력으로 간주했다. 신앙의 모든 연결망이 산산이 부서져버렸다. 공개집회에 참석한 그리스도인들은 자기 인생에서 신앙은 "수치스러운 장"이었다고 하면서 신앙을 부인했다. 호우 신부는 예기치 못한 이런 변화에 큰 충격을 받았다. 그는 신앙을 부인하지 않았기에 정치적 표적이 되었다. 연합전선부가 개최한 회의에서 한 관리는 호우 신부에게 이렇게 맞섰다. "혁명대중의 권력에 도전하려는 것이오?" 그는 침묵했다. 그의 대답은 그의 행동 속에 담겨 있었다. 그는 계속해서 주님을 따랐고 교회를 수호했다. "말 없는 어린 양." 이것이 그의 별명이었다.

공산당 관리들은 정치운동이 있을 때마다 그를 표적으로 삼았다. 1953년에 정부는 다리 시 성공회교회가 설립해 운영해온 휘유초등학교를 인수하기 원했다. 관리들은 학교의 이름을 '다리 제2초등학교'로 바꿀 것을 제안했다. 호우 신부는 정부 관리들의 학교 출입을 거부했다. 관리들은 학교 공과금과 수리비를 청구하는 방식으로 그에게 맞섰다. 새로운 공산 정권 하에서 모든 재정 지원이 끊기자 호우 신부는 그 비용을 감당할 수 없었다. 그래서 전기를 끊고 학생들에게 이렇게 말했다. "우리 마음에는 진리의 빛이 있으니 전기가 없어도 됩니다."

호우 신부는 학교 예배당에서 촛불을 켜놓고 기도하던 중 예배당으로 쳐들어온 지역 군벌 대원들에게 잡혀갔다. 군인들은 학교 기물을 파괴하고 반혁명 활동에 가담했다는 혐의로 그를 고발했다. 정부는 그가 섬기던 교회에 난입해 회계 장부를 조사하고 반혁명 부패 혐의로 그를 기소했다. 그 후에 정부는 또 다른 혐의로 그를 기소했는데, 미성년 고아원생을 강간했다는 혐의였다. 그를 겨냥한 고소가 줄을 이었다. 호우 신부는 구속되어 1년간 수감되었다. 하지만 유죄 선고를 내리기에는 증거가 부족했고 나중에 그는 석방되었다.

양 떼를 지키기 위해 호우 신부는 공산당과 갈등 관계에 설 수밖에 없었다. 하루는 리희준이란 이름의 여성 그리스도인이 열 살 된 딸을 데리고 그의 집 앞에 나타났다. 모녀는 "사악한 지주 계급" 출신으로 시골 마을에서 박해를 받다가 도망치던 중이었다. 호우 신부와 아내는 그들을 맞아들였다. 몇 개월 후, 폐결핵을 앓고 있던 리의 딸이 죽었다. 나중에 거리위원회(도시 내 가장 작은 단위의 정치조직—옮긴이 주)가 리가 교회에 와 있다는 것을 눈치챘고, 그녀의 배경을 알고는 그녀가 도망해온 마을로 돌려보냈다. 리는 다시 도망쳤다. 지역 군벌이 그녀를 추격해 잡아 다시 고향으로 돌려보냈다. 1954년, 그녀는 세 번째로 탈출해서 교회에 몸을 숨겼다. 전에 그녀를 붙잡았던 자들은 그녀를 잡으러 다리 시까지 왔다. 그녀는 교회 도서실에 붙어 있는 방에서 발견되었다. 하지만 이미 목을 매 자살한 뒤였다.

같은 해, 호우는 새로 조직된 삼자애국교회를 지지할 것과 그 교회에 참여할 것을 명령받았다. 그러나 그는 그것은 "집단 항복"이라며 거절했다. 지역의 친정부적인 종교 지도자들은 회의를 열어 호우 신부의 직분을 철회하고 종교활동 참여를 금지하는 안을 "만장일치"로 통과시켰다. 1957년, 그에게는 '우익'이라는 딱지가 붙었다. 1958년, 다리 시 정부는 다리 성공회교회 소유의 땅을 인수하여 화학공장으로 개조했다. 호우 신부는 교회를 떠나지 않으면 투옥시키겠다는 협박을 받았다. 공장 노동자들 숙소의 침대 하나가 그에게 배정되었다. 그의 아내와 딸은 친정이 있는 청두 시로 돌아가 부모님 댁에서 지냈다.

대기근이 중국을 휩쓴 1959년에도 공개비판집회는 멈추지 않았고 그때마다 호우 신부는 단골 표적이었다. 그 시기를 견디고 살아남은 그리스도인이 내게 전해준 바에 따르면, 사람들은 계급의 적들을 두들겨 팰 기력이 없어서 때리는 대신 꼬집고 물어뜯었다고 한다. 그는 온몸에 멍이 든 호우 신부를 보았다고 기억했다.

1963년, 류사오치劉少奇 주석 치하의 정부는 마오의 급진적 산업화와 국유화 프로그램에 제동을 가하며 기근으로 인한 어려움을 해소할 일련의 정책들을 도입했다. 마오는 뒤로 물러났다. 그리스도인에 대한 박해가 완화되었고 식량 생산량도 증가했다. 하지만 1964년, "사회주의 교육운동"을 내세우며 마오가 다시 전면에 등장했다. 호우 신부는 40명의 우익 및 반혁명주의자들과 함께 군인들이 경계를 선 별채 건물에서 한 주 내내 이어지는 정치학습모임에 참석하라는 명령을 받고 불려갔다. 호우 신부는 끝없는 질문에 대답하도록 강요당했고, 끝내는 말을 멈추고 바닥에 쓰러지더니 죽었다. 그의 죽음과 관련된 세부사항들은 공식적인 기록으로 남아 있는 게 전혀 없을뿐더러 그 자리에 있었던 사람들 모두가 집단 기억상실증에 걸린 듯 아무것도 기억하지 못했다. 내가 근거로 삼을 수 있던 것은 우용성의 책에 나온 다음 문장뿐이었다. "호우 신부는 십자가를 꺼내들고 바닥에 쓰러지더니 동맥류로 죽었다." 연속되는 취조, 공개비판집회, 정치학습모임은 그가 감당하기에 너무 벅찼던 것이다.

호우 신부의 시신은 사망 후 몇 시간 만에 화장된 것으로 알려져 있다. 부검은 없었다. 며칠 후, 호우의 아내가 청두 시로부터 와서 남편의 유해가 담긴 단지를 가지고 집으로 돌아갔다. 우용성의 말에 따르면, 그녀는 남편이 어떻게 죽었는지조차 감히 묻지 못했다고 한다. 문화대혁명 전에 죽은 것이 오히려 잘된 일인지도 모른다고 우용성은 덧붙였다.

1980년, 다리 시 연합전선부는 호우 신부의 모든 혐의가 무죄임을 밝히는 공식 통고를 냈다. 우용성은 호우의 가족을 대신해서 통지서를 수령하여 청두 시에 있는 호우 신부의 딸 호우메이언에게 우편으로 보냈다. 그는 호우 신부의 아내와 딸이 아직 생존해 있다고 확신하고 있다. 비록 30년이 넘도록 아무런 소식을 듣지 못했지만 말이다. 가족들이 겪은 고통에 대해 정부의 보상이 있었는지 묻자, 우용성은 고개를 가로저으며 말했다. "한 푼도 없었어요." 교회의 재산은 정부에 의해 민간 개발업자들에게 매각되었다. 교회의 자산 위에 세워진 국영 화학공장은 도산 후 폐쇄되었다. 현재 그 땅은 다리 시 제2민중병원 내과가 점유하고 있다.

그 대신 나는 하나님을 생각했어요.

우리 위에 계시고, 만물 위에 계시며,

가장 높은 산들과 얼하이 호수보다도 높이 계신

하나님을 생각하고 있었어요.

부모님은 나를 낳으셨지만 하나님은 내게 생명을 주셨습니다.

전에는 그것을 몰랐어요. 암이 내게 빛을 비춰주고,

진흙탕 속에서 짓밟힌 마음에 날개를 달아주고,

하늘로 날아올라 천국의 기쁨을 맛보게 해준 거예요.

6장
암이 내게 빛을 비춰주고
- 암 환자 -

뉘엿뉘엿 지는 저녁 햇살이 리린샨Li Linshan의 작은 마당 한구석을 비추었다. 리는 이야기하는 내내 만두피를 빚기 위해 밀가루 반죽을 치댔다. 창백하던 그의 얼굴에 혈색이 돌았다. 이마에는 땀이 송글송글 맺혔다. 그가 악사라는 이야기를 들었던 터라 나는 산시 성의 경극 곡들을 불러달라고 청했다. 그는 등을 곧추 세우더니 숨을 깊이 들이마시고 내쉬었다. 경극 가수는 높은 음역의 소리를 내야 하는데 더 이상 그런 소리를 낼 힘이 없으니 옥타브를 낮춰서 소리 내는 게 자신이 할 수 있는 최선이라고 말했다. "여자 목소리처럼 들릴 거요." 그는 미리 언질을 주었다. 나는 그의 소리가 정말 마음에 들었다. 그의 소리에는 찬송가 창법이 섞여 있는 것 같았다. 나는 뜨겁게 박수를 보냈다.

마당 한가운데 놓인 평상에 김이 모락모락 피어오르는 만두가 차려지자 우리 모두 자리에 앉았고 리가 감사기도를 인도했다. 기도는 한동안 이어졌다. "오늘은 세계평화의 날을 위해 기도합니다. 주님, 당신께서는 쿤펑 형제와 랴오 선생을 보내주셔서 저의 보잘것없는 이야기를 듣게 하셨습니다. 이들은 지식인으로 저명한 사람들이지만 저의 친구가 되고자 합니다. 당신이 주신 복에 감사드리며 이들에게 건강의 복 주시기를 원합니다…" 식탁에 둘러앉은 이들 모두 조용히 고개를 숙이고 있었다. 나는 식어가는 만두를 지켜보았다. 1960년대에 기근을 경험한 적이 있기에 나는 음식을 마다하는 법이 없으며 어느 정도 대식가에 가깝다. 하지만 나는 천천히 먹었고 먹는 중간에 틈틈이 미소를 지었다. 인터뷰를 마치고 나서 악수를 하고 헤어지면서도 미소를 지었다. 1킬로미터 남짓한 길 내내 미소를 지었다. 나는 억지미소를 지으면 얼굴에 경련이 오는 까닭에 굳이 미소 짓는 편은 아니다. 큰 고난의 집에서 지낸 경험 탓이다.

마침내 천둥이 치더니 비바람이 몰려왔다. 비가 억수같이 쏟아지고 강풍이 휘몰아쳤다. 하지만 잠시 후, 내리는 비 사이로 달이 뜨고 구름이 물러났다. 이끼에 매달린 이슬방울이 달빛을 받아 빛을 발했다.

나는 2009년 봄 친구 쿤펑에게서 리린샨의 이름을 처음으로 들었다. 그때 쿤펑은 지체하지 말고 리를 만나보라고 내 등을 떠밀었다. "지금이 만나지 않으면, 너무 늦고 말 걸세." 그는 그렇게 말했다.

약속이 잡혔다. 8월 16일 정오 무렵, 나는 광활하게 펼쳐진 초원 사이로 난 좁은 진창길을 따라 걸어갔다. 초원 왼쪽으로 멀리 소 떼와 개들이 보였다. 산기슭에 다다를 즈음, 멀리서 우르릉 하고 폭풍우 밀려오는 소리가 들려왔다. 선단처럼 커다란 구름이 머리 위를 덮고 있었다. 전날 밤 큰 폭풍이 있었는데, 나는 마을이 물에 잠기고 산꼭대기까지 물이 차오르는 꿈을 꾸었었다. 꿈속에서 나 혼자만 살아남아 원숭이처럼 이 산꼭대기에서 저 산꼭대기로 뛰어다녔다. 그 통에 마음이 뒤숭숭했다.

리는 다리 시의 구시가에 살고 있었다. 런민 가로 마중 나온 쿤펑이 거기서부터 길을 안내했고, 우리는 좁은 골목길을 따라 내려가 좌우편으로 돌더니 광우로에 이르러 어느 집 문 앞에 멈춰 섰다. 색이 바랜 나무 문틀 위쪽에 붉은색 벽보가 가로로 길게 걸려 있었는데, '하나님의 복'이란 한자가 눈에 띄었다.

쿤은 길가에 서서 리를 불렀다. 가무잡잡한 얼굴의 여인이 문을 열었다. 리의 아내였다. 두 사람은 5년째 결혼 생활을 이어오고 있었다. 쿤펑은 작은 마당 가운데로 나를 데리고 들어가 리에게 나를 소개했다. 리는 양손에 부엌칼을 쥔 채 마당 한구석에 쪼그리고 앉아 있었다. "만나서 반가워요." 리가 말했다. "미안하지만 악수를 못하겠네요. 선생님들을 위해 만두를 만들고 있었거든요." 리는 다시 고기를 다지고 썰기 시작했고, 쿤은 내 팔을 붙들더니 이렇게 속삭였다. "리 형제는 뼈만 남은 듯 앙상하군." 쿤의 직설적인 표현에 놀란 나는 이렇게 말했다. "조금 마르기는 했지만 힘이 넘쳐 보이는데." 리는 내 말을 듣고 웃었다. "힘이 넘치죠. 오늘은 특별한 날이거든요. 선생님들이 오신다고 해서 무척 신이 났어요. 그래서 만두를 만드는 거예요. 앓고 난 뒤로 음식을 차리는 게 이번이 처음이에요. 이번이 마지막이 될지, 누가 알겠어요." 리는 산시 성 특유의 전통 조리법에 따라 만두를 만든다고 했다. "고기와 야채를 아주 가늘게 썰어야 해요. 선생님들께 산시 성 정통 만두를 대접하고 싶습니다." 리는 곧 일을 마치고 낡은 행주에 손을 씻었다. 우리는 이야기를 시작했다.

랴오이우: 병은 어쩌다 걸리셨나요?

리린샨: 음…실은 잘 모르겠어요. 생각해보니, 늘 아팠던 것 같아요. 나는 3년 연속 이어진 기근의 마지막 해인 1963년에 태어났어요. 나를 가졌을 때, 어머니는 도시에서 음식을 충분히 구할 수 없었어요. 그래서 산시 성에 있는 고향 마을로 돌아갔어요. 할머니 말에 따르면, 태어났을 때 나는 작은 고양이 같았답니다. 손을 움켜쥐고 있었는데 힘이 없어서 울지도 않았다고 해요. 부모님은 내가 살지 못할 거라 생각하고 포기하려 하셨대요. 그런데 할머니가 막으셨죠. "애가 숨을 쉰다. 이불에 싸서 불을 쬐면 살지도 몰라." 아버지는 한숨을 쉬고 말씀했답니다. "지난 3년 동안 우리 먹을 것도 없었어요. 그런데 앞으로 이 애를 어떻게 키우겠어요? 게다가 이 애는 노래할 수 있을 만큼 폐가 좋은 것 같지도 않아요."

랴오: 부모님도 가수셨나요?

리: 부모님은 지방 경극단에서 가수로 일하셨어요. 노새 경극으로 꽤 유명하셨죠. 경극단과 함께 여러 해 공연을 해오셨는데, 시절이 어렵다 보니 고향인 단산 지구로 돌아오셨어요. 농사를 지으면 안정적인 수입을 얻을 수 있을 거라 생각했는데 운이 좋지 않으셨어요. 가장 큰 불행의 요인은 나의 건강이었죠. 끊임없이 온갖 질병에 시달려야 했으니까요. 하지만 가난한 사람은 병원에 갈 수도 없지요.

랴오: 지금은 어떤가요?

리: 의사들 말로는 "위암종"에 걸렸대요. 목과 위가 만나는 여기에 암이 생

긴 거예요. 2007년에 의사의 진단을 받을 때는 아직 초기 단계였는데, 지금은 전이되었어요. 수술, 방사선치료, 화학요법을 받으려면 최소한 2만 위안이 넘게 들어요. 나는 옷 수선 일을 하는데, 옷에 난 구멍을 기우고 단추를 달아주고 1위안을 받아요. 그렇게 많은 돈을 구할 방법이 없었어요. 수술을 받더라도 5년 정도밖에 더 못 산다고 의사가 말했죠. 우리에게는 돈이 없었고 돈을 빌릴 데도 없었어요. 설령 돈을 빌릴 데가 있어서 몇 년 더 산다고 해도, 그 빚은 자손 대대로 갚아도 못 갚을 거예요. 나는 중국인이고 가난한 곳에서 태어났어요. 내가 무슨 일을 할 수 있겠어요?

랴오: 당신의 고향 동네는 혁명 초기에 공산주의자들의 전초기지였습니다. 마오 주석도 당신네 고향 동네가 혁명에 기여했다고 여러 글에서 언급한 적이 있죠.

리: 맞는 말이에요. 혁명 초기에 고향 사람들은 마오의 게릴라전에 참여했고 가장 어려울 때 공산당 군대를 지지했어요. 혁명이 성공하면 민중이 주인 되는 나라가 올 줄 알았죠. 하지만 민중의 삶은 전보다 나빠졌어요.

아시겠지만, 우리 동네는 물이 귀했어요. 두 길 깊이로 우물을 팠지만 물 한 방울 나오지 않는 경우가 대부분이었어요. 물이 금처럼 귀했죠. 빗물은 공짜였지만 오랫동안 내리는 법이 없었고요. 게다가 빗물은 벌레가 가득 담긴 흙탕물이었어요. 한 바가지 뜨면, 물속에 벌레들이 꼼지락거리는 게 보였죠. 건기에는 물웅덩이가 귀했어요. 운이 없게도 건기가 무척 길었죠. 그럴 때면 마을 사람들 모두가 나귀에 양동이 실은 마차를 지우고 끌고 갔어요. 산을 넘어 5-6킬로미터 떨어진 곳까지 가서 물을 길어오곤 했지요.

지금은 상황이 많이 나아졌어요. 상황을 타개하기 위해 정부가 물 공급 계획을 실시하고 있으니까요. 하지만 알다시피 서른 살에 고향을 떠나기 전까지는, 마당에서 쏟아지는 비를 알몸으로 맞으며 일 년에 한 번 몸을 씻는 것 외에는 목욕을 할 수가 없었어요. 첫 딸을 낳았을 때 산파는 작은 대야에 담긴 물로 아내와 아기를 씻겼어요.

랴오: 감염 걱정은 안 했나요?

리: 우리는 감염이 병이라고 생각하지 않았어요. 암에 걸린 사람도 치료받을 엄두를 못 내는 판에 일상적인 감염이야 말해 뭐하겠어요. 때가 되면 자연히 나으니까요. 우리 고향에서는 위암이나 식도암에 걸린 사람들이 많았어요. 내 기억이 정확하다면, 마을 사람들 가운데 암 치료를 받은 사람은 도시에서 일하다가 은퇴하고 돌아온 존경받는 선생 한 명 정도였어요. 그는 암에 걸리자 병원에 입원해 수술을 받았죠. 병원비 일체를 정부에서 부담했고요. 수술은 성공적이었는데, 전무후무한 엄청난 뉴스였죠. 그가 병원에서 돌아오자 마을 전체가 큰 환영행사를 열었어요. 은퇴한 선생은 600위안을 마을에 기부했고요. 지방 경극단이 가설무대를 세우고 3일 동안 공연을 했어요. 극을 보기 위해 멀리에서도 사람들이 왔죠.

랴오: 고향 마을 사람들의 평균 수명은 어느 정도였나요?

리: 예순 살 정도였어요. 예외는 있었죠. 우리 할아버지는 여든 살까지 사

셨으니까요. 하지만 어떻게 그렇게 오래 살 수 있었는지 할아버지도 알지 못하셨어요. 아버지는 우리 가족 중 가장 건강하셨어요. 아침부터 밤까지 쉬지 않고 황소처럼 밭에서 일하셨어요. 그리고 쉰 살에 돌아가셨습니다. 중독 때문이었어요. 밭에 일하러 나가기 전에 아버지는 몸에서 벼룩을 쫓아내기 위해 온몸에 살충제를 뿌리셨습니다. 그날은 해가 쨍쨍 내리쬐는 더운 날이었어요. 아버지는 금세 온몸이 땀투성이가 되었죠. 제 생각에는 살충제가 땀구멍을 통해 피부 속으로 스며들었던 것 같아요. 처음에는 배가 아프다 하셨는데, 곧이어 참을 수 없을 정도로 통증이 심해지셨어요. 비틀거리며 집으로 돌아와 자리에 누우셨죠. 쉿소리를 두어 번 내시더니 의식을 잃으셨던 걸로 기억해요. 그날 밤 별이 뜨기 전, 두어 번 경련을 더 일으키더니 돌아가셨어요.

사람들은 보통 DDT나 "666" 분말살충제를 사용했어요. 아버지가 사용한 살충제는 좀더 강한 거였죠. 벼룩에 물려 간지럽고 아팠기 때문에 아버지는 얼른 고통을 줄이고 싶으셨던 거예요. 물이 없었기 때문에 사람들은 목욕하지 않았고 옷이나 이불을 빨지도 않았죠. 벼룩에게는 최고의 환경이었던 셈이죠.

라오: 아버지처럼 살충제 때문에 죽은 사람들이 많았나요?

리: 아주 드문 경우입니다. 우린 어릴 적부터 살충제에 손을 댔어요. 처음에는 피부가 따끔거렸고, 몇몇 애들은 몸 곳곳에 자줏빛 상흔이 생겼어요. 그 다음에는 피부 각질이 벗겨졌죠. 심한 경우에는 피부가 붉게 변하고 따가웠어요. 머리가 띵한 경우도 있었고요. 보통 서너 시간이 지나면 나았어요. 차츰차츰 독성에 몸이 적응해갔어요. 그뿐 아니라 여

름에 살충제를 뿌리고 난 뒤에는 다 마를 때까지 기다렸다가 집을 나 갔는데, 성질 급한 아버지는 살충제가 마르기도 전에 곧바로 뜨거운 태양 아래로 나가셨죠.

랴오: 윈난 성에 오기 전에는 무슨 일을 했나요?

리: 1988년에 신문 광고를 봤는데 산시 성의 성도인 타이위안에 있는 재 단사 양성학원 광고였어요. 마을을 떠나 타이위안으로 가서, 모아둔 돈 을 수업료와 생활비로 전부 써버렸습니다. 졸업 후에는 마을로 돌아왔 어요. 좀더 넓은 세상을 보고 온 "유명한 재단사"로 말이죠. 그날이 음 력 설 바로 전날이었어요. 마을의 몇몇 집들이 우리 집 앞으로 찾아왔 는데, 새로운 천을 가지고 와서는 옷을 재단해달라고 하더군요. 얼마 나 떨렸는지 짐작도 못할 거예요. 나는 갓 졸업한 터라 경험이라곤 손 톱만큼도 없었으니 말이에요. 어떻게든 해내야 했어요. 하지만 살아남 았어요. 몇 년 후에는 솜씨가 상당히 늘었고 남들 앞에 내놓아도 손색 이 없을 만큼 옷을 지을 수 있었어요. 1994년에 외삼촌이 집에 들르셨 어요. 삼촌은 윈난 성 추슝 시에 살고 있었고, 나는 이혼한 직후라 몹시 우울해 있었어요. 삼촌은 추슝으로 가자며 내 기찻삯을 내주셨어요. 가 는 데만 나흘이 걸리는 길이었습니다.

랴오: "옮겨 심은 나무는 죽지만 옮겨 심은 사람은 성공한다"라는 중국 속 담이 있죠.

리: 수도꼭지와 샤워기를 틀기만 하면 물이 쏟아져 나오니 마음껏 쓸 수 있었죠. 너무 낭비하는 것 같아 가끔은 죄책감이 들기도 했어요. 하룻

밤은 꿈을 꿨는데 욕조 안에 앉아 있었어요. 그런데 갑자기 사방에서 고향마을 친구들이 불쑥 나타나더니 내게 욕을 퍼붓는 거예요. '이 후 레자식아! 그 물이면 이 동네 사람들이 대대로 쓰겠다. 어떻게 그렇게 낭비할 수 있나?' 그러고는 나를 물어뜯기 시작했어요. 땀에 흠뻑 젖어 잠에서 깼죠.

랴오: 그래서, 이곳에서 재단 일을 계속했나요?

리: 그렇죠. 처음에는 외국인 거리에 있는 한 재단사 밑에서 일했어요. 나 중에는 내 가게를 열었죠. 도시에는 외국인들이 많았고 그들처럼 되고 싶어하는 사람들이 많았어요. 이국적이고 진기한 온갖 복장을 볼 수 있었죠. 정말로 세계적인 곳이었어요. 하지만 산시 성에서 온 촌사람인 나는 다른 재단사들의 상대가 못 되었어요. 그래서 옷 수선을 전문적 으로 하기로 결심한 거예요. 단 접기, 지퍼 수선, 구멍 덧대기 같은 수 선 일 말이죠. 버는 돈은 적었지만 차곡차곡 쌓여갔죠. 그렇게 나도 번 창했고요. 서른두 살에 이곳에 왔는데, 15년 후에는 고향 집에 돈을 보 낼 여유가 생길 만큼 돈을 꽤 모았습니다.

랴오: 지금 가게는 누가 맡고 있나요?

리: 가게는 걱정할 필요 없어요. 문을 닫았거든요. 이제 재봉틀을 다룰 힘 이 몸에 남아 있지 않아요. 내게 남은 날도 많지 않고요.

랴오: 길을 잃은 것 같나요?

리: 아뇨, 나는 길을 잃지 않았어요. 하나님께서 나를 인도해주실 거예요.

랴오: 언제부터 하나님을 믿기 시작했죠?

리: 기독교에 대해서 이야기를 들은 것은 어릴 적입니다. 교과서를 통해서 였는지 신문 기사에서였는지는 분명하지 않지만, 외국 제국주의자들 이 기독교를 가지고 중국 인민을 예속화한다고, 일종의 영적 아편 같 다는 이야기를 들었었죠. 우리는 무신론자였어요. 내가 살던 마을에는 그리스도인이 아무도 없었어요. 나이 든 분들 가운데는 명절 동안에 절이나 사원에 가서 향을 올려 부처님께 예불을 드리거나 도교의 신들 을 섬기는 분들이 있었죠. 나는 그들을 경멸했고 심지어 미신을 믿는 다고 욕하기도 했어요. 그런데 윈난 성에 온 뒤로 마음이 열렸어요. 여 기서 피부색과 국적이 다른 많은 사람들을 만났어요. 그들과 어울리기 시작했고요. 개신교인, 가톨릭교인, 이슬람교인, 바하이교도 등 온갖 신앙이 이곳에 있었죠.

나는 공산주의 무신론 이데올로기의 희생자였습니다. 영적으로 매 달릴 데가 없었죠. 종말에 대해서도 아는 게 전혀 없었고요. 상황이 어 려워질 때마다 탈출한 방법을 찾았어요. 담배나 술을 찾거나 그냥 마 음속에 그냥 묻어두었죠. 큰딸이 심한 열병을 앓았는데, 알고 보니 뇌 수막염이었어요. 곧바로 조치를 취하지 않아서 결국 간질을 앓게 되었 고 나중에는 귀가 멀고 말을 못하게 되었어요. 그러다가 아홉 살이 되 기 전에 죽었어요. 심장이 터질 것만 같았어요. 어떻게 해야 할지, 어디 서 도움을 구해야 할지 알지 못했어요.

암에 걸렸다는 걸 처음 알았을 때는 무척 힘들었어요. 손가락으로 날짜를 세며 이렇게 중얼거렸습니다. "인생에서 행복한 날이 하루도 없었구나. 인생에 무슨 의미가 있나?"

랴오: 2만 위안이 있었다면 치료를 받을 수 있었을 테고, 그러면 많은 것이 달라지지 않았을까요?

리: 수술을 받았다면 5년 정도 수명이 더 늘어나겠죠. 하지만 그게 무슨 의미가 있나요? 죽음을 기다리는 것과 같은 거예요. 암은 무딘 칼 같아서, 일단 나를 찌른 다음에는 서서히 여러 조각을 내버리죠. 참을 수 없을 정도로 고통스러운데 견디는 것밖에는 할 수 있는 게 없어요. 스스로 목숨을 끊을 힘조차 남아 있지 않아요.

랴오: 바뀐 것이 있나요?

리: 양 형제Brother Yang라는 친구가 있었습니다. 그는 윈난 성의 바오산 시에서 태어났고 이 근처에 살았어요. 그가 가끔 가게를 들렀어요. 서로 얼굴을 익히자, 그는 가게로 들어와 내 생활과 가게 일에 대해 이야기를 나누곤 했어요. 하루는 암에 걸렸다고 그에게 털어놓았습니다. 그는 큰 충격을 받았고, 그 자리에 앉아 내 이야기에 귀를 기울여주었어요. 정말로 나를 걱정하는 거예요. 이렇게 말하더군요. "암 치료를 받으려면 돈이 무척 많이 들 텐데요." 나는 돈이 없다고 말했어요. 죽음이 나를 찾아올 때까지 기다릴 뿐이라고요. 그는 내 말에 동의하지 않고 이렇게 말했어요. "너무 쉽게 포기하지 마세요. 하나님 앞에 나아가서 그분을 믿으세요. 하나님께서 치료해주실 거예요."

　　나는 그의 말을 진지하게 생각하지 않았어요. 그런데 그는 여러 번 나를 찾아와 이렇게 말하는 겁니다. "어르신, 현재 상황에서는 하나님을 믿는 게 살 수 있는 유일한 방법이에요. 병원이 어르신을 도울 수 없어요. 친척도 속수무책이고요. 정부도 어르신을 돕지 못해요. 우리 같은 보통 사람들, 특히 우리처럼 가난한 사람들은 영적인 도움이 필요해요. 믿음을 가져야 해요. 언제 돌아가실지 모르잖아요. 그런데 무엇 때문에 주저하시죠? 마음을 열고 하나님께 자신을 맡기세요."

그 말을 듣는데 눈물이 쏟아져 나오더군요. 사실대로 말하면, 나는 살아 있으나 가련한 영혼으로, 고상한 척하는 속물이었고, 다른 사람한테 부정 타지 않을까 걱정이나 하며 살아왔습니다. 하지만 하나님은 양 형제를 통해 끊임없이 내게 다가오신 거예요. 그래서 나는 크고 분명한 소리로 말했습니다. "하나님, 나를 받아주세요."

양 형제는 그 자리에서 나를 위해 구원의 기도를 드렸어요. 거리는 전과 마찬가지로 북새통이었고, 태양은 도시에 내리쬐고 있었어요. 지붕의 기와도 그대로였고, 새들은 그 위에 앉아 늘 그랬던 것처럼 지저귀고 있었지요. 자연은 변함없이 순환하고 있었던 거예요. 바뀐 것은 오직 나였어요.

나는 두 손을 가슴 앞으로 꼭 쥐고 비 오듯 눈물을 쏟으면서 양 형제를 따라 고백했어요. 정말이지, 슬픔에 사로잡힌 게 아니라 감사했어요. 나 자신과 인간에 대한 생각을 떨쳐버린 건 살아오면서 그때가 처음이었어요. 그 대신 나는 하나님을 생각했어요. 우리 위에 계시고, 만물 위에 계시며, 가장 높은 산들과 얼하이 호수보다도 높이 계신 하나님을 생각했어요. 부모님은 나를 낳으셨지만 하나님은 내게 생명을 주셨습니다. 전에는 그것을 몰랐어요. 암이 내게 빛을 비춰주고, 진흙탕 속에서 짓밟힌 마음에 날개를 달아주고, 하늘로 날아올라 천국의 기쁨을 맛보게 해준 거예요.

랴오: 묘사가 무척 시적이네요. 감동있습니다. 양 형제에 대해 더 말해주세요.

리: 그는 지역의 가정교회 출신 목사예요. 그는 교회에 나온다고 해서 반드시 예수를 믿는 사람이 되는 것은 아니라고 생각해요. 하지만 알다시피, 정부는 가정교회의 존재를 법적으로 인정하지 않고 있어요. 2008년 부활절 기간 동안, 나는 이곳에 있는 오래된 교회에서 세례를 받았어요. 1백 년의 역사를 가진 교회죠. 이 지역의 많은 그리스도인들이 나와 비슷해요. 우리는 가정교회에서뿐만 아니라 일반 교회에서 열리는 예배에도 참석합니다.

랴오: 회심한 후로 건강 상태가 나아졌나요?

리: 병은 아마 악화되었을 거예요. 밥 먹는 게 갈수록 힘이 듭니다. 바로 이 부분에 종양이 느껴져요. 식사 때마다 운에 맡겨야 해요. 물을 먼저 마시고 나서 음식을 조금씩 먹곤 하지요. 운이 좋아서 식도가 조금 열린 날은 부드럽게 음식이 넘어가기도 해요. 가끔은 물조차 삼키기 어려울 날도 있어요. 그럴 때면 굶어야 해요. 하지만 마음만은 훨씬 느긋해졌고 기분도 좋아졌어요. 처음에 기도할 때는 주로 이기적인 생각에만 머물렀어요. 하나님께 받아야 할 빚이 있는 양 기적을 달라고 간구했죠. 그 결과, 늘 쓸데없는 생각만 들었습니다. 하나님께도 방법이 없나 보다, 하나님께서 나를 구원하지 않으시려나 보다 하는 생각을 하게 된 거예요. 지난 마흔 몇 해 동안 나는 비참하게 살았어요. 인생 자체가 괴로움이었어요. 완전히 변화한다는 게 쉽지 않았습니다. 목사님은 내게 친구들과 친척들을 위해 기도하고, 매일같이 세상에서 재앙을 당하

는 이들을 위해 기도하라고, 불의와 탐욕과 살인에 깊숙이 빠져 있으면서도 자신의 죄를 인정하지 않는 개인과 나라들을 위해 기도하라고 가르쳐주었어요. 우리는 주님께서 그런 개인과 나라들을 용서해주시고 그들에게 다시 한 번 구원의 기회를 주시기를 기도해야 해요. 다른 사람들을 위해 기도해야 해요. 내가 헌신적으로 기도한다면, 주님께서는 나도 모르는 사이에 나를 도와주실 거예요.

랴오: 앞에서 자살을 이야기한 적이 있잖아요. 할 수 있다면 지금도 그럴 생각인가요?

리: 지금은 자살이 죄라고 생각해요. 모든 생명은 하나님께서 주신 거예요. 생명을 끝내는 권한도 그분께만 있고요. 전에 나는 온갖 질병에 걸려보았고 수술도 여러 번 받아보았어요. 물이 없는 동네에서도 살아보았고요. 인생은 견디기 힘들었고 살아남지 못할 거다 싶었는데, 결국 살아남았어요. 생각해보건대, 수술을 받거나 물이 없는 마을에서 사는 것보다는 자연사하는 게 훨씬 견딜 만한 일인 것 같아요. 죽음이란 나뭇잎이 나뭇가지에서 땅으로 떨어지는 것과 같을 거예요. 나의 영혼은 공중으로 떠올라 천사들의 품에 안기게 되겠죠.

후기

랴오는 이 이야기를 해외의 중국어 웹사이트에 게재했다. 캘리포니아 주 샌 마테오에 기반을 둔 '베이만 지역 복음주의개혁교회' 목사인 존 장John Zhang은 이 환자의 용기에 큰 감동을 받아 모금을 진행했고 그가 관여하고 있는 비영리조직 '인도주의 중국' Humanitarian China을 통해 수술비를 부담했다. 리린샨은 수술을 받게 되었고, 현재 회복 중에 있다.

그들의 이야기에는 생생한 일화가 담겨 있었다.

떨리는 목소리와 이따금씩 터져 나오는 눈물로 인해

이야기는 더욱 생생하게 다가왔고 감정도 고조되었다.

이 여인들이야말로 참으로 이야기꾼들이었다.

그들의 재능에 비하면 나는 형편없는 필사자일 뿐이다.

7장
눈물 흘리며 웃음 터뜨리며
- 교제 -

암 환자인 리린샨은 하나님이 그에게 행하신 일을 내가 조금 더 이해할 수 있도록 자신과 함께 기독교 예배에 가주기를 바랐다. 2009년 8월 18일 어스름 무렵, 나는 묵고 있던 다리 시의 숙소에서 나와 리와 만나기로 한 교차로로 향했다. 상쾌한 저녁이었다. 남쪽에서 훈훈한 미풍이 불어왔고 하늘은 분홍색 구름으로 수놓아져 있었다. 가로등에 불이 켜졌다. 천장 낮은 가옥들의 창문에 움직이는 사람들의 그림자가 스쳤다. 리는 먼저 와서 기다리고 있었다. 우리는 다리 시의 구시가 동쪽을 끼고 지나 교외의 한 마을로 향했다.

나는 도시와 교외의 농촌을 연결하는 지저분한 좁은 길에 익숙해지려던 참이었다. 새 건물들과 옛 가옥들이 서로 조화를 이루지 못한 채 길을 따라 닥지닥지 늘어서 있었다. 거대한 채석장의 기계들이 먼지를 뿜어냈다. 그 좁은 길에서 트럭과 트랙터가 미친 듯이 질주하는 탓에 보행자들은 인도에 바짝 달라붙어서 일렬종대로 걸어야 했다.

리린샨은 우리를 둘러싼 소음과 부산한 소리를 의식하지 못한 듯 슬슬 발을 끌며 걸어갔다. 그가 낮은 콧노래로 흥얼거리는 찬송가 소리에 나는 기분이 조금 나아졌다. 지는 해는 여러 색조의 자색 그림자를 드리웠다. 절반쯤 완성된 유화 속 풍경에 들어와 있는 것 같은 느낌이 잠깐 들었다.

얼하이 호수 부근의 간자 촌으로 가는 거라고 리는 말했다. 가는 내내 높은 건물들과 낮은 집들이 어지럽게 이어져 있었기 때문에, 어디에서 한 마을이 끝나고 어디서부터 다른 마을이 시작되는지 알 수가 없었다. 나는 그저 리가 이끄는 대로 따라갈 뿐이었다. 우리가 지나는 지역은 전에 옥수수밭이었는데 최근 돼지와 닭 농장으로 바뀌었다고 리가 이야기해주었다. 그제야 공기에서 악취가 나는 까닭이 이해가 되었다. 온 가족이 함께 운영하는 식료품 가게를 지나 마당으로 들어섰을 때 나는 우리가 목적지에 도착했음을 알았다.

마당에서 집으로 이어진 계단에 서 있던, 허름한 옷을 걸친 두 여인이 우리를 맞아주었다. 그들은 우리 손을 잡고 뜨겁게 악수했고 집 안으로 우리를 안내했다. 집 안에 사람들이 얼마나 빼곡히 들어차 있던지, 말소리와 웃음소리로 보글보글 끓고 있는 뜨거운 죽 그릇 속으로 들어가는 것 같았다. 3평 남짓 되는 천장이 무척 낮은 집 내부에는 가구가 거의 없었다. 2인용 침대, 낡은 중국식 장롱, 판지를 접어 만든 상자 여러 개가 공간의 절반 정도를 차지하고 있었다. 나머지 공간에 열여덟 명 정도 되는 사람들이 작은 소파와 의자에 나누어 앉아 있었다. 앉아 있던 사람들이 자리에서 일어나 우리에게 앉을 곳을 마련해주고 사탕과 과일을 건넸다. 나는 벽가에 있는 자리, 제비꽃 조화와 보온병이 놓인 작은 커피테이블 옆에 앉았다. 리는 집에 들어오는 순간부터 인사하려는 사람들에 둘러싸여 있었다. 한 여인이 그를 소파로 안내했는데, 누군가 그 소파는 "존엄한 지도자의 보좌"라고 농담을 했다. 10분쯤 후 말소리가 잦아들자 리는 사람들의 요청에 따라 찬송가를 인도했다. 그가 고른 찬송은 "하나님께서 여기 계시니…"였다.

리는 회중 앞에 서서 찬송가를 펼쳐 들고 심호흡을 하더니 부르짖는 듯한 소리로 노래를 시작했고, 모두가 특유의 억양으로 노래에 동참했다. 민망한 불협화음이 귀에 들려왔으나, 물과 우유가 섞이듯 차츰차츰 화음을 이루었다.

남자와 여자, 소년과 소녀들로 구성된 교회 성가대가 잘 다듬어진 목소리로 오르간이나 피아노 반주에 맞춰 찬송가를 아름답게 부르는 모습을 영화에서 본 적이 있다. 그때 나는 사람들이 왜 찬송가를 성가 聖歌라고 하는지 분명 알 것 같았다. 하지만 지금 내가 콧노래로 따라하고 있는 노래는 누구나 따라 부르고 외우기 쉬운 중국 민요였다. 어떤 가락은 1980년대 중국 대중이 팝 음악을 수용하기 시작할 무렵의 노래들을 생각나게 했다. 나는 리가 인도하는 찬송이 중부 지방 혜난성 출신의 시골 소녀 샤오민Xiao Min이 지은 곡일 거라고 추정했다. 최근에 본 "십자가: 중국의 예수"라는 다큐멘터리에 출연한 샤오민은 음악을 배운 적은 없으나 밭일을 하면서 영감을 받아 여러 편의 찬송가를 지어 불렀다. 그녀는 감옥에 갇혀 있을 동안에도 계속해서 곡을 만들고 가사를 썼다. 수년 만에 그녀는 1천2백 편이 넘는 찬송가를 지었고, 그 곡들은 중국 전역으로 퍼져나갔다. 몇 달 전 베이징에 있는 친구 왕이의 집에서 만났던 사람들도 샤오민이 지은 찬송을 부르고 있었다. "눈물 흘리며 웃음 터뜨리며 / 노래하며 침묵하며 / 우린 오르내렸네. / 어둔 골짜기를 지났고 / 높은 산에도 올랐다네. / 해가 갈수록 복음이, 구원이, 행복이 / 온갖 복이 중국 온 땅에."

리의 인도로 찬송을 부르는 동안 여인 두 명과 남자 하나가 회중 속으로 들어오는 게 보였는데, 두 여인 중 한 명이 내 옆으로 왔다. 그녀는 젊었고, 샴푸 광고에 나오는 모델처럼 치렁치렁하고 아름다운 흑단머리를 갖고 있었다. 그녀에게서 풍겨온 향내에 마음이 들썩였다. 그녀는 미소를 지으며 내게 찬송가책을 같이 보자고 했고, 입을 크게 벌려 노래하며 나에게 더 큰 소리로 노래하라고 눈치를 주었다.

찬송가와 간증 사이의 쉬는 시간에 나는 그 여인과 대화를 나눴다. 그녀는 자신의 세례명이 룻이라고 말하면서 이 그리스도인 모임의 설교자이자 리더라고 신분을 밝혔다. 하지만 중국 이름을 말해주지는 않았다.

룻의 복장은 도시의 패션을 리드할 만큼 세련되었다. 그녀는 바이족 출신으로, 전에는 조상 제사도 드리고 여러 신들에게 절도 했다고 한다. 다리 시의 구시가에 가게를 하나 갖고 있었는데, 행운을 가져다준다는 도교의 신을 모신 작은 제단을 가게에 두기도 했다. 사업이 번창하기를 바라며 매일 향을 올렸다. 결혼을 했으나 몇 년이 지나도 아이가 생기지 않아 걱정이 쌓였다.

룻: 관세음보살한테 복을 받고 싶어서 절을 찾아갔어요. 하지만 원하는 대로 삶이 풀리지 않았어요. 남편이 떠났고 가족은 깨어졌죠. 나는 어찌해야 할지 전혀 몰랐어요. 다리 시에서 장사를 계속할 기분이 전혀 아

니었어요. 그래서 간자 촌에 있는 어머니한테 돌아가서 살림을 합쳤어요. 어머니는 그리스도인이었어요. 하루는 나를 끌고 교회로 가셨어요. 가보니 나이 많은 노인들한테 둘러싸여 있더라고요. 어르신들 모임에 던져지다니 정말 이상했어요. 어색하고 우스웠죠.

얼마 후에 시아구앙으로 가는 버스를 탔어요. 버스를 타고 가는데, 바퀴에서 튀어 오른 돌맹이 하나가 창을 뚫고 날아와 내 발을 때렸어요. 나는 아파서 소리를 질렀어요. 그런데 버스 안에 있던 다른 사람들은 아무 일 없다는 듯 로봇처럼 가만히 앉아 있더라고요. 꿈쩍도 하지 않았죠. 버스 안은 잔잔한 물처럼 조용했어요. 나는 방금 일어난 일 때문에 말문이 막혔어요. 어떻게 이런 일이 있을 수 있지? 누군가 내게 신호를 보내는 걸까?

돌아와서는 집중이 안 되고 그 사건 생각이 머리에서 떠나지 않았어요. 어머니를 찾아갔는데 방에 안 계셨어요. 식탁 위에 성경이 보였어요. 전에는 한 번도 관심을 가진 적이 없었는데, 그 날은 집어서 책장을 펼쳤죠. 제가 읽은 구절은 이사야 54장 1절이었어요. "임신하지 못하고 아기를 낳지 못한 너는 노래하여라. 해산의 고통을 겪어본 적이 없는 너는 환성을 올리며 소리를 높여라. 아이를 못 낳아 버림받은 여인이 남편과 함께 사는 여인보다 더 많은 자녀를 볼 것이다"(새번역).

나는 망연자실했어요. 내가 임신하지 못하는 것을 주님께서 어떻게 아셨을까? 그분께서 내게 포기하지 말라고 말씀하시는 건가? 마음이 요동쳤어요. 그래서 돌아오는 주일, 교회에 가서 헌신기도를 드렸어요. 다시 태어난 것 같았죠. 룻기에서 새 이름을 발견했어요. 룻은 남편이 죽은 뒤에 시어머니를 봉양하는 책임을 감당한 용감한 여자예요.

밭에 떨어진 이삭을 줍는 등 온갖 일을 마다하지 않았어요. 결국에는 하나님의 복을 받고, 새로운 남자를 만나 결혼하고, 아들을 낳았죠.

　머지않아 친구들이 나를 룻이라고 부르기 시작했어요. 나는 자원해서 산속 가난한 지역의 학교에서 일을 했어요. 교회의 지원을 받는 학교였는데, 한 달에 3백 위안을 받고 먹을 것과 기본적인 필요를 해결해야 했어요. 너무도 퍽퍽한 조건이었어요. 한동안 믿음이 흔들렸어요. 하루는 아침에 일어났는데 마음이 너무도 끔찍하고 착 가라앉는 거예요. 그래서 담요를 뒤집어쓰고 기도를 시작했어요. 바른 길로 인도해달라고 간구했어요. 10분쯤 기도하는데 누군가 웅얼거리는 소리가 들렸어요. 옆 자리 침대에 어린 소녀가 누워 있었는데, 잠꼬대를 하는 것 같았어요. "진정해, 룻. 넌 괜찮을 거야." 저는 그 아이를 깨워서 방금 무슨 말을 한 건지 물었어요. 잠이 덜 깼는지 그 애는 내 질문을 이해하지 못했어요. 나는 차분히 목청을 높여 이렇게 말했어요. "방금 네가 나한테 한 말, 뭐라 했는지 다시 생각해봐." 그녀는 자리에서 일어나 앉더니 잠시 후 꿈을 기억해냈어요. "당신은 울고 있었어요. 천사들이 날개로 당신의 머리를 다독이며 안심하라 말하고 있었어요." 그녀는 그렇게 말했어요.

우리 옆 자리에 있던 여인이 쉿 하며 조용히 하라고 했기에 룻은 이야기를 멈췄다. 다음 찬송이 시작되었고 찬송 후에는 그날 밤 모인 사람들 중 몇 사람의 간증, 하늘에 계신 아버지께 마음을 쏟아놓는 시간이 있어질 터였다. 대부분 읽고 쓸 줄 모르기에 오랜 세월 동안 발언권을 빼앗긴 채 자신의 이야기를 "말하지" 못하고 살아온 여인들이 마치 훈련받은 전문 배우인 양 자신의 생각을 분명하게 표현하고 있었다. 그들의 이야기에는 생생한 일화가 담겨 있었다. 떨리는 목소리와 이따금씩 터져 나오는 눈물로 인해 이야기는 더욱 생생하게 다가왔고 감정도 고조되었다. 이 여인들이야말로 참으로 이야기꾼들이었다. 그들의 재능에 비하면 나는 형편없는 필사자일 뿐이다.

각 사람의 이야기가 끝날 때마다 모인 사람들은 "아멘"으로 화답했다.

모임은 약 90분간 이어졌다. 연출된 공연과 비교할 수 없는 한 편의 놀라운 무대였다. 이어서 "커튼 콜" 순서가 되자 모두가 자리에서 일어나 함께 외쳤다. "예수 그리스도의 이름으로, 아멘." 잠깐 동안 침묵이 있고 나서 두런거림과 웃음소리가 차츰 커지더니 방 안은 이내 속세로 돌아와 있었다. 나는 방금 막을 내린 장면이 머릿속에 남아, 그 잔향과 이미지를 되짚어보았다. 그리고 공책을 손에 들고서 이 느긋하고 열린 분위기를 놓치지 않고 "형제자매들"을 인터뷰하기 시작했다. 나는 이 모임이 룻의 가족으로부터 시작된 것임을 곧 알게 되었다. 그녀의 친척들 다수가 모임의 핵심 멤버였다. 룻은 대대로 농사를 업으로 삼아온 집안에서 자랐으나 그 집안에서 처음으로 마을을 떠났다. 쉰다섯 살인 그녀의 어머니는 9년간 신자였고, 룻은 6년 전에 교회에 들어왔다. 룻과 어머니는 그 마을의 "고참" 그리스도인이었다.

룻의 두 외삼촌과 숙모들은 최근에 회심했다. 오십 대의 큰외삼촌은 국영 전기발전소에서 트럭 운전사로 일했다. 그는 2008년 말에 세례를 받았다. 세례를 받기 전에 그는 늘 두려움 속에서 살았는데, 산사태와 터널 붕괴가 종종 발생하는 지역에서 트럭을 몰고 다녀야 했기 때문이다. 그러나 회심한 뒤로는 위험 지역을 다니면서도 기도함으로 마음의 평온을 얻고 두려움을 몰아낼 수 있었다. 지금은 기운이 넘치는 사람이 되었다.

작은외삼촌은 농부였는데 말이 없고 낯을 가리는 사람이었다. 그는 마흔 살이 조금 넘은 듯 보였다. 두 달 전에 비로소 교회에 들어왔는데, 갑작스런 병 때문에 회심한 터였다. 그는 병이란 병은 죄다 앓았는데, 담석으로 인한 쓸개염증도 앓고 있었다. 의사는 수술을 권했으나 불가능한 일이었다. "가진 재산을 모두 판다고 해도 치료비를 감당할 수 없었어요." 그는 그렇게 말했다. 다른 대안이 없으니 예수께 돌아와야 한다고 룻의 어머니는 남동생을 설득했다. 그녀는 믿음이 동생 마음의 고통과 염려를 누그러뜨리고 몸의 질병을 낫게 해줄 거라고 믿었다. 지난 두 달 동안 그는 기도를 드리면서 그와 함께 마을 한 의사의 처방에 따라 약초 복용을 병행했다. 건강 상태는 호전되었다. 룻의 어머니는 남편을 교회로 인도하기 위해 아직 남편을 설득하는 중이다.

룻은 딸을 데리고 교회를 찾아온 한 친구를 나에게 소개해주었다. 삼십 대 중반의 이 여인은 활발하고 표현력이 좋은 사람이었다. 이 젊은 여인이 우울증과 불면증, 자살 충동, 약물 중독으로 괴로워했다니 상상하기가 어려웠다. "오랫동안 약물에 의지해 살아왔는데 이제는 완전히 끊어버렸어요. 저는 교회에 모임이 있을 때마다 딸아이를 데려와요. 이 아이가 영원하신 아버지의 돌보심 아래 있도록 말이죠."

어깨 너머로 우리의 대화를 듣고 있던 젊은 여인이 가까이 다가왔다. 그녀는 말을 시작하기도 전에 눈물을 펑펑 쏟아냈다. 눈물은 걷잡을 수 없을 정도였고, 그녀 주위의 사람들도 흐르는 눈물을 조용히 닦았다. 여인의 남편은 담낭암 진단을 받았다. 가족이 가지고 있는 재산을 모두 팔아서 수술비를 마련했지만 남편을 살릴 수는 없었다. 그렇게 남편은 세상을 떠났다. 그녀는 마음이 진정되자 사과를 하고는 믿음 속에서 살아갈 힘을 얻었다고 고백했다. 그녀는 어린 딸을 우리에게 보이며 말을 이었다. "딸아이는 이제 4학년이에요. 이 아이와 함께 성경을 읽어요. 기도는 이 아이가 더 잘하지요. 아이 아빠가 하늘에서 듣는다면 틀림없이 자랑스러워할 거예요."

모임에 참석한 여인들은 대부분 중년의 나이였다. 백발의 할머니 한 분이 나의 주의를 끌었는데, 나는 그녀가 경험 많은 그리스도인일 거라고 짐작했다. 그런데 그녀는 비교적 최근에 교회에 나온, 이 모임에 참석한 지 3개월밖에 안 된 새신자였다. 그녀는 금식하고 불교의 주문인 만트라를 암송하면서 자랐다. 어릴 적부터 지역의 토착신들에게 제사를 드렸으나 기독교회에도 다녔다. 대부분의 바이족 사람들처럼 그녀는 자신의 그러한 예배 행태에 대해 심적 부담이 없었고 도움이 된다면 어떤 신앙이든 받아들일 준비가 되어 있었다. 하루는 밭에서 집으로 돌아오는 길에 뇌졸중을 일으켜 길가에 쓰러지고 말았다. 마침 룻이 그곳을 지나가다가 그녀를 발견하고 병원으로 옮겼다. 늦지 않게 응급조치를 받아서 목숨을 건질 수 있었다. 그녀가 회복되자 룻은 그녀에게 복음을 전하기 시작했다. 한쪽 귀가 안 들리는 그녀를 위해 룻은 그녀의 귀에 대고 목소리를 높여 전하곤 했다. 이제 가슴이 조여올 때면 그녀는 가슴을 움켜잡고 기도한다. 그러면 곧 기분이 좋아진다.

마지막 짧은 시간 동안은 쓰촨 성에서 온 동향의 한 부부와 이야기를 나눴다. 우리는 쓰촨 성 방언으로 이야기했다. 그들 부부는 안웨 현에서 자랐고 다리 시로 이사온 지 18년이 넘었다. 부부는 전에 대리석과 화강암 사업에 종사했었다. 아내가 주로 말하는 동안 남편은 연신 고개를 주억거렸다. 남편과 함께 다리 시에 도착했을 때, 그들은 임시직으로 일자리를 얻어 장시간 일을 해야 했다. 어느 정도 돈을 모은 뒤에는 가게를 차려서 대리석판을 내다 팔았다. 남는 시간에 그녀는 마작을 했다.

아내: 10년 후에는 중독이 되어서 짬이 날 때마다 마작을 했어요. 놀랍지도 않은 일이죠? 알다시피, 아마 쓰촨 성은 마작으로 치면 성 중에서 1등일 거예요. 마작 패 섞는 법을 모르는 사람이 없을 정도죠. 마작은 도박이에요. 보통 사람들은 재미로 10편分(중국의 화폐 단위로 1/100위안―옮긴이 주)이나 20편 정도를 걸어요. 어떤 모임에서는 훨씬 큰 금액을 걸기도 하죠. 처음 시작할 때는 중독 증상이 심각하지 않다고 생각했어요. 쓰촨 음식을 먹는 것과 비슷하다고 여겼죠. 그런데 내 생각이 틀렸어요. 마작은 시작은 쉬웠지만 끊을 수가 없었어요. 마작을 하고 싶은 마음이 들면, 지금 무슨 일을 하고 있든 눈에 들어오지 않았어요. 아무것도 나를 막지 못했죠. 첫 아이를 낳고는 한 손으로는 아이를 보듬고 다른 손으로는 마작 패를 돌렸어요. 큰돈을 잃었고, 돈을 잃을 때마다 절에 가서 기도하고 분향하면서 자비하신 부처님이 내게 행운을 주셔서 다음번에는 딸 수 있게 해주시를 바랐어요. 이길 때면 딴 돈의 일부를 절에 갖다 바쳤죠.

저는 교육을 많이 받지는 못했지만 경건한 편이었어요. 집 안에 제단을 두고 복을 가져다주는 신들에게 매일 절을 했거든요. 그랬지만 운명은 바뀌지 않았어요. 계속해서 큰돈을 잃었죠. 남편은 마작에서 나를 빼내려고 했지만, 나는 남편의 말을 듣지 않았어요. 남편은 낙담했죠. 홧김에 남편도 마작에 빠졌고 함께 나락으로 떨어졌어요. 한 집에 두 명의 도박꾼이 있으니 결국 빚더미 위에 나앉고 말았죠. 때로는 먹을 것 살 돈조차 없을 때도 있었어요. 그런데도 거기서 벗어날 수 없었어요. 결국 우리 두 사람 모두 몸에 병이 들었어요. 사람들은 우리가 마약을 한다고 생각했어요. 사실, 도박은 마약 중독과 비슷한 면이 있어요.

다행히도 우리는 룻을 알게 되었는데, 갈 곳이 없을 때 그녀는 우리를 아낌없이 도와주었어요. 어느 금요일 밤에 설교를 들었고, 이어지는 주일 모임에 참석해 무릎을 꿇고 서원기도를 드렸어요. 달빛 비추는 밤에 거듭난 것을 기억하기 위해 유랑, 즉 '밝은 달'로 이름을 바꾸었죠. 그날 밤 집으로 돌아와서 제단에 있는 불상들과 마작 패를 챙겨서 강물에 던져버렸어요. 집 안팎을 깨끗이 정리하고 나니 온몸이 땀에 흠뻑 젖었어요. 하지만 기분은 좋았어요. 4년 동안 불면증에 시달렸었는데 침대에 눕자마자 잠이 들었고 다음날 아침까지 푹 잤어요. 잠에서 깨어 일어나 창문을 여니 신선한 바람이 불어왔어요. 그게 2005년이었고 그 후로는 딱 한 번 마작을 했는데, 집중을 못하겠더라고요. 내가 죄를 지었구나 싶었어요. 집으로 돌아와서 무릎 꿇고 기도하는데 남편이 보더니 묻더군요. "이게 무슨 소용이 있지? 이게 과연 가치 있는 일일까?" 그날 밤 꿈에 십자가를 보았어요. 십자가가 너무 밝게 빛나서 눈이 아플 지경이었어요.

그때 이후로 마작에서 완전히 손을 뗐어요. 우리 가족의 형편도 나아졌고요. 이제 더 이상 불면증에 시달리지도 않아요. 아주 건강해졌죠. 남편은 담배도 끊었는걸요. 이제 저는 주님께 무엇을 달라고 구하지 않아요. 그분께서는 모든 것을 알고 계시니까요. 제가 한 걸음 전진하면 그분께서는 당신의 복을 제게 주실 거예요. 저는 죽는 날까지 주님의 길을 따라가며 구원을 추구할 거예요.

11시가 될 때까지 그리스도인 형제자매들의 작별인사가 이어졌다. 그 모임에서 믿지 않는 사람은 나 혼자였기에 사람들은 차례로 나에게 다가와 모든 걱정을 내려놓고 하나님을 따르라고 권했다. 그들의 소박하고 진심 어린 제안이 마음에 와 닿았다. 그들은 믿음이 소중한 선물이라고 믿고 있었다. 그래서 자신들의 영적인 깨달음을 방문객인 나에게도 나누어주고 싶었던 것이다. 교차로에서 나는 리린샨과 헤어졌다. 그는 아내의 어깨에 기대어 집을 향해 한 걸음씩 걸어가고 있었다. 발을 끌며 거리를 내려가는 그의 모습을 나는 가만히 서서 지켜보았다. 나는 암이 그의 몸을 조금씩 침식하고 있다는 것을 알았지만, 그는 빛이 비취는 자신의 집을 향해 묵묵히 나아가고 있었다.

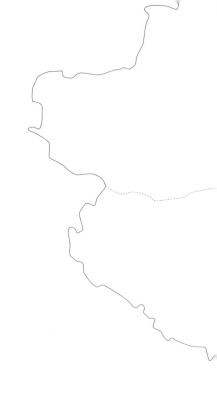

2부

彝乡　苗寨

이족과 먀오족 마을에서

四川省쓰촨 성

湖南省후난 성

량산 이족 자치주

창사 시

왕즈밍(王志明 | 1907-1973) 윈난 성 우딩 현 출신의 먀오족 목사로 1973년 처형되었는데, 이후 특별한 존경을 받았다. 첫째는 1981년 문화대혁명 시대 처형된 그리스도인 중 유일하게 매장된 곳에 비석이 세워진 것이고, 둘째는 1998년 웨스트민스터 사원 서쪽 정문 위에 20세기 그리스도인 순교자 10명의 하나로 그의 동상이 세워진 것이다. 이 동상들은 지난 세기 기독교 역사 속에 예수 그리스도의 이름을 위해 죽어갔던 엄청난 수의 순교자들을 대표한다.

상사는 화가 나서 노발대발했습니다.

"자네는 이미 공산당 체제 안에서 공직을 맡고 있네.

공산당 체제 안에서 봉급도 받고 혜택도 누리고 있으면서,

예수 그리스도를 믿다니? 예수가 뭘 해줄 수 있지?

예수가 자네에게 먹을 것을 주나, 옷을 주나?"

나는 그의 눈을 바라보며 작심하고 말했습니다.

"지금 사직하겠습니다. 나의 영혼을 죽게 할 수는 없습니다."

8장
그리스도인으로, 동시에 정부 관리로
- 의사 -

시골의 밤, 특히 구름이 끼고 초승달이 뜬 밤은 말 그대로 칠흑같이 어두웠다. 지난 수년간 이런 어둠을 본 적이 없었다. 팔을 뻗으면 닿을 거리에 길동무가 있다는 것을 알고 있었지만, 쌀쌀한 바람이 불 때면 나는 외로웠다. 이 어두운 밤에 선 선생Dr. Sun(그가 당국의 불필요한 관심을 받는 것을 원치 않기에 나는 그의 이름을 성으로만 표기할 것이다)은 나를 윈난 성 톈신 구 파쿠아이 촌으로 데리고 가는 길이었다. 내가 배운 바로 "파쿠아이"는 "산허리"를 뜻하는 이족의 속어인데, 정말로 산허리에 마을이 있었다. 선 선생은 이제 우리가 산의 "배꼽"으로 들어간다고 했는데 그게 조금 더 정확한 표현이었다.

선 선생은 내가 2004년에 만난 의료선교사로서, 이족 여러 촌락의 그리스도인 지도자들을 내게 소개해주기로 한 터였다. 그는 1년에 서너 번 이족 촌락들을 방문하고 있었다. 우리는 2005년 12월 9일 이른 아침에 출발했다. 하지만 우리가 타고 가던 밴이, 아스팔트 포장도로

가 끝나고 진흙과 자갈로 포장된 "알사탕" 길 위로 덜컹거리며 달리기 시작할 때 벌써 하루가 저물고 있었다. 윗니와 아랫니가 딱딱 부딪칠 정도로 차가 덜컹이는데도 운전수는 속도를 늦출 생각이 없었고 밴은 계속해서 앞을 향해 돌진해갔다. 선 선생은 어깨를 으쓱해 보이고는— 얼마나 심하게 차가 덜컹거리던지 말하기조차 어려울 지경이었다— 씩 웃으며 이렇게 말했다. "곧 익숙해질 겁니다."

선 선생은 분명 이 지역에서 유명한 사람이었다. 아홉 시경 우리가 그의 조력자 중 한 사람의 집 마당에 들어섰을 때, 불가에 둘러앉아 있던 사람들이 모두 자리에서 벌떡 일어나더니 선 선생 주변으로 달려와 잃어버린 형을 다시 만난 듯 그를 맞이하는 것이었다. 그의 조력자인 집 주인은 우리가 기증받아 가져온 옷가지들이 담긴 가방들을 내리는 것을 도와주었다. 옷들을 다 나눠주고 나니 자정 무렵이었다. 마을 사람들이 돌아가고 둘만 남게 되자, 우리는 뜨거운 물이 담긴 대야에 발을 담그고 불가에 앉았다. 둘 다 잠이 오지 않았기에 이야기를 나눴다.

랴오이우: 외딴 산속 마을에 당신과 이렇게 앉아 있다니 도무지 현실 같지 않아요. 이곳은 너무 조용하고 아름답네요. 우리가 처음 만났을 때, 당신은 난징 시에서 태어났다고 했잖아요. 그런데 어떻게 윈난 성까지 오게 되었죠?

선 선생: 조부모님과 부모님이 모두 한의사셨습니다. 마을에서 가장 오래되고 평판 좋은 의원을 운영하면서 돈도 꽤 버셨죠. 투자 명목으로 농지를 많이 사셨어요. 그러다가 공산주의자들이 마을에 들어오자, 세상이 완전히 뒤집어졌습니다. 우리 가족은 박해의 표적이 되었어요. 사악

한 착취 계층에 속하게 되었던 거죠. 의원은 빼앗기고, 농지도 빼앗겼어요. 하지만 워낙 의술이 뛰어난 분들이라, 지역의 공산당 고위 관리들이 살려 두는 게 낫겠다고 여겼던 거예요. 결과적으로 처형은 면할 수 있었지요. 정치적으로 어두운 그림자가 드리운 집안에서 태어나면 무척 힘들어요. 나의 경우는, 학교에서 시도 때도 없이 조롱을 받았고 학교 활동에 참여하는 데에도 많은 제약이 따랐죠.

고등학교 1학년이던 1975년에 자원해서 윈난 성의 남쪽 끝자락에 있는, 내가 갈 수 있는 가장 먼 남쪽 끝인 시슈앙바나로 갔습니다. 그곳에 있는 국영 농장에 들어갔어요. 나는 일꾼들 중에서 가장 어린 일꾼이었기에 나이를 속였죠. 난징 시로부터, 가족들로부터 빠져나가서 사라지고 싶었거든요. 알다시피, 시슈앙바나에는 여러 민족들이 함께 살고 있어요. 다이족이 가장 큰 민족이고, 이어서 하니족, 라구족, 부랑족, 야오족, 이족, 와족, 바이족 등이 있지요. 그곳은 숨기 좋은 곳이었어요. 나는 미얀마와 태국 국경 근처의 다이족 촌락인 징훙 집단농장에 배치받았습니다.

도시에서 멀리 떨어진 곳이었기에 마오의 정치운동의 영향을 받지 않으리라 생각했습니다. 그런데 내 생각이 틀렸어요. 도시보다 10년 정도 뒤쳐졌을 뿐이지 정치운동의 영향에서 벗어날 수 있는 곳은 어디에도 없었던 거예요. 주요 도시에서는 정치 공격의 표적이 지주에서 지식인과 정부 관료들로 바뀌었다면, 당시 내가 속해 있던 집단농장의 지도자들은 여전히 지주들을 규탄하는 공개집회를 열고 있었습니다. 그곳에 도착한 첫 날, 다이족 청년을 만났는데 친절해 보이는 친구였어요. 원숭이처럼 나무를 타고 올라가 우리 도시인들에게 과일을 따다 주기도 했지요. 그가 지역 군벌에게 구타당하는 것을 보기 전까지는 그가 부유한 지주의 아들이란 걸 우리는 몰랐어요. 그는 엄청나게 구타를 당했어요.

거기서부터 사회에 대한 실망과 공산주의에 대한 회의가 자라기 시작한 것 같아요. 나이가 들수록 반동적인 사람이 되었죠. "인민이 나라의 주인이다", "당은 언제나 위대하고 영광스럽고 옳다" 같은 정치 구호들이 허튼소리라는 걸 깨닫게 되었던 거예요.

1976년 어느 날, 바나나를 따고 있었는데 농장의 확성기에서 조가弔歌가 요란스럽게 흘러나오더니 아나운서가 저음의 목소리로 말했어요. 우리의 위대한 지도자 마오 주석이 돌아가셨다고 말이죠. 날마다 우리가 얼마나 "주석 만세, 만세" 하고 외쳤는데 여느 사람처럼 갑자기 죽어버리다니, 하는 생각에 헛웃음이 터져 나왔어요. 정말 대단한 뉴스였어요. 물론 그런 생각을 다른 누구와도 터놓고 이야기할 수는 없었죠.

나중에는 농장 안에 있는 이동병원에 근무를 배정받았어요. 중국이 대학입학시험제도를 재개한 1977년에, 나는 모든 시험을 통과하고 베이징 의과대학Beijing Medical University에 등록했어요. 5년 후에 의학박사 학위를 취득했고 상하이 근교 쑤저우 의과대학Suzhou Medical College 계열의 한 병원에서 일자리를 얻었습니다. 외과 의사가 되어 응급실에서 일했어요. 간 파열, 할복, 두부 손상, 사지 절단 등 온갖 종류의 끔찍한 사례들을 다뤄봤어요. 나의 외과술은 거기서 갈고 닦은 겁니다. 1988년에 병원의 관리 책임을 맡게 되었고, 1995년에는 의과대학의 부학장이 되었습니다.

랴오: 젊고 미래가 창창했군요.

선: 응급실 의사가 갖추어야 할 핵심 자질은 신속하고 정확한 진찰 능력과 자신의 진찰에 상응하는 조치를 취하는 능력입니다. 얼렁뚱땅 넘어갈 수 없어요. 그러나 병원 관리를 하면서부터는 그때까지 익힌 의사로서의 기량을 발휘할 데가 없어졌습니다. 관리자들은 다른 규칙에 따라 움직이거든요. 나는 리더의 자리에 있으면서 몇 가지 개혁적인 조치를 단행했습니다. 학교는 내게 산타나 차량을 쓰게 해주었는데, 나는 차를 팔아서 병원의 필요한 곳에 쓰라고 학교 당국에 요청했어요. 매일 자전거를 타고 출근했지요. 명절마다 열리던 전통적인 직원 파티도 폐지했고, 먹고 마시는 데 공금을 유용하지 못하게 했어요. 비용 정산도 까다롭게 처리했고요. 그 모든 조치들은 병원 내 다른 간부들의 이익에 반하는 거였죠. 그들은 나를 몹시 싫어했고 나를 몰아낼 음모를 꾸몄습니다. 무척 실망스럽고 우울했어요. 1990년 초에 우리 대학은 외국인 교수들과 학생들을 초청해서 가르치고 배울 기회를 제공했는데, 나는 그들을 통해 성경을 손에 넣게 되었습니다. 당시 나는 지난 삶을 돌아보던 참이었어요. 내가 맡은 부학장의 일에 대해 심각한 회의를 느끼고 있었거든요. 그때 성경이 내게 가르쳐준 것은 하나님을 경외하고 사랑하라는 것이었어요. 그 두 가지 모두 중국인들이 잃어버린 중요한 자질이었죠. 너무도 많은 중국인들이 도덕이나 윤리, 법을 무시한 채 작은 물질적 이익을 위해 무슨 일이든 저지르고 있습니다. 이 현실을 어떻게 바꿔야 할까요? 공산당을 믿으면 될까요? 정부의 법과 규제를 믿으면 될까요? 분명 그건 답이 아니죠.

1990년 9월에 나는 외국인 학생 기숙사에서 열린 기도모임에 참석했습니다. 난생 처음으로 기도라는 걸 해보았죠. 몇몇 중국인 학생들도 그 자리에 있더군요. 나는 가정에서 열리는 주일 미사에 참석하기 시작했고 그러다가 매일 밤 잠들기 전에 그날 행한 일을 돌아보고 어떻게 하면 더 잘할 수 있었는지를 생각하며 기도하는 습관을 갖게 되었습니다. 1991년 겨울에는 휴가를 얻어 시슈앙바나에 갔습니다. 마침 성탄절이었어요. 어느 그리스도인 가정에서 열린 성탄 축하 모임에 참석했는데, 전에 없이 마음에 감동이 왔어요. 그래서 그 자리에 있던 독일 출신 선교사에게 세례를 받았습니다.

랴오: 그리스도인으로 사는 동시에 정부 관리로 사는 것이 가능했나요?

선: 나는 선택을 해야 한다고 생각했고, 그 선택은 전반적으로 나를 위한 선택이어야 했어요. 내가 처음 참석한 비밀 기도모임에 있던 학생 중 한 명이 나를 밀고했습니다. 1997년 어느 날, 상사가 공산당 입당 신청서를 들고 내게 다가왔어요. 그는 당에 가입하면 내가 기독교운동에 연루되었다는 "소문"을 일소할 수 있을 것이라 했고, 수년간 체제 내부에 있으면서 의학 분야에서 실력을 쌓았으니 입당은 장차 수많은 기회의 문을 열어줄 사소한 양보에 불과하다고 했습니다.

나는 입당 원서를 쓸 수 없다고 말했어요. "선배님이 들은 이야기는 소문이 아닙니다." 상사는 크게 놀랐고 짐짓 내 말을 못 들은 척했어요. "나는 예수 그리스도를 믿습니다." 나는 이렇게 말했어요. "마음을 이미 정했습니다. 이것이 유일한 선택입니다."

상사는 화가 나서 노발대발했습니다. "자네는 이미 공산당 체제 안에서 공직을 맡고 있네. 공산당 체제 안에서 봉급도 받고 혜택도 누리고 있으면서, 예수 그리스도를 믿다니? 예수가 뭘 해줄 수 있지? 예수가 자네에게 먹을 것을 주나, 옷을 주나?"

나는 그의 눈을 바라보며 작심하고 말했습니다. "지금 사직하겠습니다. 나의 영혼을 죽게 할 수는 없습니다."

병원은 모든 직위에서 나를 해임했습니다. 나는 의과대학을 떠나야 했어요. 얼마 후 시슈앙바나에 있는 징흥병원에서 나를 채용했으나 성사되지 못했어요. 나는 선전경제특별지구로 가려고 했으나 결국 태국에 가게 되었고, 그곳을 여행하다 북부의 아름다운 도시인 치앙마이에 이르렀습니다. 국제적인 인도주의 기구가 후원하는 병원의 파송을 받아 자원봉사자 자격으로 미얀마의 가난한 산골 지역을 다녔어요. 그곳은 전쟁과 전염병, 가난으로 황폐해진 곳이었어요. 사방에 양귀비 밭이 있고 노상강도처럼 보이는 총을 든 무장 세력들이 있었죠. 이따금 총성도 들렸어요. 숲속 한가운데 초가지붕을 얹은 오두막들이 "병원"이었어요. 다행히 숙련된 의사들이 있었어요. 그들 대부분이 서양인이었는데 순환제로 그곳을 오가고 있었습니다.

랴오: 환자들과 의사소통은 어떻게 했나요? 병원 직원들과는요?

선: 환자들 상당수가 중국어를 말했습니다. 나도 다이족 언어와 영어를 조금 할 줄 알았어요. 그곳 상황은 무척 험했지만, 동료들과는 놀라울 정도로 화목했어요. 모두가 각자 맡은 업무를 진지하게 수행했고 며칠을 쉬지 않고 일하는 경우가 다반사였어요. 그곳에서 일하는 동안 많은 것을 배웠습니다.

1999년에 중국으로 돌아왔어요. 자신감은 있었지만 그 외에는 가진 게 없었어요. 조카의 도움으로 윈난 대학교 의과대학의 부교수직을 구할 수 있었습니다.

랴오: 당신 정도의 경력이면 정부 산하의 큰 병원을 알아볼 수도 있었을 텐데요?

선: 나는 그리스도인입니다. 그렇게 하기 어렵다는 걸 알고 있었지요.

랴오: 직장 생활에 신앙이 걸림돌이 되었나요?

선: 그런 건 아니었어요. 다만 거기서는 양심껏 일할 수가 없었습니다. 예를 들어볼게요. 당신의 처방만을 기다리는 어떤 환자가 당신 앞에 앉아 있다고 해봅시다. 어떤 약을 처방하겠어요? 대다수의 약들이 효과는 같지만 가격은 천차만별이에요. 나는 가장 싸고 효과가 좋은 약을 처방하려고 할 거예요. 하지만 내가 계속해서 그런 처방을 내리면 제약회사와 병원은 싫어할 겁니다. 그들이 거둘 수 있는 잠재 수익을 내가 훼손했기 때문이죠. 제약회사와 병원 간의 은밀한 거래에 지장을 초래한 겁니다. 숨은 규칙을 깨고 병원과 의사들 간의 집단이익에 해를 끼친다면, 당신은 따돌림을 당하고 말 겁니다.

랴오: 중국 속담에 이런 말이 있죠. "의사는 타락하고 양심 없는 강도다."

선: 맞는 말이에요. 의사는 다양한 질병을 진단해서 맞는 약을 처방해 병을 다룰 줄 알아야 합니다. 좌초된 배를 수리해서 흐르는 물에 다시 띄워 보내는 일과 같죠. 환자를 돕는 것이 곧 의사가 받는 보상입니다. 하지만 중국의 현실을 전혀 그렇지 못해요. 가벼운 질환으로 의사를 만

2부 이족과 먀오족 마을에서

나려고 해도 수백 위안의 돈이 들어요. 10-20위안 하는 항생제나 전통 약재를 처방해도 적당히 이익을 볼 수 있는데도 병원은 그보다 열 배나 되는 비용을 의사들이 청구하기를 기대해요. 탐욕이죠. 그리스도인으로서 나는 환자들에게 사실을 말해주어야 합니다. 환자들의 돈을 더 타내기 위해 거짓말을 할 수는 없어요.

랴오: 그래서 "순회 의사"가 될 수밖에 없었던 건가요?

선: 아무도 내게 뭘 하라고 강요하지 않았어요. 한번은 전에 가르치던 학생을 우연히 교회에서 만났습니다. 처음에는 그 학생을 알아보지 못했죠. 워낙 대학교에 있을 때 나는 무척 많은 학생들을 가르쳤거든요. 그학생은 루취안 자치현의 자오라는 시골 지역에서, 진사 강을 따라 펼쳐진 아주 깊은 산골 마을에서 성장했다고 나에게 이야기하더군요. 그마을은 외딴 산골 마을이지만 그곳 주민들은 외지인에게 친절했어요. 마을 전체가 기독교로 회심한 곳이었죠. 그 학생은 마을의 한 여인이 병명을 알 수 없는 질병으로 죽어가고 있다고 내게 말했습니다. 그러고는 혹시 내가 그곳까지 갈 의향이 있는지 물어보는 거예요. 나는 확실한 답변을 하지 않았는데 다음날 아침에 그 학생이 우리 집 앞에 와있지 뭡니까. 그래서 그와 함께 갔어요. 꼬박 하루가 걸리는 먼 길이었어요. 병에 걸린 사람은 그 지역 목사의 아내였어요. 진찰을 했죠. 유방암이었어요. 달걀만 한 크기의 큰 종양이 있었어요. 당장 수술을 해야 했어요. 목사는 아내를 데리고 워난 성의 성도인 쿤밍 시에 있는 여러 병원을 찾아갔는데, 하나같이 수술을 하려면 8천 위안이 든다고 했어요. 그는 친척들과 마을 사람들을 찾아다녔지만, 그가 모을 수 있는 돈

은 2천 위안이 전부였어요. 나는 목사에게 돈을 받지 않고 수술을 해주겠다, 이보다 더 까다로운 수술도 해봤으니 나를 믿으라고 했어요. 그는 미심쩍은 눈길로 나를 바라보았고, 주위에 모인 마을 사람들도 마찬가지였어요. 내가 한 말 가운데 그들이 미심쩍어할 말이 무엇이었는지 나는 알 수가 없었어요.

나는 그 환자를 쿤밍 시로 데려가 수술장비를 갖춘 병실에서 수술하고 싶었으나, 그녀는 집을 떠나고 싶어하지 않았어요. 그날 밤, 무릎을 꿇고 기도했습니다. 기도 중에 오래된 미국의 텔레비전 프로그램 하나가 마음에 문득 떠올랐어요. 일단의 발랄한 의사들이 한국전쟁 중에 이동식 군인병동에서, 즉 벌판 한가운데 세워진 텐트 안에서 농담을 주고받으며 수술하는 장면이었어요.

랴오: 드라마 "육군이동외과병원"M.A.S.H(1973-1983년 방영된 미국의 연속극으로, 6·25 전쟁을 배경으로 했다—편집자 주) 말하는 거군요. 나도 몇 번 본 적이 있어요.

선: 맞아요. 그 드라마에서 영감을 얻었어요. 다음날, 평소 가지고 다니던 수술 도구에 보충해서 기본 도구들을 추가로 챙겨 갔습니다. 그리고 그녀의 침대에서 수술을 했어요. 나무판자 침대였기에 수술대가 따로 필요 없었어요. 방을 깨끗이 치우고 우리가 할 수 있는 일을 했지요.

랴오: 당신을 도와준 사람은 없었나요?

선: 마을에 있던 다른 목사가 도와주었어요. 육십 대였는데 꼭 할아버지 모습이었죠. 방이 너무 어두워서 창문을 활짝 열어 젖혔으나 여전히

어두웠어요. 손전등 네 개를 한데 묶어 조명등을 만들어서 그에게 주고 수술하는 동안 들고 있게 했습니다. 그는 근력도 좋고 건강 상태도 아주 양호했어요. 몇 시간 동안 꼼짝 않고 서서 조명등을 붙들고 있었으니까요. 종양을 제거하는 데 시간이 많이 걸렸습니다. 하지만 전혀 피곤한 줄 몰랐죠. 가난한 마을 주민들과 더불어 하나님의 일을 하는 게 너무나 좋았습니다. 그런 조건에서 수술을 하게 되리라고는 전혀 예상하지 못했지만 말이죠.

수술이 끝나자 소식이 금세 퍼져 나갔어요. 도움이 필요한 마을 주민들이 몰려들었고, 결국 나는 한 주 이상 그곳에 머물러야 했어요. 자오 촌에서 우딩 현 자즈 촌까지 8시간을 걸어서 다녀오기도 했죠. 포장된 길이 없어서 언덕을 오르고 강을 건너야 했고 자즈 촌에 도착해보니, 신발이 모두 닳아버렸더군요. 나는 걷기라면 꽤 자신 있는 사람인데, 자즈 촌까지 가는 여정은 그 어떤 길보다 멀고 험한 길이었습니다.

랴오: 그 지역을 압니다. 그 지역 사람들은 나귀에 짐을 싣고 다니는데, 나귀가 협곡으로 미끄러져 떨어지는 일이 종종 일어나죠.

선: 언덕을 오르고 한참을 걸어갔어요. 한숨 자고 나서 수술 두 건을 진행했는데, 턱암 관련 수술과 피부암 수술이었어요. 둘 다 순조롭게 진행되었죠. 내가 가야 할 길과 사명을 그때 발견했습니다.

샤오퉁 지역의 이량 현은 윈난 성에서도 가장 빈곤한 지역 중 하나입니다. 산꼭대기는 나무를 죄다 베어 민둥산처럼 되었고 마을은 드문드문 흩어져 있어요. 사람들은 낮은 초가집에서 사는데, 동굴 입구처럼 생긴 문으로 들어가려면 허리를 굽혀야 해요. 내가 방문한 한 마을에서는 사람들이 두 군데 우물에서 물을 길어다 쓰고 있었는데, 한 우물은 짐승들 먹이는 물로, 다른 우물은 사람들이 먹는 물로 사용했어요. 그런데 그 지역에 가뭄이 들자 마을 사람들은 산기슭을 따라 흐르는 강에 가서 물을 길어와야 했어요. 여러 번 그곳에 의료선교를 갔는데, 어떤 때는 깨끗한 물이 없어서 샤워는커녕 세수도 못한 채 며칠을 지내기도 했어요. 하지만 나는 신경 쓰지 않았죠.

한번은 그곳으로 의료선교를 갔다가, 간이 목발에 의지해 절뚝거리며 다니는 이족 사람을 만났어요. 다리가 있어야 할 바지 한쪽이 비어 있고 얼굴 한쪽에 경련이 일었어요. 어쩌다 그리 되었는지 물었더니, 교통사고로 다리 한쪽을 잃었다고 하더군요. 내가 한번 보자며 그를 옆에 앉게 했어요. 어떤 몹쓸 인간이 다리 절단을 했는지 모르지만, 끔찍했어요. 오른쪽 다리 절반이 없었는데, 허벅지 뼈가 삐죽삐죽 삐져나와 있었어요. 뼈 주위로 살이 썩어들어 가면서 심한 악취가 났고요. 나는 그에게 말했어요. "지금 치료해야 해요. 수술 안 하면 얼마 안 있어서 죽어요."

처음에 그는 놀란 눈으로 나를 바라보더니 곧 나의 말을 이해했어요. 그의 눈에서 눈물이 뺨을 타고 흘러내렸습니다. 그를 살리려면 다리의 남은 부분을 절단해야 했어요. 사람들이 주위에 몰려들었어요. 쿤밍 시에서 왔다는 것 외에는 내가 누구인지 아무도 몰랐어요. 하지만 그들은 나를 믿었고 그를 집으로 옮겨 침대에 누이는 것을 도와주었어요. 나는 가방에서 수술 도구를 꺼내 소독하고, 감염 부위를 소독하고, 마취제를 주사하고, 괴사한 세포를 제거했습니다.

할머니가 신발밑창을 꿰매듯 혈관을 찾아 꿰매고 나서 절단 수술을 시작했습니다. 수술 과정은 신비로울 게 하나도 없어요. 절단 수술은 목수 일과 아주 비슷합니다. 톱, 줄, 끌, 망치, 대패가 필요해요. 나는 예리한 소형 톱을 갖고 다녔어요. 성인의 허벅지 뼈는 무척 탄탄합니다. 쇠만큼은 아니지만 나무보다는 훨씬 탄탄해요. 성인의 다리를 잘라내기란 정말 쉽지 않은 작업이에요. 톱질을 하다 보니 팔의 감각이 없었어요. 땀이 비 오듯 얼굴에 흘러내렸죠. 시설을 갖춘 병원이었다면 간호사의 도움을 받았겠지만, 그때 나를 도울 수 있는 이는 훈련을 받지 못한, 아무것도 알지 못한 채 묵묵히 서 있기만 하는 마을 사람들뿐이었어요. 망치와 끌로 부러진 뼈를 다듬고 나서 괴사되지 않은 피부와 살을 실로 봉합했습니다.

또 한번은 저 유명한 '붉은 강 담배공장'이 있는 붉은 강 자치구에 간 적이 있습니다. 맹장염 수술을 하기 위해 나병 요양원을 방문했지요. 그 지역 의사들 가운데는 그를 치료하려는 사람이 아무도 없었어요. 한 의사는 약을 가지고 있으면서도 요양원에 들러 진찰하려고 하지 않았죠. 맹장 수술은 비교적 간단한 수술이기 때문에 나는 수술을 하려고 잠깐 들렀어요. 그런데 요양원 환자들이 놀라더군요. "여기까지 우리를 찾아오다니 배짱 한번 좋으시네요." 환자는 중년의 남자였는데, 양쪽 손과 발이 이미 괴사된 피부와 괴사가 진행 중인 피부로 인해 일그러져 있었어요. 그는 무척 침착했고 아프다고 투정하지도 않았죠. 간쑤 성에서 온 가톨릭 소녀가 수술을 도왔습니다. 수술은 순탄하게 진행되었죠. 국부마취를 한 상태에서 하는 간단한 수술이었거든요. 수술 부위를 봉합하고 나자, 환자는 고개 숙여 감사를 표하고는 걸어서 천천히 자기 병실로 돌아갔습니다.

나병 이야기가 나왔으니 한마디 더 하겠습니다. 시먼칸 촌 근처 길가에서 버스를 기다리고 있는데 멀리 언덕 위의 나무들 사이로 초가집 한 채가 반쯤 보이는 거예요. 어느 학자가 살거나 세상에서 벗어난 은둔자가 살겠다 싶어 들러보기로 했지요. 그러자 가이드가 겁먹은 표정으로 만류하더군요. "나병 환자 부부가 사는 집입니다." 호기심이 동한 나는 가이드의 주의를 무시한 채 초가집으로 향했습니다. 나이 든 부부가 볕을 쬐며 졸고 있는 모습이 보였어요. 자세히 살펴보았지만 나병의 증상이 하나도 보이지 않았어요. 무척 건강한 부부였어요.

　장지언이라는 이름의 노인은 인근 마을에서 살았답니다. 1970년대에 약초를 캐러 산에 갔다가 그곳 주민들이 '마'라고 부르는 뱀을 발견하고는 괭이로 쳐서 죽여버렸어요. 나중에 그 이야기를 동료들에게 했는데, 마을 사람들은 그가 나병에 걸렸다는 소문을 퍼뜨렸습니다. 그지방에 내려오는 전설에 따르면 '마' 뱀을 만나면 나병에 걸린다고 했어요. '마'라는 뱀의 이름과 나병의 발음이 비슷했기 때문이에요. 그는 지역 요양소에 갇혀서 수년간을 보냈어요. 그의 아내도 나병에 걸렸다는 소문이 돌았고 그러다가 다른 병으로 쓰러졌는데, 그러자 마을 사람들이 그녀를 산 채로 불태워 죽였어요. 그날 내가 만난 나이 든 여인은 후처였던 거죠. 그들의 생활은 무척 비참했어요. 아무도 그들에게 말을 걸지 않았어요. 집 한쪽이 무너져 내렸지만 수리할 방법이 없었어요. 나는 지역교회에 연락해서 그의 집을 수리하도록 2천 위안을 기부했어요. 지붕에 기와를 올리니 정말 보기 좋았습니다. 돼지와 닭을 키우도록 몇 마리 사서 그에게 주었지요. 그의 삶이 크게 나아졌죠. 지금은 교회 사람들과 어울려 지내고 있답니다.

랴오: 말루탕 촌에서 온 '리틀 선'이란 젊은 친구에 대해서도 이야기해주시죠.

선: 그는 광저우 시 조선소의 임시직 노동자였어요. 결혼도 하고 아이들이 있었죠. 인생이 살 만했는데 어느 날부터 갑자기 두 다리를 제대로 못 가누게 되었어요. 사방으로 치료법을 알아보았죠. 중산 의과대학의 저명한 교수가 그를 진찰하고는 가망이 없다 했습니다. 중풍이 심해지자 아내는 그를 버리고 떠났어요. 그는 동료들의 도움을 받아 고향 마을로 돌아왔는데, 음식부터 용변까지 부모의 도움 없이는 아무것도 혼자서 해결할 수 없었어요. 비참했죠. 수술도 양약도 소용이 없었습니다. 그런데 나는 전통 침술이 답이 될 수 있겠다는 생각이 들었어요. 침술을 정식으로 배운 적이 없었기 때문에 저명한 한의사인 량 선생을 찾아가 배웠습니다. 참으로 즐겁고 보람 있는 경험이었어요. 량 선생이 서명해준 자격증을 받고서 나는 '리틀 선'을 만나러 갔어요. 그도 나의 시술에 동의했습니다. 내가 처음 문진을 갔을 때 다리가 아프다고 했으니, 아직 다리 감각이 살아 있는 게 분명했어요. 우리는 시술을 중단하지 않았어요. 나는 침술과 더불어 한약을 몇 가지 처방해주었어요. 그는 차츰차츰 일어설 수 있게 되었고, 나중에는 지팡이 없이도 걸을 수 있게 되었어요. 지금은 내 밑에서 수련을 받고 있는데 웬만한 병은 알아서 처방할 수 있을 정도가 되었지요.

랴오: 시내에 이발소를 열었고 거기서 치과 일도 병행하고 있죠.

선: 그에게 미국에서 온 치과 의사를 소개해주었는데, 그에게서 배운 거죠. 이제 상당한 기술을 익혔다고 들었어요.

랴오: 당신이 가르친 학생들을 만나 봤습니다.

선: 지난 8년 동안 서른 명에서 마흔 명 정도를 가르쳤습니다. 이제 그들은 시골에서 기본적인 의료활동을 할 수 있는 정도가 되었지요. 전문적인 훈련을 받은 의사들이 물론 중요하지만, 실제 현장에서는 기본적인 의료 지식을 가진 사람들이 더 긴요하게 필요하답니다. 시골 지역에서는 응급 상황이 발생하면 의사가 오기까지 시간이 많이 걸려요. 이곳과 마찬가지로 산간 지역 주민들의 생활환경은 형편없어요. 가장 가까운 시내라 하더라도 가려면 몇 시간이 걸리고, 그나마 있는 병원 시설과 의료진도 보잘것없지요. 건강할 때는 아무 문제가 안되지만, 누군가 갑자기 아프면 정말 큰일입니다. 실제로 매년 많은 주민들이 경미한 부상과 잔병으로 죽고 있어요.

랴오: 그렇지만 의료 서비스를 제공하는 것은 정부가 해야 하는 일 아닌가요?

선: 공산당은 부패했어요. 당신은 이 정부를 믿을 수 있나요? 해외 자선기관들로부터 지원을 많이 받기는 했지만, 그 같은 지원은 한시적입니다. 우리는 지역의 자원을 활용해야 해요. 1999년에 싱가포르의 한 자선단체와 연락이 닿은 적이 있어요. 그들은 의사 세 명을 보내주었는데, 각각 미국, 홍콩, 싱가포르 출신 의사들이었어요. 그들과 함께 이 지역을 방문했죠. 그때 '선'이라는 이름을 가진 또 다른 남자를 만났어요. 그는 지금 저혜이 현 다주지 촌에 살고 있습니다. 선은 의학을 공부한 바 있고 작은 진료소를 운영하고 있었는데, 당시 큰 빚을 지고 있어서 조만간 진료소 문을 닫아야 할 형편이었어요. 자선단체가 재정 지원을 해

주었죠. 하지만 그보다 중요한 건, 그에게 너무도 필요했던 자신감을 우리가 주었던 것 같아요. 나는 그에게 이렇게 말했습니다. "외국 기관의 도움이 분명 좋은 것이지만 거기에 의지해서는 안 됩니다. 지역의 자원을 활용할 방법을 반드시 찾아야 합니다. 그러기 위한 최선의 방법은 중국의 약초를 이용하는 겁니다. 약초는 어디서나 쉽게 구할 수 있잖아요." 몇 해 만에 선은 빚을 청산하고 다른 사람들을 도울 수 있게 되었습니다. 이제는 꽤 잘하고 있지요.

랴오: 쿤밍 시의 선생님 댁에서 두 명의 중국계 미국인 의사를 만났습니다. 그들이 좀 도움이 되었나요?

선: 그 둘은 시골 지역에 여러 번 다녀왔고 재정적으로도 도움을 주고 싶어했어요. 중국 외딴 곳의 형편을 직접 보았기 때문이죠. 내가 그들에게 해준 조언이 있어요. 재정적으로 시골 사람들을 직접 지원하고 싶다면 정부 관리들을 멀리해야 한다고 말이죠.

　　하지만 우리가 줄 수 있는 도움에는 한계가 있습니다. 인정할 건 인정해야죠. 인간이 당하는 고통 앞에서 속수무책인 경우가 얼마나 많은지요. 자오 시의 외진 마을에서 만난 촌장은 목에 큰 종양을 달고 있었어요. 종양이 작을 때 의사들이 떼어냈는데 뿌리까지 뽑지 않았던 거예요. 그래서 암이 재발했고 훨씬 커져버렸죠. 내가 만났을 때는 종양이 이미 왼쪽 어깨와 뒤통수까지 퍼져 있었어요. 얼마나 크고 무겁던지, 똑바로 서 있기 어려울 정도였어요. 림프절에 암이 생긴 것인데, 수술을 할 수 없는 단계까지 진행되어 있었어요. 내가 할 수 있는 일이라고는 같이 있어주는 것뿐이었어요. 나는 성경 이곳저곳을 읽어주며 이렇게 말했어요. "이 땅의 인생은 유한하지만, 하나님 앞의 인생은 영원합니다." 촌장은 고개를 끄덕이며 엷은 미소를 지었어요. 나는 그의 손을 잡고 그와 함께 한 시간 동안 가만히 있었어요. 다음날 그는 세상을 떠났습니다.

한번은 쉰 살 된 여인의 집에 간 적이 있어요. 그녀는 겨우겨우 숨을 쉬었고 몹시 고통스러워했어요. 내부 출혈이 너무 심해서 어떤 조치를 취하기에는 이미 많이 늦었었죠. 나는 따뜻한 물 한 대야를 가져다 달라고 해서 그녀의 얼굴을 닦아주고 머리를 빗어주었어요. 의사로서 내가 그녀에게 해줄 수 있는 게 아무것도 없었어요. 하지만 인간으로서 그녀의 존엄성을 찾아줄 수는 있었죠. 나는 그녀 곁에 앉아서 손을 잡아주었습니다. 숨소리가 거칠고 고통스러웠어요. 그녀가 너무 불쌍했어요. 그래서 그녀의 귀에다 대고 이렇게 속삭였어요. "누님, 이생에서 고생 많으셨어요. 무서워 말고 겁내지도 말아요. 다 끝났어요. 천국의 문이 앞에 활짝 열려 있잖아요. 거기에는 더 이상 고통이 없어요." 그녀의 양쪽 뺨으로 눈물이 흘러내렸어요. 그러고 나서 두어 번 경련을 일으키더니, 몇 분 후에 세상을 떠났습니다. 순식간에 일어난 일이었어요.

이제 희망적인 이야기를 말씀드리죠. 2001년 여름에 나는 자오 시 지역을 여행하던 중 어느 마을에 여장을 풀었습니다. 오후 세 시경이었어요. 한 시간쯤 쉬고 있는데, 지역 관리가 찾아와서는 알 수 없는 병으로 죽어가는 남자가 있다며 한번 보겠냐고 묻더군요. 산속 진흙탕길을 두 시간 반을 걸어갔어요. 여러 번 미끄러지고 넘어진 끝에 저녁 여덟 시에야 도착했습니다. 해가 산등성이를 넘어가고 있던 게 기억이 나네요. 마을 주민 백여 명이 불 꺼진 초가집을 에워싸고 있었어요. 문 밖에는 붉은색 관이 놓여 있었는데 뚜껑이 열려 있었죠. 으스스한 풍경이었어요. 환자는 기침을 하며 피를 토하고 있었고 집 안 곳곳에는 핏자국이 튀어 있었어요. 곧 죽음의 문턱을 넘어갈 것 같았습니다. 환자의 가족들은 폐암에 걸렸다는 그의 엑스선 사진을 내게 보여주었어요. 환자는 의식이 또렷했어요. 나는 그에게 지혈 주사를 놓고 병력에 대해 물었습니다. 진단해본 결과, 나는 그가 암이 아니라 폐결핵, 그것도 중증 폐결핵이라는 확신이 들었어요. 하지만 폐결핵 약이 없었죠. 다음날 아침, 나는 환자의 두 딸을 데리고 쿤밍 시로 떠나 오후 서너 시경에 시내에 도착해 약 몇 가지와 복용법을 적어서 두 딸을 돌려보냈습니다. 3일 후에 전화해보니, 환자의 상태가 호전되었고 문 앞에 있던 관도 치웠다고 하더군요. 그리고 3주 후에 검진해보니, 그는 빠른 회복세를 보였습니다.

랴오: 시골 지역을 다니면서 사람들에게 의료활동을 베풀고 있는데, 경제적인 부분은 어떻게 해결하나요? 비용을 청구하나요?

선: 처음 두 해 동안은 미국의 교회 유관기관으로부터 재정적인 도움을 일부 받아서 구제 사역을 진행할 수 있었습니다. 그곳의 젊은 직원과 각별한 우정을 쌓았죠. 그러나 나중에 그녀의 상관이 마음을 바꿔서 재정 지원을 중단했습니다. 하지만 나는 하나님을 믿습니다. 나는 지출을 많이 하지 않아요. 버스비와 기찻삯 정도만 있으면 되죠. 한 마을에서 다음 마을로 옮길 때면 그 지역 농민들의 집에 묵으면서 그들이 주는 쌀과 콩을 먹고 지냅니다.

랴오: 하지만 장기적인 계획은 못되는군요.

선: 사람들은 정말 친절합니다. 어떤 농부들은 10위안, 20위안씩 치료비를 내겠다고 해요. 더 어려운 치료를 받는 농부들은 2백 위안, 3백 위안을 내겠다고도 하고요. 나는 도매가로 약을 파는 곳을 몇 군데 알고 있는데, 농부들이 주는 돈으로 그 비용을 충당합니다. 내가 하는 일에 대해 이야기를 듣고 관심을 갖기 시작한 해외의 몇몇 의사들이 있는데, 지난 2년 동안 그들이 약을 보내주고 있어요. 또한 중국계 미국인 의사 두 명이 쿤밍 시에서 사용하는 장소가 있는데, 미국에 가 있는 동안에는 내가 그들의 환자들을 돌봐주고 있습니다.

랴오: 그들 병원에 한 번 묵은 적이 있어요.

선: 한 번에 여섯 명까지 수용할 수 있는 병원이에요. 대도시에는 의사가 넘쳐납니다. 나는 남은 인생을 여기서 보낼 생각입니다. 이곳은 나한테 완벽하게 맞는 곳이에요.

후기

2009년, 윈난 성 정부 관리들은 선 선생에게 주의를 기울이기 시작했다. 그들은 "저의"를 품고 가난한 사람들에게 무료 치료를 제공한 혐의로 그를 고소하고 이어서 윈난 성에서의 의료선교를 전면 금지시켰다. 한편 랴오가 다른 나라에 서버를 둔 중국어 웹사이트에 선 선생의 이야기를 게재한 뒤로, 미국의 한 중국인 교회가 사역을 소개해달라며 그를 초청했다. 선 선생은 2009년에 미국에 도착했으나 중국 정부는 그의 귀국을 불허했다. 그는 현재 캘리포니아 주에 살고 있으며, 영어 실력을 키워 아프리카로 선교를 떠날 기회를 모색하고 있다.

군인들은 모두가 볼 수 있도록 아버지를 들어 올렸습니다.

그러자 군중은 고래고래 소리 질렀습니다.

"…를 타도하자", "…를 박살내자", "마오 주석, 만세."

군인들이 아버지의 등에

"죽음의 표지"라고 하는 나무판을 붙였습니다.

아버지 키의 절반쯤 되는 길이의 나무판에

아버지의 다섯 가지 죄가 적혀 있었습니다.

9장
용서는 가능한가
- 순교자 -

런던 중심부에 있는 웨스트민스터 사원 서쪽 정문 위에는 전 세계의 20세기의 기독교 순교자 열 명의 조각상이 세워져 있다. 그 조각상들 중 하나가 왕즈밍王志明, Wang Zhiming이다. 그는 중국 윈난 성 우딩 현에 살면서 복음을 전하고 먀오족을 섬긴 인물이다. 그는 1969년 선교 활동을 벌인 혐의로 체포되어 1973년에 처형되었다. 그의 나이 예순여섯 살이었다. 왕즈밍의 이야기는 윈난 성 기독교 공동체 안에서는 잘 알려졌으나, 공동체 밖에 있는 대부분의 중국인들에게는 거의 알려진 바가 없다. 남은 가족들은 대부분 그의 대의를 따라 실천하며 살아가고 있으나 주류 언론에서 그러한 사실을 다루는 경우는 거의 없다.

왕즈밍에 대한 이야기를 처음 들은 건 2005년 12월이었다. 그때 나는 선 선생과 함께 윈난 성을 여행하는 중이었는데, 선 선생은 저명한 기독교 지도자인 왕즈밍의 아들과 아는 사이였다. 2007년 1월, 나는 그를 찾아 나섰다.

가오차오 타운 시아창 촌에 있는 교회는 흠 없이 깨끗한 흰색 벽 위로 분홍색 지붕을 얹은 모습이 흡사 높은 산을 배경으로 서 있는 마법의 성 같았다. 교회로 이어진 진흙길이 여러 갈래로 나 있었는데, 마을 사람이 그중 한 길로 우리를 인도했다. 선 선생과 나는 그를 따라 언덕을 넘고 관목 숲과 포도밭 도랑을 지나갔다. 마을 입구에 왕즈밍의 아들인 왕즈성Wang Zisheng이 서 있었다. 우리가 온다는 소식을 알고 있던 그는 한동안 만나지 못했던 형제와 재회하듯 반갑게 악수하고 등을 두드리며 우리를 맞아주었다.

1940년생인 왕즈성은 이제 막 예순일곱 살에 접어들었다. 키는 작았으나 그루터기처럼 체구가 단단했고, 커다란 무명 모자를 쓰고 있었다. 우리는 마을을 끼고 도는 다른 길을 따라 그의 마당 있는 집에 도착했다. 돼지와 개와 닭이 한데 어울려 노는 "농장" 같은 집은 동물의 냄새가 진동했다. 왕즈성은 문을 열어 집 안으로 우리를 안내했다. 암탉이 병아리 십여 마리를 이끌고 우리의 다리 사이로 미끄러지듯이 지나 집 안으로 사라졌다.

첫 인터뷰는 집 안에서 진행했는데, 네 시간 동안이나 이어졌다. 작별인사를 하고 마당을 나오자, 왕의 아내가 다가오더니 화덕에 구운 메밀떡 몇 개를 우리 손에 쥐어주었다. 나는 시장했던 터라 게눈 감추듯 먹어치웠다.

6개월 후, 인터뷰를 글로 옮기는 과정에서 실수로 왕의 이야기 중 절반가량이 테이프에서 지워져버렸다. 녹음기를 앞뒤로 돌려가며 살펴보고 나서 나는 머리를 벽에 박았다. 지난 10년 동안 2백 번이 넘는 인터뷰를 진행했는데, 이런 사고는 처음이었다.

절박한 마음에 선 선생에게 전화하여 인터뷰를 한 번 더 주선해줄 것을 부탁했다. 그래서 2007년 8월 5일, 쿤밍 시로 가서 선 선생을 만났다.

왕즈성 테이프 사고는 연속되는 불행의 시작에 불과했다. 쿤밍 시 버스터미널로 가면서 나는 택시 뒷좌석에 가방을 두고 내렸다. 가방에는 내가 가장 아끼는 소지품들이 들어 있었다. 지난 몇 해 동안 가지고 다닌 피리뿐 아니라 사진기, 새로 산 녹음기, 공책, 가장 아끼는 음악 시디 몇 장 등이었다. 경찰서를 찾아가 택시회사에 전화해보았으나 소용없었다. 강행할 수밖에 없었다. 정신을 가다듬고 녹음기를 구입해 버스터미널로 돌아갔다. 근처에서 열리는 축제에 가려는 사람들로 터미널을 발 디딜 틈이 없었다.

온 세상이 나를 반대해 일어서는 것 같았다. 다음번에 가자는 선 선생의 제안을 나는 고집스럽게 거절했다. 결국 우리는 트럭 운전사를 설득해 차를 얻어 탔다. 그런데 끔찍한 교통사고 때문에 차가 꼼짝을 못했다. 나는 그리스도인이라도 되는 양 고개 숙여 기도를 드렸다. 나의 인내와 확신을 시험하고 계신 것인지 하나님께 물었다. 땅거미가 지기 전에 우리가 탄 트럭은 왕즈성 목사가 사는 마을 외곽에 있는 분홍색 지붕을 얹은 흰색 교회당에 다가가고 있었다. 나의 마음에 감사가 흘러들었다.

왕 목사는 밭에서 농작물을 살피고 있다가 우리가 오는 것을 보고는 의아해하는 것 같았다. 우리는 천천히 그의 집으로 걸음을 옮겼고 태양은 산 너머로 지고 있었다. 그때 갑자기 하늘에 쌍무지개가 뜨더니 화려한 십자가 모양을 이루었다. 나는 한동안 독특한 자연현상에 마음을 빼앗겼다.

백열등에서 나온 빛이 왕 목사의 동굴 같은 방을 희미하게 비추고 있었다. 우리는 바깥쪽 현관에 자리 잡고 앉았다. 늦여름 비 때문에 늘어난 모기 떼에게 피를 뜯기면서 우리는 두 번째 인터뷰를 시작했다. 나는 녹음기를 한 번 더 점검했다. 잘 돌아갔다.

아홉 시, 마침내 임무를 마쳤다. 이루 말할 수 없는 평화가 밀려왔다. 선 선생처럼 헌신적인 친구의 도움으로 지워진 인터뷰를 채워넣을 수 있어 다행이었다. 하물며 만일 한 민족이 집단적으로 과거의 기억을 잃어버린다면 어떻게 될까?

랴오이우: 먀오족 마을이 기독교를 광범위하게 수용한 이유는 무엇인가요?

왕즈성: 먀오족 마을에 기독교가 처음 소개된 것은 1906년경 두 명의 기독교 사역자가 들어오면서부터입니다. 그중 한 사람은 호주인으로 구오시펑Guo Xiufeng이란 중국 이름을 가지고 있었습니다. 영어를 할 줄 아는 친척이 말해주었는데 그의 원래 이름은 아서 니콜스Arthur G. Nicholls라고 하더군요. 또 한 사람은 영국인으로 시밍칭Shi Mingqing이란 중국 이름을 가지고 있었습니다. 영어 이름은 모르겠어요. 중국내지선교회 소속이었던 두 사람은 쿤밍 시에서 먀오족 마을까지 나귀를 타고 왔어요. 3-4일을 이동해서 마침내 먀오족 마을에 도착했을 때, 마을에는 상당한 파문이 일었어요. 그때까지 먀오족 사람들은 금발에 초록색 눈, 뾰족코를 가진 사람을 본 적이 없었거든요. 두 선교사 모두 키가 무척 컸는데 먀오족 사람들과 비교가 안 될 만큼 컸습니다. 사람들의 관심

을 끌 수밖에 없었지요.

예로부터 먀오족 사람들은 산간 지방에서 농사짓고 사냥하고 누에를 키우며 살아왔습니다. 공중의 새나 들판의 짐승들과 크게 다를 바 없는 원시적인 삶을 살았죠. 역사를 통틀어서, 중앙정부는 이런 먀오족을 끊임없이 지배하려고 했습니다.

먀오족 사람들은 온갖 종류의 영혼과 귀신에게 제사를 드렸고 많은 전통과 풍습을 지켜왔습니다. 우리 먀오족은 큰 일 작은 일, 좋은 일 궂은 일 할 것 없이 일을 시작할 때면 신들이 지켜주시기를 바라며 분향하고 제사를 드렸어요. 결혼식이나 장례식에는 도교 사제나 무당을 집으로 불러 돈을 주고 의식을 맡겼는데, 그들은 액운을 쫓기 위해 징을 치고 춤을 추고 주문을 외곤 했지요. 이 지역 사람들은 끼니 걱정을 해야 할 정도로 가난했지만 그처럼 호사스러운 의식을 마다할 수 없었습니다. 집에 초상이 나면 가족들은 돼지나 염소를 잡아 한 주 동안 진행되는 장례식에 마을 사람들을 초청했습니다. 가족들은 문상객들에게 술과 음식을 대접해야 하지요. 죽은 사람을 곧바로 묻을 수는 없었습니다. 장례의식은 죽은 자에 대한 가족의 마지막 도리를 마을 사람들에게 보여주는 절차였으니 말이죠. 그 도리를 다하지 않으면 나중에 액운이 들지 않을까 걱정했어요. 그래서 시신을 땅에 묻기 전에 관에 뉘어서 열흘에서 스무날까지도 두는 경우가 종종 있었습니다. 시체가 부패하면서 썩은 내가 진동하곤 했어요.

이방인 기독교 사역자들이 도착한 해, 이 지역에는 지난 수년간 있었던 그 어떤 재난보다 훨씬 끔찍한 재앙이 몰아치고 있었는데, 전염병이 돈 겁니다. 반경 16킬로미터 안에 있는 가정들은 어느 한 집도 재앙을 비껴가지 못했죠. 사방에 있는 모든 집들이 황폐해졌어요. 사나운 폭풍우가 지나가고 집은 허물어졌지만, 거기에 손쓸 여유가 없었습니다. 사람과 동물이 한 지붕 아래서 함께 지내야 했어요. 가난하면 개인 위생 같은 데 신경 쓸 여유가 없어요. 그 결과, 선페스트와 발진티푸스가 순식간에 마을에 돌았습니다. 감염된 사람들은 갑자기 쓰러져 죽었어요. 시신을 땅에 묻기에도 시간이 부족했어요. 그래서 때로는 한 구덩이에 서너 구의 시신을 함께 묻기도 했습니다. 그렇게 해도 곳곳에 시체가 널려 있죠.

두 외국인은 나귀를 타고 사람들이 빠져나간 위험한 곳을 찾아다녔습니다. 두 목사는 숨이 붙어 있는 사람이면 누구에게나 다가가 먹을 것과 약을 주었죠. 회생될 가망이 없이 죽어가는 이들을 만나면 그 옆에 쪼그리고 앉아 그들의 얼굴 위로 고개를 숙이고 기도해주었어요.

또한 이들 기독교 목사들은 주민들이 집을 다시 세우고 생활 터전을 복구하는 것을 도왔습니다. 그들은 지역 주민들을 설득해서 사람과 동물의 거주공간을 분리하게 했어요. 식수원을 보호하고 개인위생에 신경 써야 한다는 것을 일러주었고요. 그뿐만 아니라 무당들의 속임수를 들여다볼 수 있게 해주었습니다. 그리하여 고난을 이기고 살아남은 사람들은 귀신에게 제사하던 옛 풍습을 버리고 그리스도인이 되었죠. 사람들은 옛 생활방식을 버리고 두 목사에게서 성경 읽는 법과 기도하는 법을 배웠습니다. 마침내 두 목사는 사푸 산을 선교사역의 전진기지로 정했습니다. 그리고 그곳에 윈난 성의 첫 교회를 세웠습니다.

사람들은 교회에서 영적인 위로를 받았습니다. 매 주일 서로 다른 여러 민족―먀오족, 이족, 리수족―의 사람들이 사방에서 교회로 몰려와 복음을 듣고 하나님의 말씀에 귀를 기울였죠. 주중에는 가정집이나 마을에 모여 기도를 드렸습니다. 많은 부모들이 자녀를 데리고 와서 이방인 목사들에게 이름을 지어달라고 했어요. 이름을 바꾸기 전 우리 할아버지의 이름은 기억나지 않지만 나중에 바꾼 이름은 왕사시였습니다. 호주 사람인 구오시평 목사가 지어준 이름이지요. "세상을 버리고 주님의 길을 따른다"라는 뜻이에요.

아버지 왕즈밍은 1907년에 태어났습니다. 이방인 그리스도인들이 도착한 지 두 해째 되는 해였죠. 당시 우리 가족은 후민 현 동쿤 읍 바자오징 촌에 살고 있었어요. 아버지는 1921년에 그 지역에 있는 학교를 다니기 시작했습니다. 열네 살이었죠. 3년 후, 할아버지는 아버지를 사푸 산에 있는 교회부설학교로 전학시켰어요. 아버지는 1926년에 학교를 졸업했죠. 열아홉 살이었어요. 교회는 아버지에게 학교에서 학생들을 가르치는 일과 하오밍 현과 루펑 현에서 설교하는 일을 맡겼습니다. 1935년에 아버지는 사푸 산으로 돌아와서도 인근 여러 마을에서 가르치고 설교했어요. 2년 후 중일전쟁이 발발하자, 두 이방인 목사는 사역을 이어가기 위해 다른 지역으로 떠나야 했죠. 아버지는 사푸 산을 대표하는 교회의 설교자로 선출되었습니다. 1944년에는 사푸산기독교연합회 회장에 당선되었고요.

랴오: 그렇다면 사푸 산은 먀오족 거주지 중에서 기독교가 처음 전파되어 퍼져 나간 곳이군요. 교구 규모는 얼마나 되었나요?

왕: 우딩, 루취안, 푸민, 루펑, 위안모 등 다섯 현에 있는 먀오족 교회들이 전부 우리 교구에 속해 있었습니다. 윈난 성의 먀오족 교구 중에서 가

장 규모가 컸어요. 주요 교통수단이 나귀였던 시절인지라, 복음을 전한다는 것은 곧 길에서 여러 날을 보내고 산을 오르내리는 것을 의미했습니다. 험한 일이었죠. 하지만 아버지의 지도력 하에 교구는 빠르게 성장했습니다. 내가 입수한 기록에 따르면, 1949년 공산당이 정권을 잡기 전까지 사푸 산에서 5만 5천 명 정도의 먀오족과 이족과 리수족 사람들이 회심하고 교회로 들어왔습니다. 1945년에 아버지는 윈난 성의 성도인 쿤밍 시로 거처를 옮겼습니다. 아버지는 먀오족 언어로 시편 모음집을 펴냈는데, 아마도 중국 최초의 먀오족 찬송가집일 겁니다.

공산당이 들어오자 모든 종교활동이 금지되었습니다. 1951년, 당시 나는 열한 살이었는데, 아버지는 쿤밍 시에 가서 상하이에서 내려온 추화이안Chu Huaian 목사에게 목사 안수를 받았습니다. 당시는 모든 외국인 선교사들이 중국에서 쫓겨난 때였어요. 공산당 정부는 외국 종교를 영적 아편, 중국 민중을 압제하기 위한 침략 도구라고 비난하고 있었죠.

랴오: 1951년에는 토지개혁운동이 시작되었습니다. 당신의 가족들도 영향을 받았나요?

왕: 우리가 살던 동네는 가난한 마을이었습니다. 지주나 부농이 없었기 때문에 박해할 사람도 없었죠. 상대적으로 잘 사는 편이었던 세 가정이 중산 계급으로 분류되었지만, 나머지 가정은 가난한 농민이자, 혁명의 동지였습니다. 우리 가족은 가난한 농민 계층으로 분류되었지만 그리스도인이었기에 다른 대우를 받았습니다. 우리는 다른 이들처럼 "혁명의 열매"를 조금도 받지 못했습니다. 땅도, 집도, 돈도 우리에게는 주어

지지 않았습니다.

랴오: 표적으로 삼을 지주가 없는 마을에서 "계급투쟁모임"은 어떻게 진행
　　되었나요?

왕: 표적으로 삼을 지주들을 다른 마을에서 데려왔죠. 사람들은 손을 치켜
　　들고 지주들을 욕했고 지주들에게 착취당한 억울한 사연을 털어놓았
　　습니다. 그러고는 지주들을 앞세우고 가두행진을 했습니다. 아시겠지
　　만, 수많은 폭력과 고문이 있었죠. 정치운동에 요구하는 모든 활동이
　　지주 한 명 없는 이 마을에서도 전부 이루어졌어요. 아버지는 끌려온
　　몰락 지주들을 불쌍히 여겼습니다. 혼자 있을 때면 한숨을 길게 내쉬
　　며 이렇게 말했죠. "지금 도대체 무슨 일이 벌어지고 있는지 모르겠구
　　나! 저들은 우리에게 땅을 빌려주고 세도 적게 받은 인정 많은 지주들
　　인데 말이다. 그런데 이제 저렇게 짐승만도 못한 대접을 받고 있구나."

　　　정부는 사푸 산 교회를 폐쇄하고 교회의 재산을 몰수했으며 아버
　　지에게는 집으로 돌아가 혁명 소작농의 감독 하에 농사를 지으라고 명
　　령을 내렸습니다. 아버지는 이 지역에서 글을 읽을 줄 아는 몇 안 되는
　　사람이었기에 그들은 아버지에게 마을 회계 일을 시켰어요. 아버지는
　　그 명령에 따랐는데, 통치자들에게 순종하라고 성경에 나와 있기 때문
　　이었죠. 그러나 아버지는 기도를 멈추지 않았습니다.

　　　이따금 다른 마을의 그리스도인들이 밤늦게 우리 집에서 모이곤
　　했어요. 정치적 긴장이 최고조이던 때라 모두가 불안해했습니다. 모든
　　기도모임은 지하에서 몰래 이루어졌어요. 그러자 지방정부는 지역 군
　　벌에게 우리를 감시하고 취조하도록 권한을 위임했습니다. 그들은 아

버지에게 다른 나라에 있는 목사들과 어떤 관계를 맺고 있는지 털어놓으라고 협박했어요. 그런 상황에서 지역의 다른 그리스도인들과 연락을 주고받기란 무척 어려웠지만, 아버지는 그 일을 멈추지 않았습니다. 1954년, 지방 공안국은 "태도에 개선의 여지가 없고 계속해서 종교활동 및 간첩 활동을 한" 혐의로 아버지를 구속했습니다. 아버지는 루취안 현으로 보내져 투옥되었습니다.

랴오: 감옥에는 얼마나 계셨나요?

왕: 오래 계시지는 않았어요. 아시겠지만, 아버지는 좀 특별한 경우였어요. 먀오족 지역에서 명망 있는 분이셨죠. 아버지는 밭일도 열심히 했고 명령에도 잘 따르셨어요. 그래서 지방정부 지도자들은 고민 끝에 아버지를 집회에 세워 공개적으로 비판하되 반동분자들이 따라야 할 긍정적인 사례로 삼기로 합의했습니다. 마오의 사상 개조 운동을 선전하는 좋은 본이 될 터였죠. 그래서 그들은 몇 개월 만에 아버지를 석방하고 추저우 자치구 안에 있는 정치자문회 준비위원으로 위촉했습니다. 1956년, 기독교 목사인 아버지는 지역의 다양한 민족 집단에서 선출된 대표들로 구성된 대표단의 부대표가 되었습니다. 아버지는 대표단을 이끌고 베이징으로 가서 국경일 행사에 참석했습니다. 거기서 마오 주석을 만나기도 했지요.

마오 주석과의 만남은 이 지역에 큰 파장을 일으켰습니다. 「인민일보」는 기사와 함께 사진이 크게 실렸습니다. 하지만 공산당은 아버지를 절대로 믿지 않았고, 아버지도 공산당이 내세우는 주장을 믿지 않았죠. 마오 주석을 만나고 온 뒤로도 아버지는 여전히 정치운동의 공격 대상이었습니다. 끊임없이 자술서를 써야 했고 수많은 공개비판집회에 나가서 비난의 표적이 되어야 했지요. 그러다가 마침내 "4대 악습 청산" 운동이 진행된 1964년에는 모든 공적인 직위를 박탈당하고 혁명 계급에서 방출되었죠. 마을로 돌아온 아버지는 엄중한 감독을 받으며 농장에서 일했습니다. 아버지는 신을 부정하는 사회에서 자신과 같은 사람이 처할 운명이 무엇인지 알고 있었던 것 같아요. 아버지는 그 운명의 순간을 기다리고 있었습니다. 아무 두려움 없이 말이죠.

1966년에 문화대혁명이 시작되었어요. 혁명 군중이 우리 집 마당으로 몰려들어와 집 안을 산산이 뒤지고 가족들을 모두 구타했습니다. 군중은 우리 가족 모두를 포박해 가두 행렬을 시키며 여러 마을로 끌고 다녔죠. 아버지의 머리에는 '제국주의자들의 첩자, 앞잡이'라는 글자가 쓰인 바보 모자가 씌어졌어요. 수만 명의 사람들이 참석한 공개비판집회에서 우리 가족은 성난 군중의 주먹세례를 받았습니다. 그들의 침이 온몸을 덮을 정도였죠. 그러나 아무리 힘든 상황에서도 아버지는 기도를 멈추지 않았습니다. 그렇게 3년이 지나고 혁명 세력들 간에 분쟁이 일어나자 그들은 더 이상 우리를 괴롭히지 않았습니다. 매일같이 가해지던 괴롭힘이 대부분 끝났습니다. 아버지는 전에 그리스도인이었던 사람들을 찾아나섰습니다. 그들과 함께 자정 무렵 산속 동굴에 모여 기도모임을 갖곤 했습니다. 성경 한 권조차 갖고 있지 않았지만 마음속에 있다고 믿었습니다. 먀오족 사람들은 가난하지만 소박하고 정직했습니다. 정부는 그들에게 "마오 주석 만세"를 외치도록 강요했으나 그것이 하나님에 대한 그들의 신앙심을 없애지는 못했습니다. 그렇게 복음은 가까운 마을들로 다시 퍼져 나가기 시작했습니다.

아버지는 계속해서 사람들에게 세례를 베풀었습니다. 하지만 얼마 지나지 않아 당국에서 아버지의 활동에 대해 알게 되었습니다. 1969년 5월 11일 새벽에 아버지는 구속되었습니다. 체포되기 전날 밤에 아버지는 몇몇 사람에게 세례를 주기 위해서 산에 있었는데, 누군가 아버지에 대한 정보를 흘렸던 게 분명합니다.

랴오: 아버지가 체포될 때 그 자리에 당신도 있었나요?

왕: 나는 큰길가에 자리한 집에서 아내와 아이들을 데리고 살고 있었고, 부모님과 동생은 길 건너편에 살고 있었습니다. 그날 밤, 잠을 자다가 천둥소리보다 요란한 총성에 잠을 깼습니다. 마치 산이 무너지는 소리 같았습니다. 나가보니, 눈이 부시도록 전조등을 켠 트럭 세 대가 보였습니다. 사람들이 빽빽이 몰려들어 부모님 집을 에워싸고 있었습니다. 그들 손에 들려 있는 손전등들이 마치 여름밤의 별 같았습니다. 또 한 번의 꽝 하는 소리가 울렸는데, 이번에는 총소리가 아니라 문을 발로 차서 여는 소리였습니다. 칼날처럼 날카로운 비명소리가 들렸습니다. 군인들은 고함을 쳤고, 어머니도 그들을 향해 소리를 질렀습니다.

　나는 네 아이를 집으로 돌려보내면서 밖으로 나오지 말라고 했습니다. 군인들이 길을 막고 있어서 아내와 나는 다른 길로 돌아서 부모님 댁으로 갔습니다. 우리가 도착했을 때는 이미 트럭들이 덜컹거리는 소리를 내며 사라지고 있었습니다. 우리는 산속으로 사라져 가는 불빛만을 바라볼 뿐이었습니다.

　동생이 전해준 바에 따르면 그날 밤 일어난 일은 이렇습니다. 군인 둘이 밖에서 마당으로 들어오는 문을 지켰고 소총에 총검을 단 다른 군인 둘이 총 두 발을 쏘며 문을 박차고 들어왔던 겁니다. 군인들은 침대에 누워 있던 아버지에게 "일어나시오! 우리와 가야겠소" 하고 고함을 쳤습니다.

아버지는 무척 침착했습니다. 말없이 옷을 입고 마루로 나오는데, 군인 둘이 달려들어 아버지의 팔을 잡아 꺾었습니다. 아버지는 그들의 눈을 바라보며 말했습니다. "이렇게 할 것 없네. 자네들과 함께 갈 테니." 그러고 나서 아버지는 양 손을 내밀며 군인들에게 수갑을 채우라고 했습니다. 어머니는 소리를 지르며 아버지를 보내지 않으려고 했습니다. 군인 하나가 어머니를 발로 찼고, 어머니는 그 자리에 쓰러져 정신을 잃었습니다.

내가 도착했을 때 아버지는 이미 잡혀간 뒤였습니다. 우리는 어머니를 집 안으로 옮겼고, 동생네 가족이 그 곁을 지켰습니다. 어찌나 놀라셨던지 어머니는 아랫도리에 소변을 지렸습니다. 잠시 후 정신을 차리고는 "목이 마르다"며 물을 달라 했습니다. 어머니는 물을 여러 사발 들이키더니 가슴께가 아프다 하셨습니다. 어머니 가슴의 통증은 평생 동안 사라지지 않았습니다.

아버지는 우딩 현에서 4년간 수감되었습니다. 1973년 12월, 그들은 아버지를 처형했습니다.

사실 아버지에 대한 공식적인 기소는 이루어지지 않았으나, 그들은 아버지에 대해 다섯 가지 혐의를 제시했습니다. 첫째, 외국 제국주의자들의 앞잡이요 영적 아편인 기독교로 인민의 정신을 흐리게 만든 첩자다. 둘째, 반동분자다. 셋째, 정부의 종교정책에 시종일관 반대했다. 넷째, 지방의 지주다. 다섯째, 1930년경 공산당 붉은 군대가 루핑

현을 지날 적에 사악한 지주들과 그 추종자들을 이끌고 매복 공격하여 일곱 명을 죽였다. 실제로 먀오족과 마오 군대가 루펑 현에서 교전을 한 적이 있는데, 양쪽 모두 부상자가 발생했습니다. 전투가 벌어진 곳은 여기서 멀리 떨어진 곳입니다. 아버지는 그 전쟁에 전혀 개입하지 않았습니다.

랴오: 처형 전에 아버지를 만나 볼 수 있었나요?

왕: 구치소 방문은 허용되었으나 면회는 허락되지 않았습니다. 옷가지 반입은 되지만 음식은 안 되었죠. 그들은 아버지의 건강 상태에 대해 어떤 정보도 우리에게 알려주지 않았습니다. 우리는 혁명군과 마을 사람들로부터 끊임없이 조롱받았습니다. "당신 아버지는 나쁜 사람이다. 하나님을 믿다니. 아버지와 분명히 선을 그어라." "하나님은 구원자가 아니다. 마오 주석과 공산당이 인민의 구원자다. 당신은 하나님을 믿는가, 아니면 마오 주석과 공산당을 믿는가?"

결국 우리는 지방정부로부터 아버지가 처형될 것이라는 통지를 받았습니다. "교정 불능의 반동분자"라는 딱지가 붙었기 때문에 면회는 불가하다고 했습니다. 그러나 정부는 우리 가족이 소수민족 집단인 먀오족이라는 이유로 "혁명적·인도적 이유"를 들어 마지막 면회만은 허락해주었습니다.

사형집행일 전날인 1973년 12월 28일, 지방 군벌 대원들이 우리 집에 와서는 면회가 허가되었다고 일러주었습니다. 가족들 십여 명이 함께 모여서 갔습니다. 구치소까지 가는 데만 두어 시간이 걸렸습니다. 검문소 두세 곳과 높은 담장을 지나고 나서야 아버지를 만날 수 있었습니다. 아버지는 머리가 하얗게 새었고 뼈만 남은 듯 야위어 있었습니다. 움직일 때마다 발목에 채워진 족쇄에서 육중한 금속음이 났습니다. 절뚝거리며 다가오는 아버지를 보자 우리는 울음을 터뜨렸습니다.

아버지는 살인자와 같은 대우를 받고 있었습니다. 온 가족이 눈물 흘리며 우는 모습을 본 한 간수가 소리쳤습니다. "그만 울고 한 명씩 얼른 얘기하시오. 시간이 제한되어 있단 말이오." 그는 대화내용을 감시하고자 우리에게 표준 중국어로 말하게 했습니다.

어머니는 고개 숙여 아버지에게 인사하고 이렇게 말했습니다. "말하는 쪽은 항상 당신이었잖아요. 우리는 들을 테니 말씀하세요."

아버지 얼굴에 미소가 번졌습니다. 아버지는 어머니의 말뜻을 이해하셨던 겁니다. "나는 사상 개조에 실패했소." 예의 목회자의 어조로 아버지는 말했습니다. "변하지 않았으니, 이제 내가 당하는 일은 모두 나의 책임이며 또한 받아 마땅한 일이오. 하지만 모든 가족이 나를 따라오지는 마시오. '위에서' 하는 말을 잘 듣기 바라오."

랴오: "위"라고 하면 일반적으로 정부를 뜻하는데, 선친의 말은 "하나님"을 뜻하는 것 같군요.

왕: 정확합니다. 우리는 아버지의 말뜻을 즉각 알아챘습니다. 이어서 아버지는 이렇게 말했습니다. "열심히 일해서 먹을 것과 옷을 마련하시오. 개인위생에 신경 쓰고 건강해야 합니다. 아프면 안 됩니다."

아버지의 말에 우리는 마음이 따뜻해졌습니다. 아버지의 그 말은 아버지가 틈틈이 들려주시던 할아버지와 외국인 선교사들이 해준 이야기였던 겁니다. 나는 아버지께 다가가 눈물을 흘렸습니다. '위에서'

하는 말씀을 귀담아 들을게요, 아버지. 하지만 아버지를 필요로 하는 자녀들이 집에 많이 있어요. 사상 개조를 못 해서 집으로 돌아올 수 없다면, 그 자녀들은 어떻게 하죠?" 내 말은 아버지는 목사이며 교회의 지도자라는 뜻이었습니다. 양 떼에게는 목자가 필요했습니다.

　　그때 어머니가 달걀 여섯 개를 꺼내 아버지에게 주었습니다. 아버지는 피 묻은 손을 내밀어 어머니의 얼굴과 가슴과 어깨를 만지셨습니다. 그러고는 달걀을 둘로 나누어 세 개는 갖고 세 개는 돌려주었습니다.

랴오: 삼위일체를 말한 건가요?

왕: 우리는 그 상징을 알아들었습니다. 그때 간수가 오더니 공지했습니다. "왕즈밍은 사형을 선고받았다. 형 집행은 내일 공개재판 후 있을 예정이다. 범죄자의 시신은 정부가 처리하며 가족은 일절 관여하지 않는다."

　　우리는 가족이 시신을 수습하지 못하는 이유를 알려달라고 간수에게 간청했습니다. 그는 혁명대중의 요구에 따라 정부는 폭약으로 시신을 날려버리기로 했다고 답했습니다. 어이가 없었습니다. 그러나 계속해서 간청하는 수밖에 없었습니다. 묘비든 표지든 세우지 않아서, 사람들이 찾아와 조의를 표하는 일이 없게 하겠다고 약속했습니다. 그러나 간수는 거절했습니다. "먀오족이 미신을 잘 따르는 것은 역사를 통해 이미 증명된 사실 아니오. 장례를 치르게 해준다면 나중에 무슨 일이 있을지 누가 알겠소!"

　　간수가 아버지를 데려간 뒤에도 우리는 그곳에 남아 시신을 수습할 권리를 요구했습니다. 간수는 화를 내며 민병대원들을 불러 우리를 몰아내게 했습니다. 우리는 그들과 다투지 않았습니다. 집에 돌아오니 날은 이미 저물었고, 마을 사람들 수십 명이 우리를 기다리고 있었습니다. 아버지의 시신이 폭약과 함께 산산조각이 날 거라는 이야기를 듣고 마을 사람들은 눈물을 흘렸습니다. 우리는 집에 머물면서 하나님의 도움을 구했습니다.

다음날 이른 아침, 마을 관리가 찾아와서는 마차를 준비하라고 했습니다. 그는 우리가 아버지의 공개재판에 참석해도 되며 재판에 만여 명의 사람들이 올 거라고 했습니다. 그의 표현을 빌리면, 나중에 우리는 "반동분자의 시신을 집으로 가져올" 수 있을 거라 했습니다.

하나님께서 우리의 기도를 들어주신 게 틀림없다고 생각했습니다. 우리는 낮은 목소리로 찬송을 부르며 길을 나섰습니다. 집회장은 구호를 외치고 적기를 흔드는 사람들로 빽빽이 들어차 있었습니다. 다른 두 범죄자도 그곳에서 재판을 받고 있었는데 그들에게는 사형선고가 내려지지 않았습니다. 그들은 "교육"을 받기 위해 그 자리에 끌려온 것이었습니다.

우리가 도착하자마자, 무장 군인 두세 명이 다가와 우리에게 총을 겨눴습니다. "움직이지 마시오. 손을 머리 뒤로 올리고 쪼그려 앉으시오." 우리는 시키는 대로 무대를 등지고 앉았습니다. 하지만 재판 중간에 군인들의 감시가 소홀해진 틈을 타서 몸을 돌려 아버지에게 무슨 일이 일어나는지 사람들 머리 사이로 엿보았습니다. 단 위에는 의자가 두 줄로 놓여 있었고, 현의 모든 지도자들이 거기에 앉아 있었습니다. 아버지는 손과 발을 포박당한 채 단 중앙에 서 있었고, 양쪽으로 다른 두 범죄자가 서 있었습니다. 아버지의 입가에는 피가 흘렀습니다. 나중에 안 사실이지만, 간수는 아버지가 소리치거나 복음을 전하지 못하도록 아버지의 혀를 총검으로 베어버렸던 것입니다. 전에 교회 교인이었거나 지도자였던 이들 중 몇 사람이 단에 올라가 아버지의 죄를 고발했습니다. 성토가 끝나자 지도자들 중 한 하나가 마이크를 들더니 이렇게 선고했습니다. "왕즈밍을 사형에 처할 것을 선고합니다. 형 집행은 지금 바로 하겠습니다." 군인들은 모두가 볼 수 있도록 아버지를 들어 올렸습니다. 그러자 군중은 고래고래 소리 질렀습니다. 그들이 주먹을 쳐들고 외치는 함성 중에서 내 귀에 들려온 말은 이런 말들뿐이었습니다. "…를 타도하자", "…를 박살내자", "마오 주석, 만세." 당시 이런 말이 유행했었습니다. "혁명대중이 기뻐 노래하면 반동분자들은 망한다."

군인들이 아버지의 등에 "죽음의 표지"라고 하는 나무판을 붙였습니다. 아버지 키의 절반쯤 되는 길이의 나무판에 아버지의 다섯 가지 죄가 적혀 있었습니다. 아버지의 이름도 적혀 있었는데, 그 위에 붉은색 X자가 크게 그어져 있었습니다. 군인들은 아버지를 끌고 가 다른 죄수들과 함께 트럭에 밀어 넣고 고개를 숙이게 했습니다. 차 두 대가 앞장섰고, 아버지를 태운 트럭이 가운데서 달렸습니다. 무장한 군인들을 가득 태운 트럭이 그 뒤를 따랐습니다. 마지막 트럭의 지붕에는 기관총이 장착되어 있었습니다. 나중에 들은 바로는, 그들은 반 시간 동안 아버지를 가두행렬시키며 거리를 돌았고 그 후에는 낡은 공항으로 데려가 총살했다고 합니다.

랴오: 그때 당신은 어디에 있었나요?
왕: 총을 겨눈 군인들의 감시를 받으며 집회 장소를 떠나지 못하고 있었습

니다. 구경꾼들 대부분이 자리를 뜨자 군인들은 긴 밧줄로 우리를 하나로 묶어 구치소 안의 한 방으로 데려갔습니다. 방바닥에 아버지가 쓰시던 소지품들이 널려 있었습니다. 공안 관리는 말했습니다. "반동분자가 남긴 쓰레기요. 집으로 가져가시오."

랴오: 아버지의 시신을 수습해야 하지 않았나요?

왕: 마을 친구들이 우리 대신 해주었습니다. 그들이 수레를 빌려서 옛 공항에 도착해보니, 2-3백 명 되는 사람들이 까마귀 떼처럼 얼빠진 듯 아버지 시신 주위에 둘러서 있었습니다. 시신을 지키고 있던 군인이 마을 사람들의 신분을 확인하고 아버지의 시신을 거둘 수 있게 해주었습니다. 그들은 구치소로 우리를 찾아왔습니다. 나는 수건을 적셔 아버지의 얼굴을 닦아드렸고, 누이는 아버지의 몸에 담요를 덮어드렸습니다. 오후 한 시였죠. 햇살이 내리쬐는 날이었고 하늘은 푸르렀습니다. 집으로 돌아가려는데 도로가 비어 있어 우리는 수레 양편에서 걸어가며 천천히 수레를 몰았습니다. 새들이 날아오르며 지저귀던 기억이 납니다. 아버지가 살아계셔서 우리 곁에 계신 것 같았습니다.

일부 먀오족 사람들은 우리가 몰고 가는 수레를 세우고 아버지에게 작별인사를 했습니다. 나이 든 사람도 있었고 젊은 사람도 있었고, 우리가 아는 사람도 있었고 낯선 사람도 있었습니다. 어린 소녀가 수레에 기어 올라가 담요를 들추더니 머리부터 발끝까지 아버지의 몸을 만졌습니다. 우리는 아이의 순수한 행동에 미소 지으면서 잠시나마 슬픔을 잊었습니다.

마을에 도착하니 이미 해가 넘어가 어두웠습니다. 우리는 아버지의 시신을 집 안으로 옮겼습니다. 아버지의 얼굴은 마치 낮잠을 주무시고 있는 듯 평화로워 보였습니다. 마을의 관리들과 군벌 대원들이 문상객들이 오지 못하게 지켜 섰습니다. 하지만 자정이 지나자 경비병들은 잠자러 집으로 돌아갔고, 그러자 동료 그리스도인들이 조용히 노크하고 들어와 우리와 함께 기도했습니다.

랴오: 그날 밤 찾아온 사람이 얼마나 되나요?

왕: 일흔 명에서 여든 명 사이였습니다. 발각될까 두려워 손전등도 없이 언덕길을 따라 조용히 왔습니다. 그들은 몽유병자들만큼이나 조용했습니다. 새벽 두 시에 마지막 조문객들이 기도를 마치고 갔습니다. 아버지의 시신은 차갑게 식었고 딱딱하게 굳어 있었습니다. 아버지도 떠나신 것입니다.

　　새벽에 두 동생과 매제를 데리고 언덕을 올라가 두 시간 동안 묘혈墓穴을 팠습니다. 우리는 아침식사 후에 관을 매고 언덕을 올라가 묘혈에 관을 내렸습니다. 그런 다음 아버지의 시신을 모시러 다시 내려갔습니다.

랴오: 시신과 관을 왜 따로 가져갔습니까? 먀오족의 풍습인가요?

왕: 아뇨. 달리 방법이 없었습니다. 아버지의 시신을 관에 모신 채로 관을 매고 갈 힘이 우리에게 남아 있지 않았습니다. 먀오족 사람들 가운데서 발생할지 모를 폭동을 예방하기 위해 트럭 한 대가 군인들을 태우고 도착해 있었습니다. 군인들은 장전된 총을 들고 마을 곳곳에 흩어져 있었습니다. 우리 가족들만 장지에 접근하는 것이 허용되었습니다.

우리는 짧게 장례식을 치를 생각이었는데, 군인들이 있다 보니 마을 사람들은 수백 미터 떨어진 곳에서 바라보기만 해야 했습니다. 힘을 보태고 싶어 속이 탔으나 어떻게 할 방도가 없었습니다. 관을 매는 데는 보통 여덟 명이 필요한데 우리 가족 가운데 남자는 네 명뿐이었거든요. 여러 번 시도했지만 관을 들기에는 역부족이었습니다. 결국, 시신과 관을 따로 옮겨야 했습니다. 흙을 덮어 장례를 마치고 집으로 돌아가기까지 군인들은 자리를 뜨지 않았습니다.

랴오: 1974년이 되자 상황이 많이 바뀌었습니다. 마오 주석과 저우언라이 수상의 건강에 문제가 생겨 마지막 날이 가까웠습니다. 문화대혁명의 기운도 수그러들고 있었고요.

왕: 그랬죠. 우리도 변화를 감지할 수 있었습니다. 정치적 통제가 다소 완화되었죠. 마을에서 기도와 그 밖의 종교활동이 재개되었습니다. 지방 정부는 먀오족 사람들을 모두 불러모아 집회를 열었습니다. 한 지도자가 나와서 이렇게 외쳤습니다. "저 반동분자가 처형된 지 불과 몇 달밖에 지나지 않았습니다. 그런데 여러분은 아무런 교훈도 얻지 못하고 있습니다. 교훈은커녕 몰래 모여서 종교활동을 하고 있지 않습니까. 공산당을 무시했다가는 처벌을 받을 겁니다. 여러분의 지도자가 누구요? 앞으로 나오시오!"

나는 주저하지 않고 앞으로 나갔습니다. 나는 1976년에 공식적으로 구속되어 아버지가 갇혔던 바로 그 감옥에 수감되었습니다. 공안 관리들은 내가 아버지보다 더 악질이라고 했습니다. 공산당 이전 시대에 세뇌를 받아 지은 아버지의 죄는 고의적인 죄가 아니지만, 나의 죄는 의도적인 것이라는 거지요. 처음 넉 달 동안은 시멘트 바닥의 좁고 어두운 독방에 수감되었습니다. 독방에는 사기그릇 하나와 소변통만이 있었습니다. 그 작은 공간에서 나는 먹고, 마시고, 오줌 누고, 똥 누는 등 모든 활동을 했습니다. 줄곧 어둠 속에 있었습니다. 어둠 속에서 사람은 살 수 없습니다. 햇볕을 받지 못한 식물은 죽어버립니다. 동물은 두 주만 지나면 미쳐버립니다.

라오: 하지만 인간은 생각할 수 있는 존재이기 때문에 미치지 않을 수 있지 않나요?

왕: 하나님이 내 마음에 계셨습니다. 내가 미치지 않도록 그분이 지켜주셨습니다. 문화대혁명 기간 동안 우리 가족 중에서 일곱 명이 박해를 받았습니다. 아버지는 처형당했습니다. 둘째동생 왕지화는 누장리수족 자치주에 있는 인민병원 원장이었는데 공개 비판의 표적이 되었습니다. 동생은 매질과 끝없는 공개 비판을 감내할 수 없어 결국 누 강에 투신자살했습니다. 형인 왕지롱은 나와 같은 길을 갔습니다. 우리는 함께 구속되어 둘 다 8년형을 선고받고 같은 날 석방되었습니다. 나는 야오안 현에 있는 강제노동수용소로 보내졌고, 형은 루취안 현에 남았습니다. 이모 두 분과 고모 한 분도 체포되었습니다. 세 분은 비밀 종교 집회를 조직하여 참여한 혐의로 각각 5년에서 3년형을 선고받았습니다.

1979년, 중국 당국은 종교에 대한 통제를 완화했고 우리는 3년을 복역한 뒤 모두 예정보다 일찍 석방되었습니다. 1980년 초에는 우리에게 유리하게 상황이 바뀐 듯했습니다. 중앙정부는 지방정부의 입법기관인 우딩 현 인민회의 대의원으로 나를 임명한다고 통지해왔습니다. 나는 정부의 임명을 거절할 수 있는 상황이 아니었습니다. 그 대신 나는 "감형증명서"를 찾아내 지방정부 인민회의 의장에게 내밀었습니다. 서류에 적시되어 있는 다음 문장을 지적했습니다. "죄수는 자신의 죄를 시인하고 수감 생활에 충실히 임했기에 조기 사면한다." 나는 물었습니다. "전과가 있는 사람이 어떻게 법을 제정하는 자리에 앉을 수 있겠습니까?" 의장은 얼굴을 붉히더니 답했습니다. "공무원들이 일처리를 허술하게 한 것 같소. 내가 알아보겠소." 이틀 뒤에 새로운 증명서를 발급받았는데, 서류에는 혐의 없음이라고 적혀 있었습니다. 아버지에 대한 판결도 공식적으로 뒤집혀져 무혐의 처리되었습니다. 그제야 우리 가족은 아버지의 묘비를 세울 수 있었습니다.

랴오: 문화대혁명 기간 동안 죽임 당한 그리스도인을 기리는 유일한 비석인 것으로 알고 있습니다.

왕: 1996년에는 이곳 교회에서 아버지를 기리는 큰 규모의 추모예배가 열렸습니다. 중국 역사상 가장 큰 규모의 추모예배였죠. 성가대만 해도 2천 명이 달했으니까요.

랴오: 1998년, 런던에 있는 웨스트민스터 사원에서 20세기 영예로운 기독교 순교자 10인 중 한 명으로 당신의 아버지를 택했습니다. 관련 이야기를 해주시죠.

왕: 웨스트민스터 사원 서쪽 정문 위에 아버지의 동상이 세워져 있습니다. 나도 얼마 전에야 그 사실을 알았습니다. 누군가 두터운 서류 뭉치를 보내왔는데, 전부 영어로 쓰여 있더군요. 나는 중학교까지밖에 다니

지 않았기 때문에—아버지가 "반혁명 활동"에 연루되었다고 해서 고등학교를 마칠 수 없었습니다—서류에 뭐라고 쓰여 있는지 읽을 수 없었습니다. 2002년 12월, 런던에 간 조카가 웨스트민스터 사원 앞에 세워진 아버지 동상을 사진 찍어 보내주었습니다. 사진을 보고 우리 가족은 모두 울었습니다. 아버지는 그 어둡던 시절 악과 맞서 싸워 승리하신 겁니다.

랴오: 과거를 생각하면 지금도 마음이 아프신가요?

왕: 아니요, 그렇지는 않습니다. 원망하지 않아요. 우리 그리스도인들은 죄인을 용서하고 미래를 향해 나아가야 합니다. 오늘 우리가 가지고 있는 것에 감사해야 하지요. 그리고 우리에게는 해야 할 일이 많습니다. 아버지가 복음을 전하던 1960년대 중반 우딩 현의 그리스도인 숫자는 2,795명이었습니다. 아버지의 "명예회복"이 이루어진 1980년에 우딩 현의 그리스도인 숫자는 1만2천 명으로 성장했고, 지금은 3만 명에 달합니다. 오늘날 우리 사회는 사람들의 생각이 복잡하게 얽혀 있고 혼란스럽지요. 다른 어느 때보다 바로 지금이 복음의 말씀이 더욱 필요한 때입니다.

요란한 함성 사이로

가까이서 강물 흐르는 소리가 들렸습니다.

하늘 곳곳에 흩어진 구름 사이로 드러난 하늘은

맑고 푸르렀습니다. 그때 생각했습니다.

'오랫동안 같은 하늘 아래서, 같은 마을에서

사이좋게 살아온 사람들이 왜 이러는 것인가?

왜 이토록 서로 미워하고 괴롭히는가?

공산주의 혁명이란 이런 것인가?'

10장
공산주의 혁명이란 이런 것인가
- 장로(II) -

2005년의 마지막 날, 선 선생과 나는 윈난 성 루취안 현을 떠나 저하이 현으로 가는 버스에 올라탔다. 짙은 안개가 걷히면서 드러난 무성한 채소밭은 보는 이의 눈을 시원하게 했다. 우리가 탄 버스는 산을 향해 뻗은 좁고 구불구불한 길을 따라 엉금엉금 기어갔다. 길은 깊은 협곡과 가파른 절벽 사이로 뻗어 있었다. 몇 주 전 승객 스무 명을 태우고 짐과 짐승을 실은 버스가 협곡 아래로 미끄러져 곤두박질쳤다고 선 선생은 말해주었다.

멀리 보이는 자오지 설산의 눈 덮인 봉우리 한 켠 우묵한 곳에 붉은색의 점 하나가 반짝였다. 가까이 다가갈수록 붉은 점은 십자가 모양으로 바뀌었다. 저하이 현의 작은 마을 위로 우뚝 솟은 5층짜리 흰색 교회당 꼭대기에 꼿꼿이 세워진 기독교의 십자가였다. 그게 없었다면 이 작은 마을은 울적한 기분이 들 것 같았다.

"이족 사람들과 먀오족 사람들이 이 마을에 많이 살고 있습니다."

선 선생이 말했다. 모두 똑같아 보이는 작은 집들, 그 처마 아래에 서 있거나 앉아 있는 마을 주민들의 시선을 받으며 우리는 텅 빈 거리를 돌아다녔다. "이 사람들 중 많은 이들이 예수를 따르고 있어요."

선 선생은 교회 1층에 있는 가게 두 곳 중 한 곳으로 나를 데리고 들어가 전화를 걸었다. 그 가게는 지역 주민들을 위해 그의 지원으로 세워진 약국이었다. 몇 분 후에 오토바이가 쿨렁 하는 소리를 내며 우리 쪽으로 다가왔다. 태양빛에 검게 탄 젊은 운전수는 우리가 가져온 가방들을 모아 뒷좌석에 실었다. 우리는 그를 따라 윗마을로 올라갔다. 가운데 마을은 대부분 상점과 소규모 가게라고 선 선생은 설명했다. 주민들은 대개 윗마을이나 아랫마을에 살았고 마을 너머로는 농지가 이어져 있었다.

우리는 황톳길을 걸었다. 오래된 어느 담벼락에 색 바랜 붉은 페인트로 "모든 민족 집단을 평등하게 대한다"라는 글자가 덕지덕지 칠해져 있었다. 1930년대 국민당 군대에 쫓겨 달아나던 공산당 군대가 이 지역을 지나가면서 남긴 구호라고 했다. 마당으로 들어서자 나이 든 부부가 미소 띤 주름진 얼굴로 우리를 맞아주었다. 남자는 저하이 현에서 가장 존경받는 그리스도인 장로인 장잉롱Zhang Yingrong이었고 여자는 그의 아내 리귀지Li Guizhi였다.

장잉롱: 나는 1922년에 태어났습니다. 다섯 살 때 어머니가 돌아가셔서 정확한 날짜는 알지 못해요. 아버지는 기억을 못하시죠. 아버지는 교회 장로셨는데 평생을 주님께 헌신하셨습니다. 나는 어릴 적부터 그리스도인이었으나 그리스도인이 된다는 것이 무슨 의미인지 제대로 알

지 못했어요. 내가 성경을 읽은 것은 부모님이 원하셨기 때문이었죠. 그러던 중 열여섯 살이 되던 해에 두 명의 외국인 그리스도인이 우리 지역을 찾아와 복음을 전했습니다. 나는 예배에 참석했고, 친구들과 함께 3주에 걸쳐 성경공부 캠프에도 참석했습니다. 마음에 감동이 있었어요. 나는 과거에 지은 죄를 주님께 고백했고 기독교 신앙에 헌신했지요. 내가 다니던 살로우교회는, 그 지역 모든 민족 집단—한족, 이족, 리족, 간족, 다이족—의 학생들이 출석하던 성경학교를 나에게 추천해주었습니다. 나는 거기로 가서 삼 년간 성경을 배웠습니다.

랴오이우: 반세기 전에 작고한 두 선교사에 의해 세워진 남서 신학교가 있던 자리에 가보았습니다. 그 선교사들을 아나요?

장: 알다마다요. 호주에서 온 선교사였죠. 그때 그분은 오십 대였습니다. 중국 이름이 장얼창Zhang Erchang이었어요. 사모는 캐나다인이었는데 이름은 기억나지 않네요. 또 한 사람의 설립자는 영국인 정카이위안Zheng Kaiyuan 목사였습니다. 쓰촨 성에서 신학교를 운영했는데, 일본이 중국 북부를 침공하자 윈난 성으로 내려와 신학교 설립에 일조했습니다. 설립 후 몇 개월 후에 두 분은 신학교를 살로우로 이전했지요. 나는 성경학교를 졸업하고 그 신학교에 입학한 첫 번째 학생들 가운데 한 명이었습니다. 여름방학 동안 나는 선생님들 뒤를 따라다니며 전도하는 법을 배우곤 했지요.

우리 현은 외지고 낙후된 데다 민족적으로 다양한 곳이었습니다. 그때는 산길밖에 없어서 어디를 다니려면 말이나 나귀를 타거나 걸어서 가야 했어요. 쿤밍 시에 가려면 스무 날이 걸렸죠. 지금은 버스 타고 열 시간이면 갈 수 있는 길이지만 말이죠.

나는 졸업 후 윈난 성에 남고 싶었지만, 졸업하기 며칠 전 쓰촨 성 자오주어 현에 있는 한 목사로부터 신학교로 편지 한 통이 도착했습니다. 그는 런던에서 온 의사로 그 지역에 의과대학을 세울 계획을 품고 있었죠. 그는 표준 중국어밖에 할 줄 몰랐는데 그 현은 이족의 핵심 지역이었어요. 이족의 언어와 문화가 영국인 의사에게 상당한 도전이 되었던 겁니다.

신학교는 나와 또 다른 이족 학생 한 명을 그곳에 보냈어요. 우리는 통역 일을 하면서 이족 언어로 대화하는 법을 의사에게 가르쳐주었죠. 나는 1950년 성탄절에 고향으로 돌아왔습니다.

랴오: 당시 중국은 공산주의 치하였죠.

장: 1949년 성탄절 직전에 윈난 성은 공산당의 손에 넘어갔습니다. 하지만 자오주어 현은 아직 국민당이 쥐고 있었지요. 그리스도인으로서 나는 정치에 큰 관심을 기울이지 않았습니다. 누가 중국을 다스리든, 사람들은 복음의 인도를 받을 필요가 있다고 보았기 때문입니다. 1950년 말 공산당은 정권교체 문제에 매달리면서 종교 문제에 신경 쓸 여유가 없었어요. 토지개혁운동을 막 시행한 터였기에 지역의 비밀결사조직이나 지주들의 무장봉기를 처리하는 것이 당면 과제였습니다. 나는 서른 살이었고 결혼한 상태였습니다. 그런데 유감스럽게도, 우리 가족은 지주 계급으로 분류되고 만 거예요.

랴오: 가족이 부자였나요?

장: 부모님은 아들 다섯에 딸 둘을 두셨습니다. 나는 둘째였어요. 맏형은 국민당 정부 때 지사직을 맡아 현을 책임졌지만 땅을 많이 갖고 있지는 않았습니다. 신학생이었던 나는 내 이름으로 된 어떤 재산도 갖고 있지 않았고요.

랴오: 그런데 어떻게 지주 계급으로 분류된 거죠?

장: 몇 가지 이유가 있었습니다. 당시 우리 현에는 그리스도인이 많지 않았는데, 우리 가족은 대부분 부모님으로부터 신앙을 물려받은 그리스도인이었던 거죠. 우리 가족은 유독 눈에 띄었습니다. 둘째로, 신학교는 나를 자우주어 현으로 보냈는데, 그 지역은 국민당 군대가 통치하던 곳이었습니다. 공산당은 내가 외국 제국주의자들을 위한 비밀 임무를 띠고 돌아온 것은 아닌지 의심했지요. 셋째, 큰형의 과거에 가족 전체가 연루되었습니다.

랴오: 그 후에는 무슨 일이 벌어졌나요?

장: 토지개혁운동이 시작되었을 때 나는 신학교에서 생활하고 있었습니다. 그런데 가족이 지주 계급으로 분류되자, 마을로 끌려와 이삼십 명의 "지주들"과 한곳에 감금되었습니다. 애초에 지역 공산당의 임무는 땅과 그 밖의 재산을 몰수해서 재분배하는 것이었습니다. 그래서 그다지 폭력을 사용하지 않았어요. 부유한 집들은 대부분 나중에 정치운동이 끝나면 쓰려고 옷가지와 먹을거리를 땅에 묻어두었죠. 그러나 정치운동은 점점 더 과격해졌고, 묻어둔 음식과 옷이 발각된 지주들은 가혹한 처벌을 받았습니다. 그들은 나에게도 돈을 내놓으라 했으나 나는

가진 게 없다고 솔직히 말할 수밖에 없었습니다. 그들은 내게서 재산을 빼앗으려 했지만, 나는 내놓을 게 아무것도 없었습니다. 뒤지고 뒤지다 아무것도 찾지 못하자 그들은 이내 포학해졌습니다. 그들은 신학교로 가서 내 소지품을 가져왔지만 담요 한 장이 전부였습니다. 그때 나는 침대 시트조차 없었지요. 공산당 관리는 정말로 화가 났는지 내게 욕을 끝없이 퍼부어댔습니다. 어떻게 지주 계급이 이렇게 가난할 수 있냐며 말이죠. 그들은 내 말을 믿지 않았고, 나로 하여금 3일 밤낮을 바닥에 무릎을 꿇고 있게 했습니다. 민병대원들은 큰 막대기를 들고 감시하다가 내가 잠들면 그때마다 나를 때렸지요.

랴오: 감옥 안에서 있었던 일인가요?

장: 아뇨, 감옥 밖에서 있었던 일입니다. 그들은 기와와 벽돌을 조각내서 내 무릎 아래에 깔아두었어요. 밤낮 쉴 새 없이 비가 쏟아졌죠. 나는 비에 흠뻑 젖어 몸서리를 쳤어요. 웅덩이 안에서 무릎 꿇고 있던 터라 빗물이 허벅지까지 차올랐고요. 그래서 눈을 감고 기도했습니다.

마당에는 나 혼자만 있는 게 아니었어요. 나처럼 무릎 꿇고 있는 사람이 열 명은 넘어 보였습니다. 그들은 우리에게 "죄"를 자백하라고 강요했습니다. 나는 쓰촨 성에서 한 일과 거기서 돌아온 이유를 털어놓아야 했습니다. 거기서 국민당 군대와 접촉을 시도했는가? 나에 대한 정부의 판결이 뒤집힌 1970년대 말까지, 나는 수백 번 거듭해서 자술서를 써야 했습니다.

(피곤해서인지, 더 이상 자기 이야기를 하고 싶지 않아서인지 장잉롱은 여기서

말을 멈췄다. 그러자 그의 아내가 말을 이었다.)

리귀지: 남편이 잡혀간 뒤로 나는 살로우에 있는 부모님 집에서 지냈어요. 친정집 소유의 땅이 없었고 부모님은 국민당 정부나 교회와 아무 관련이 없었기 때문에 별다른 영향을 받지 않았죠. 혁명대중 계급으로 분류되었고요. 그때 내가 할 수 있는 일은 온종일 우는 것뿐이었어요. 하루는 어떤 사람이 와서 남편이 죽어가고 있다고 말해주었어요. 나는 절박한 마음에 45킬로미터 떨어진 저하이 현까지 달려갔어요. 남편이 빗속에서 무릎 꿇고 앉아 있는 게 보였어요. 귀신 같더군요. 남편 앞에 웅크리고 앉았지만 남편은 나를 알아보지 못하는 거예요. 이미 죽은 것은 아닌지 무서웠어요. 내가 두어 번 이름을 부른 뒤에야 남편이 반응을 보였죠. 나는 가져간 삶은 감자를 꺼내어 남편에게 먹였어요. 민병대원 하나가 우리를 향해 다가오며 고함을 질렀어요. 하지만 나는 무시하고 계속해서 남편에게 감자를 먹였어요. 대원은 들고 있던 막대기로 우리를 때리더군요. 감자가 땅바닥으로 떨어졌어요. 남편은 사흘 밤낮으로 아무것도 먹지 못한 채 그곳에 무릎 꿇고 앉아 있었던 거예요. 그 지옥 같은 곳에서 내가 할 수 있는 일이 아무것도 없었어요. 그들은 나를 쫓아냈어요. 집에 도착해보니, 빈농조합 회원들이 우리 집을 지키고 있었어요. 나는 가택 연금을 당했습니다.

정치운동의 막바지에 남편은 기어서 집으로 돌아왔어요. 남편이 돌아온 날 밤, 나는 잠을 이루지 못하고 있었는데, 새벽이 다 되었을 때 밖에서 이상한 긁는 소리 같은 게 들렸습니다. 문을 열어 보니, 한 사내가 진흙 범벅으로 내 발 앞에 쓰러져 있는데 그의 손이 나의 다리에 닿

있어요. 남편이었죠. 남편은 신음소리조차 낼 힘이 없었어요. 나는 남편을 끌고 안으로 들어와 이불을 덮어주었습니다. 몇 시간 후에 지역 민병대원들이 찾아왔어요. 그들은 남편을 공개비판집회에 데려가려고 했어요. 남편이 움직일 수 없다는 것을 알고는 널빤지를 구해오더니 거기에 남편을 싣고 데려가 단 위에 세우고 강제로 눈을 뜨고 있게 했습니다.

장: 집회장에는 3-4천 명 정도 사람들이 모여 있었습니다. 나는 꼼짝할 수 없었어요. 단 위에는 나 말고도 열 명이 더 있었는데, 모두 밧줄에 묶여 있었습니다. 내 옆에는 큰형이 있었는데, 민병대원 두 명이 뒤에서 형의 팔을 붙잡고 허리를 90도로 숙이게 했습니다. 나는 널빤지에 누워서 하늘을 쳐다보았습니다. 비는 이미 그쳐 있었습니다. 요란한 함성 사이로 가까이서 강물 흐르는 소리가 들렸습니다. 하늘 곳곳에 흩어진 구름 사이로 드러난 하늘은 맑고 푸르렀습니다. 그때 생각했습니다. '오랫동안 같은 하늘 아래서, 같은 마을에서 사이좋게 살아온 사람들이 왜 이러는 것인가? 왜 이토록 서로 미워하고 괴롭히는가? 공산주의 혁명이란 이런 것인가?' "계급의 적들"은 모두 사람들에게 얻어맞아 얼굴이 붓고 흉터투성이가 되어 있었습니다. 하지만 구타가 사람들의 갈증을 가라앉히지는 못했습니다. 그러자 그들은 사람을 죽이기 시작했습니다. 집회 후, 내 남동생을 포함하여 구체제에 복무했던 관리들은 모두 처형되었습니다. 그들의 자녀들은 10년 혹은 20년의 징역형을 선고받았고, 그들 중 일부는 감옥에서 실성하거나 죽기도 했습니다.

나는 정치에 일절 관여하지 않았습니다. 누군가를 착취해본 적도 없었습니다. 그래서 그들은 내 목숨을 살려두었습니다. 고문은 나를 장애인으로 만들었습니다. 나는 혁명대중의 감시 하에 노동을 하라는 명령을 받았습니다. 물론 설교도 금지되었습니다. 대약진운동이 한창 진행 중이던 1958년, 나는 강제노동수용소로 이송되었습니다. 그즈음 우리 공동체는 댐을 짓고 있었습니다. 내가 맡은 일은 땅파기였습니다. 그 일 후에는 다른 재교육조에 배정되어 10개월간 석탄 연소장에서 일했습니다. 우리 조는 50명 정도였는데, 그중 3분의 1이 먹을 것이 부족하여 한 달이 못 되어 병에 걸렸습니다. 우리는 매일 배식으로 나오는 묽은 쌀죽만 먹었기에 기력이 딸려 중노동을 감당할 수 없었습니다. 우선, 나는 강한 사람이 아니었습니다.

1959년 여름, 그해는 전국이 기아에 시달렸습니다. 우리는 무엇이든 먹었습니다. 나무껍질, 풀, 이파리 등 짐승들조차 건드리지 않는 것을 우리는 먹었습니다. 많은 사람이 식중독으로 죽었습니다. 하루는 우리 조에 속한 세 사람이 길가에 쓰러져 죽었습니다. 지나가던 사람들이 죽은 자들의 옷을 벗겨 가져갔습니다. 죽은 자들은 아직 배가 고프다는 듯 입을 벌리고 혀를 내밀고 있었습니다. 우리는 사람들이 시신을 파내지 못하도록 깊이 묻어야 했습니다. 사람들이 죽기 살기로 먹을 것을 찾아다닐 때였으니까요.

(장은 잠시 말을 멈추고 쉬었다.)

리귀지: 남편은 큰딸아이가 태어난 지 겨우 3개월이 되었을 때 강제노동수용소로 끌려갔어요. 아이는 먹을 것을 달라고 하루 종일 칭얼댔죠.

그로부터 8개월 후에 아이가 죽었어요. 아이를 잃고 힘들 때 사촌이 소식을 가져왔어요. "남편이 굶어 죽겠어요. 가서 살려야 해요." 남편이 죽으면 나도 죽을 것 같았어요. 그래서 다음날 아침, 동트기도 전에 나는 촌장 집 문 앞에 가서 기다렸어요. 촌장이 일어나자 나는 안으로 들어가 무릎 꿇고 간청했어요. 남편에게 가져갈 먹을거리를 만들 수 있도록 곡식을 꾸어달라고 말이죠. 촌장은 곡식 5킬로그램과 수용소에 다녀오는 데 필요한 차비로 3위안을 주었어요.

사방에 시체가 널브러져 있었어요. 한 순간 가마 앞에 사람이 서 있는 것을 봤는데 잠시 후 돌아보면 바닥에 쓰러져 죽어 있는 거였어요. 공동숙소에 남편은 없었어요. 그래서 가져간 음식을 거기 있는 다른 사람에게 조금 나눠주고 남편을 찾게 도와달라고 했어요. 썩은 건초더미 사이에서 웅크리고 앉아 있는 남편을 찾았어요. 이름을 부르고 몸을 흔들자 겨우 눈을 뜨더군요. 남편은 게걸스럽게 음식을 먹더니 자기 발로 일어설 만큼 힘이 났나 봐요. 헤어지기 전에 남편은 남은 음식을 은밀한 곳에 숨겨두었어요.

1959년 가을, 수용소가 폐쇄되고 남편이 집으로 돌아왔어요. 집에 오자마자 남편은 마비 증세를 보였어요. 류머티즘이 생겼고요. 세 달 동안 꼼짝을 할 수가 없었죠. 밭일을 못 나가니 식량배급이 줄고 병은 더 심해졌어요. 나는 한 번 더 촌장을 찾아가 곡식을 꾸어달라고 간청했어요. 촌장은 마을 관리들과 그 문제를 상의했고 결국 밀을 꾸어주었어요. 나는 밀과 나물을 섞어 죽을 쑤어서 매일 남편에게 먹였어요. 하루하루가 힘겨운 투쟁이었어요.

하루는 우리 집 앞을 지나가던 한의사가 남편의 병에 대해 들었어요. 그는 나한테 뒤뜰에 구덩이를 파고 마른 뽕나무 잎을 가득 채워넣으라고 했어요. 그 후에 그는 잎에 불을 붙여 태우고 나서 그 재 위에 남편을 앉혔어요. 꼬박 하루 종일, 해가 떠서 질 때까지 남편의 온몸은 연기로 그슬렸어요. 몸에 있던 습한 기운이 조금씩 빠져나갔어요. 다음날에는 구덩이에 마른 솔잎을 채우고 전날과 똑같이 했어요. 어떻게 되었는지 알아요? 그 처방이 실제로 효과가 있었어요. 남편은 곧 자리에서 일어설 수 있게 되었어요. 2-3분 정도밖에 버티지 못했지만 말이죠. 그 후에 한 친구가 '왠난 분가루'를 줬는데, 그게 류머티즘에 효과가 있었어요. 당시에는 무척 구하기 힘든 물건이었어요. 감사하게도, 약을 다 먹고 나서 남편은 차츰 회복되었어요. 남편은 지금도 힘든 밭일은 못하지만 활동하는 데는 아무런 지장이 없어요.

장: 또한 나는 생존법을 배웠습니다. 그들이 공개비판집회에 나오라고 하면 나는 항상 정시에 집회 장소에 갔습니다. 그들이 강제로 하게 하기 전에 내 알아서 허리를 숙였습니다. 나는 "4대악 근절" 운동과 "사회주의 교육" 운동을 거치면서도 살아남았습니다. 가장 끔찍했던 운동은 문화대혁명이었습니다. 나는 이빨이 하나밖에 없어요. 홍위병들에게 맞아서 이빨을 모두 잃은 겁니다.

랴오: 문화대혁명 후에는 무슨 일이 있었나요?

장: 1982년까지는 공개적으로 예배하지 못했습니다. 예배하다가 잡히면 예외 없이 공개비판집회에 나가야 했습니다. 그럼에도 기독교는 은밀히 여러 마을로 퍼져나갔습니다. 지난 2-3년 사이에는 정부 정책이 완화되었고 부흥도 있었습니다. 마을마다 사람들이 하나님께 모여들었

습니다. 과거에 사람들은 공산주의의 열렬한 신봉자였으나 이제는 공산주의를 그렇게 믿는 사람은 어디에도 없습니다. 공산당원들 중에도 하나님을 예배하고 죄를 고백하는 사람들이 있습니다. 교회를 수리하는 데 쓰라며 돈을 기부한 이들이 있을 정도입니다. 과거에 나는 온갖 어려운 일을 겪어보았습니다. 절망에 빠질 때마다 기도하면서 주님의 인도를 구했습니다. 고통의 50년 인생을 살아왔습니다.

살아오면서 네 번의 시험을 거쳤습니다. 첫 번째 시험은 여덟 살 때 찾아왔습니다. 화창한 가을날이었는데 나는 염소를 치다가 잠이 들었습니다. 눈을 떠보니 염소가 모두 도망치고 없었습니다. 아버지한테 혼날 생각에 울먹였는데, 그 소리를 듣고 늑대 두 마리가 와서 내 뒤에서 나를 잡아먹으려고 했습니다. 나는 등 뒤에 늑대가 있는 줄도 모르고 계속해서 울기만 했습니다. 늑대는 사납지만 의심 많은 동물이에요. 내가 멈추지 않고 우니까 늑대들은 혼란스러웠는지 그 자리에 가만히 서 있었습니다. 그때 아버지가 왔습니다. 아버지는 늑대를 처리할 줄 아는 분이셨어요. 아버지가 양 손을 말아 입에 대고 큰소리로 외치자 목양견들이 짖어대기 시작했죠. 늑대들은 겁을 먹고 달아나버렸지요. 그날 밤, 우리는 잃어버린 염소 네 마리를 모두 찾았습니다. 사람들은 나의 이야기를 듣고 하나같이 하나님께서 나를 보호해주셨다고 생각했습니다.

열일곱 살 때 천연두에 걸렸는데 병에 걸린 줄도 몰랐습니다. 하루는 집으로 돌아오는데 몸에서 열이 올랐죠. 땀구멍으로 콩이 싹을 틔우며 나오는 것 같았습니다. 나는 근처에 있는 냇가로 기어가 물을 마셨습니다. 그러고 나서 곧 정신을 잃었죠. 나중에 정신이 들고 보니, 얼굴과 온몸에 빨간 점이 벌레처럼 나 있었습니다. 이어지는 하루 반나절 동안 나는 정신이 오락가락했습니다. 그러고 있을 때 개가 나를 발견해 짖기 시작했고, 그 소리를 이상하게 여긴 지나가던 사람이 나를 등에 업고 의사에게 데려다주었습니다. 의사가 내 생명을 구해주었습니다. 하나님께서 나와 함께하지 않으셨다면, 개가 나를 찾는 일도 없었을 겁니다.

그 후에 이어진 토지개혁운동 기간 동안은 잔혹한 폭행을 당하고도 살아남았고, 류머티즘도 나았습니다. 1959년, 강제노동수용소에서 죽어가고 있을 때에 아내가 나의 생명을 구해주었죠.

랴오: 좋은 아내를 두셨군요.

장: 시집올 때 아내는 겨우 열일곱 살의 어여쁜 소녀였습니다. 아내는 가난한 집에서 자랐습니다. 그 시절에 아내는 원하는 남자를 고를 수 있었죠. 나는 동생과 함께 어느 마을에 전도하러 갔다가 거기서 아내를 보았습니다. 나는 중매쟁이에게 우리를 연결해달라고 부탁했습니다. 다행히, 아내가 응낙했죠. 나 때문에 아내가 고생을 너무 많이 했습니다. 이제 나는 꽤 건강한데, 아내는 7년 넘게 류머티즘과 암으로 고생하고 있습니다. 완치될 희망은 없죠. 아내의 고통을 해결해줄 수 없고 고통을 나눠 가질 수도 없지만, 아내가 하나님의 사랑에서 위로를 받기 원합니다. 아내가 없다면, 나는 진즉에 죽었을 겁니다. 아내 몸이 계속해서 약해지고 있어요. 나도 계속해서 나이가 들고요. 아내의 고통을 나눠 질 수 없습니다. 이게 아마 우리 부부의 인생에 놓인 마지막 장애물일 겁니다.

후기

장잉롱 장로는 2007년 대보름에 자기 집에서 조용히 숨을 거두었다. 향년 89세였다.

그들이 형에게 하나님을 믿는 것은 미신일 뿐 아니라

반혁명적이라고 말하라고 명령했습니다.

그러나 형은 믿음을 버리지 않았습니다.

오히려 형은 눈을 감고 계속해서 기도를 드렸습니다.

그들은 형의 손과 발을 묶어 여러 날 동안

나무에 매달아두었습니다.

그들이 매달아둔 줄을 끊었을 때에도 형은 다시 무릎을 꿇고

주님께서 저들의 고문을 용서해주시기를 간구했습니다.

11장

인민이 광기에 휩싸일 때

- 이족 목사 -

마오 시절의 모임을 생각나게 하는 장면이었다. 그 시절에 쓰촨 성 시골 마을에 있는 우리 코뮌 구성원들은 매일 밤마다 마당 있는 집에 모여 가스등 주위에 둘러 앉아 정치학습모임을 가졌고, 지주와 반혁명주의자들을 공개적으로 규탄했고, 연말결산 보고를 들었고, 식량배급 문제로 말다툼을 벌이곤 했다. 낮 시간 내내 이어진 노동으로 다들 피곤했던 터라 꾸벅꾸벅 조는 이들이 많았다.

그런데 이 모임은 달랐다. 시작부터 모두가 깨어 있었고 초롱초롱하고 진지했으며 열정적이기까지 했다. 안내인으로 고용한 그 지역 운전사가 말해준 바에 따르면, 내가 참석할 성찬식에는 반경 200킬로미터 안에 있는 여러 마을의 교회 지도자들이 참석한다고 했다. 이 특별 예배는 한 달에 한 번씩 마을을 돌아가며 열렸고, 참석한 목회자와 장로들은 예배 후에 자신이 속한 회중에게 돌아가 성찬식을 거행한다는 것이었다.

여러 마을에서 참석하는 예배를 주최하는 것은 엄청난 영예라고 운전사는 말했다. 사잉판Sayingpan 지역에는 마을이 무척 많기 때문에 이 기회를 얻기 위해 많은 마을이 경쟁해야 한다. 차례가 되어 예배를 주최하게 된 마을 사람들은 예배를 마을의 중요한 잔치로 만든다. 나는 예배당 안에서 예배를 드리지 않는 이유가 궁금해졌다. "오는 길에 보니까 흰색 교회당이 몇 채 보이던데요." 나는 이렇게 운을 뗐다.

"예배는 보통 각 가정에서 드려요." 운전사가 말했다. "집주인은 돼지와 닭을 잡고 예배에 참석할 형제자매들을 위한 연회를 준비합니다." 음식은 다음날 새벽 기도회 후에 도착한다. 오늘 밤 예배는 그보다 격식을 차린 예배일 터였다.

사람들이 자리에 앉기 시작했다. 집 앞에 세워진 임시 무대에서 멀리 떨어진 구석에 자리 하나가 보였다. 간신히 자리를 잡고 앉자 세 사람이 내 앞으로 다가와 손을 내밀었다. 한 사람의 손에는 찻잔이, 다른 두 사람의 손에는 사탕과 말린 수박씨가 수북이 담긴 그릇이 들려 있었다. 나는 잠시 주저하다가 감사하며 그것들을 받았다.

사람들이 점점 늘어났다. 서로 무릎이 닿았고 담배 냄새와 마늘 냄새가 공기 중에 짙게 풍겼다. 머리 위로 맑게 갠 하늘에서는 초승달과 별들이 반짝였다. 예배가 시작된 게 분명한데, 나는 이족 사람들의 말을 알아듣지 못했고, 내 앞에 빽빽하게 들어찬 사람들 때문에 앞에서 말하고 있는 사람조차 볼 수 없었다. 한족은 나 혼자뿐인 것 같았다. 나를 뺀 나머지 사람들은 모두 이족, 그러니까 중국 내에 8백만 명이 살고 있는 작지만 뚜렷한 특징을 가진 민족 집단이었다. 나는 그들의 풍습이 낯설었다. 내 조국의 한 귀퉁이지만 차라리 아프리카의 가장 깊은 곳이 더 편할 것 같았다. 하지만 혼자였을지 모르나 무척 안전하다는 느낌을 받았다. 무대에서 들려오는 목소리는 중간에 쉬는 시간 없이 한 시간 반 동안 이어졌다. 아무도 방해하는 사람이 없었다. 성가도 노래도 없었다.

플래시를 터뜨려 무대 위에 있는 목사를 촬영하고 겸연쩍었던 나는 조용히 마당에서 빠져나오다가 운전사와 맞닥뜨렸다. 그는 내게 무대에서 하는 이야기가 무슨 말인지 설명하려다가 돌연 말을 끊더니 내 팔을 붙잡고 때마침 공공 화장실에서 나온 백발의 남자에게로 데려갔다. "이분이 장마오언Zhang Mao-en 목사님입니다…." 운전사는 말했다. "선생님이 인터뷰하고 싶어하신 분 말이에요." 장 목사는 사잉판 지역의 선임 목회자였다. 그날 예배를 인도한 사람이 바로 장 목사였다.

우리는 짧게 인사를 나누었다. 나는 인터뷰에 대한 나의 입장을 역설했으나, 인터뷰는 바로 성사되지 못했다. 그는 내가 중국의 그리스도인들에 대한 책을 집필하고 있다는 데에 관심을 보였다. "내가 할 수 있는 일을 찾아보겠습니다. 시간이 좀 걸릴지도 몰라요. 괜찮겠어요?"

나는 고개를 끄덕였다. "그럼요. 기다리겠습니다."

"여기 있지 않아도 됩니다." 그가 말했다. "긴 하루를 보내셨잖아요. 오늘 밤은 우리 집에 가서 자고, 아침에 얘기하지요. 여섯 시 어때요? 당신의 운전사가 우리 집을 알고 있습니다."

나는 장 목사의 제안을 따랐다. 그의 집에 도착하니 새벽 두 시가 다 되어 있었다. 장 목사의 아내가 나무 대야에 뜨거운 물을 담아주어서 우리는 대야에 발을 담갔다. 우리가 씻고 나자 그녀는 기름 램프를 들고 2층 침실로 안내해주었다. 나는 피곤해서 옷을 입은 채로 딱딱한 침대 위로 쓰러져 곧장 잠이 들었다. 개 짖는 소리에 눈을 떠보니 아침이었다.

장 목사는 집에 없었다. 우리는 어제 왔던 길을 되돌아가다가 한 농부의 집에서 그를 만났다. 그는 동굴처럼 어두운 부엌 부뚜막 옆에 비서와 함께 서 있었다. 그는 지난밤을 꼬박 새운 터였다. 두 사람은 성찬식을 거행할 때 사용할 동전 모양의 둥글고 얇은 과자를 담은 상자와 적포도주가 담긴 병들을 준비하고 있었다.

우리는 부뚜막 옆에 앉았다. 이 교회의 신참인 비서는 재투성이인 방으로 들어갔고, 장 목사는 몇 분 동안 눈을 감고 있더니 내 질문에 답할 준비가 되었다고 했다. 2006년 8월 6일, 이른 아침이었다.

랴오이우: 언제부터 그리스도인이 되었습니까?
장마오언: 어머니의 뱃속에서부터였습니다.

랴오: 무슨 뜻이죠?
장: 우리 가족은 지난 92년간 그리스도인이었습니다. 큰형인 장룬언이 아직 살아 있다면 아흔두 살이 됩니다. 아버지는 큰형이 태어날 때 회심하셨고 형에게 세례를 주었어요. 우리는 윈난 성 초기 기독교 가정 중 하나였습니다. 부두 강普渡河 건너편의 이씨네도 일찍부터 믿었죠. 지난 세기 초에 부두 강을 사이에 두고 교역이 활발했는데, 전도자들은 상인들을 따라 말을 타고 더가로 복음을 가져왔고, 그 복음이 더가에서 성파, 저하이, 말루탕, 살로우 같은 산간 지역으로 퍼져 들어간 겁니다.

1920년대 초반에 그 지역들은 무척 가난했습니다. 교회가 들어오기 전에는 학교도 없었죠. 1937년에 일본이 중국을 침공하자 호주 선교사 한 명이 이 지역으로 피해 들어와 이곳에 신학교를 세웠습니다. 그의 영어 이름은 모르지만 중국 이름은 장얼창이었죠. 내가 태어난 1939년에는 그리스도인들이 이미 많이 있었습니다. 부모님과 그 형제들, 양가 조부모님들, 친가와 외가의 친척들, 가난하고 부유한 마을 주민들까지 그리스도인이었습니다. 나는 말을 배우자마자 간단한 찬송가를 외웠습니다. 부모님이 내게 준 첫 책은 성경이었어요. 외딴 이족 마을에서는 사람들 대부분이 글자를 읽을 줄 몰랐지만, 누구든 성경의 한 구절을 언급하기만 하면 마을 사람들은 그 구절 전체를 암송해 말할 수 있었습니다.

공산당이 들어오기 전까지는 우리 가족은 잘사는 편이었습니다. 아버지는 교회 장로였고, 장얼창 목사와 함께 설교를 하셨죠. 집에서는 가업을 이어서 일하셨어요. 아버지는 4대째 이어진 농군의 가정에서 자랐습니다. 그런데 아버지 때에는 곡물가가 크게 떨어져서 농사를 지어 돈을 벌기란 거의 불가능했습니다. 그래서 가족은 양과 말, 돼지, 오리를 키우기 시작했습니다. 또한 벌을 키웠어요. 값을 잘 받기 위해 우리 가족은 돼지와 오리를 배에 싣고 주룽과 주안룽 등지의 큰 시장에 내다 팔았습니다. 그 시절에는 트럭이 없었어요. 시장에 다녀오는 동안은 친척들이 오리와 돼지를 돌봐주었죠. 보통 열흘에서 열닷새 걸리는 길이었습니다. 또한 1년에 두 번 꿀을 거두어 짐꾼을 고용해 쿤밍 시까지 가져갔습니다. 우리 집에는 벌집이 쉰 개 있었어요. 손이 많이 가는 까다로운 일이었지만 꽤 남는 장사였습니다.

그렇게 번 돈으로 아버지는 교회에 필요한 먹을거리와 물품을 헌물할 수 있었습니다. 머지않아 가업과 전도는 아버지의 진을 빼놓는 벅찬 일이 되고 말았습니다. 내가 네 살 때에 아버지가 돌아가시자 삼촌이 아버지의 일을 이어받았습니다.

1940년대 초는 기독교의 황금기였습니다. 살로우에는 우리의 본교회가 있었습니다. 목사가 열두 명이나 있었죠. 셩파, 푸후, 저하이, 말루탕, 다송슈, 자오 시, 자오핑에 지교회가 있었습니다. 더가의 지교회는 살로우의 본교회 다음으로 두 번째로 큰 교회였어요. 삼촌은 우리 동네의 지교회에서 장로가 되었죠. 1949년 공산당이 이 지역을 점령할 때까지 삼촌은 그 자리를 지켰습니다. 그 후로는 모든 종교활동이 금지되었습니다.

큰형과 나는 띠 동갑으로 토끼해에 태어났는데, 형이 나보다 스물네 살이 많습니다. 스무 살에 형은 푸후에 사는 여인과 결혼해서 처가에 들어가 살았습니다. 사돈어른은 푸후 교회의 장로였고 우리 형의 도움이 필요했죠. 형은 지역의 기독고등학교를 졸업했어요. 똑똑하고 섬세한 사람이었죠. 형은 하나님의 세계에서도 잘했지만 인간의 세계에서도 두각을 드러냈습니다. 나중에 푸후 현의 지사가 되었고 징병 업무를 책임졌습니다. 형은 지방정부에서의 지위를 활용하여 복음 전파에 호의적인 환경을 만들려고 했습니다. 교회가 살로우에 남서 신학교를 세울 때 형은 정부직을 사임하고 신학교의 담당했습니다. 교사를 일일이 직접 뽑았고 지역의 인재를 발굴하고 선발하는 데에도 관여했습니다. 설교자들을 지원하기 위해 매년 100킬로그램이 넘는 곡식을 헌납했습니다. 외국인 선교사들 모두가 형을 좋아했지요.

형은 사회 문제에도 헌신적이었습니다. 역사적으로 이 지역은 아편 중독으로 악명이 높은 곳이었습니다. 아편은 부자와 가난한 자를 가리지 않았어요. 무엇보다, 수많은 이족 사람들이 도박에도 빠져 있었죠. 그 두 가지 사회악이 다른 수많은 사회 혼란을 가져왔습니다. 강도가 되거나 삼합회三合會(반청 운동에 앞장선 비밀결사조직이었으나 20세기 이후 물품 강탈을 일삼는 범죄 집단으로 전락했다―옮긴이 주)에 빠지는 사람들의 수가 걷잡을 수 없을 정도였습니다. 권력을 쥔 모든 정부가 그로 인해 골머리를 앓았습니다. 형은 기독교 신앙이 사람들의 도덕의식을 함양할 수 있다고 굳게 믿었습니다. 아편과 도박 중독을 박차고 나오는 데 신앙이 도움을 줄 거라고 보았습니다. 그래서 사회 병폐를 일소하는 방법으로 신앙을 적극적으로 홍보했습니다.

랴오: 장래가 유망한 분이었군요.
장: 안타깝게도, 형은 서른여섯의 나이에 세상을 떠났습니다.

랴오: 무슨 병이 있었나요?
장: 아뇨. 1951년에 처형되었습니다. 그때 나는 열두 살이었지요. 형의 죽음은 우리 가족에게 쓰라린 기억을 남겼습니다. 하지만 형은 명예롭게 이 세상을 떠났습니다.

랴오: 무슨 일이 있었던 거죠?
장: 토지개혁운동이 시작되었을 때 우리 가족은 주요 표적이 되었습니다. 형네 가족은 지주 계급으로 분류되었습니다. 형과 교회 장로였던 사돈 어른은 현의 감옥에 투옥되었습니다. 두 사람은 고문을 당했어요. 형은

패배한 국민당 정부 시절에 정부에 복무한 적이 있지만 경력은 깨끗했습니다. 형은 이곳 지역 주민들의 사랑을 많이 받았죠. 새로 정권을 쥔 공산당 정부가 여러 마을에 작업반을 보내 형과 의절하도록 마을 사람들을 동원하려 했을 때에도 나서서 그렇게 하려고 한 사람이 없었던 것도 그런 이유 때문이었습니다. 1950년대가 되자 삼합회 회원과 악한 지주들을 처형하고 제거하려는 압력이 거세졌습니다. 형은 처음에는 화를 면할 수 있었습니다. 그러나 정부는 형을 가만두려 하지 않았습니다. 1951년에 정부는 형을 루취안 현의 감옥에 집어넣었고, 정부의 압력을 받은 마을 관리들이, 그들은 전에 가난한 부랑자들이었는데, 형에게 "빚을 갚기로" 한 것입니다.

면회가 허락되지 않아 우리는 형을 볼 수 없었습니다. 우리는 어떻게 해야 형을 지킬 수 있는지 몰랐습니다. 나중에 알게 된 사실이지만, 사실 그들은 형을 고발하면서 형이 무슨 죄를 지었는지조차 제시하지 않았습니다. 그들은 오랫동안 형을 감금해둔 타당한 이유를 제시해야만 했습니다. 들은 바로는, 촌장이 고발장을 꾸며 작성한 고발장을 작업반장이 읽다가 세부사항에 대해 촌장에게 물으니 촌장은 할 말이 없었고, 그러자 체면을 잃었다고 생각한 촌장은 작업반장에게 고함을 질렀다고 합니다. 마을의 다른 관리는 충분한 증거가 없으니 사형은 시키지 말자고 했으나, 지방 관리는 형을 살려주었다가는 나쁜 선례로 남아 혁명대중의 열정에 찬물을 끼얹는 결과를 낳을까 걱정했습니다. 그 시절, 마을 지도자가 되려고 하는 자에게 필요한 자질은 공개비판 집회에서 크게 고함을 지르며 "계급의 적들"에게 무자비하게 구는 거였습니다.

당신은 젊어서 그게 어떤 건지 잘 모를 겁니다. 우리는 짐승보다 못한 대접을 받았습니다. 사람들은 기분 내킬 때마다 우리를 괴롭혔어요. 운동이 절정에 달했던 시기에 정부의 작업반은 증오심을 부추겼습니다. 사람 좋고 정 많던 농부마저 우리에게 주먹을 휘두르고 뺨을 때리고 발길질을 해댔습니다. 운동이 막바지로 가면서는 혁명 농민들이 지주를 죽이는 데 이유가 필요하지 않았습니다. 사람들은 공개비판집회에서 감정에 사로잡혀 누구든 끌고 와 현장에서 총살하기도 했습니다. 탕, 탕, 그러면 한 사람이 영원히 사라졌습니다. 아무도 이 무자비한 행태에 의문을 제기하거나 책임지지 않았습니다. 작업반원들은 대개 도시에서 파견되어 나왔습니다. 그들은 지역 단위에서 무슨 일이 진행되고 있는지 전혀 모르고 있었습니다. 마오 주석은 관리들은 인민의 목소리에 귀를 기울여야 한다고 말한 적이 있습니다. 그러니 작업반원들은 인민의 목소리를 무시할 수 없었습니다. 일단 공산주의 이데올로기와 마오의 정치 선전에 세뇌되고 나면, 인민의 사고는 혼돈 상태가 되고 인간성을 완전히 잃어버리고 말았습니다. 혼돈 상태가 최고조에 달하면, 작업반조차도 그 열광을 제어할 수 없었죠.

설명해볼게요. 당시 이 지역에서 아편이나 도박에 중독되지 않은 사람을 찾기란 하늘의 별 따기였어요. 하나님을 영접한 사람이라야 그런 습관을 버릴 힘을 갖고 있었죠. 내가 어릴 적 기억이 지금도 나는데, 이 지역 사람들은 작물을 재배하지 않았어요. 그 대신 양귀비를 키웠습니다. 어린 우리들은 양귀비 밭을 뛰어다니며 나비를 잡았어요. 아편뿐 아니라 사람들은 도박에도 빠져 있었습니다. 이건 무척 이상한 현상이었어요. 하루아침에 재산이 왔다갔다 했으니까요. 오후에 부유한 지주이던 사람이 밤에는 도박으로 재산을 몽땅 날려 부랑자가 되었어요. 땅도, 집도, 심지어 아내마저도 날렸죠.

공산주의자들이 와서는 아편과 도박을 금지하고 기독교도 금했습니다. 밭에서 일하는 것 말고는 저녁 시간에는 사람들이 달리 할 일이 없었죠. 그러자 정치운동이 오락의 형태로 바뀌었습니다. 사람들은 남는 에너지를 사람들을 때리고 죽이고 재산을 몰수하는 데 쏟았습니다. 잠잘 곳조차 없던 아편 중독자와 도박꾼들이 어느 날 갑자기 충성스런 혁명의 협력자가 되었던 거죠. 그들은 빚을 갚지 않아도 되었습니다. 놀음하는 습관, 아편 중독, 가난, 아편 할 돈을 구하기 위해 아내와 자식들을 저당 잡는 악습, 무주택 등 모든 문제의 원인이 가난한 혁명 농민을 착취한 지주들의 잘못에 있었기 때문입니다.

가난은 훈장이 되었고, 가난한 집 자녀들이 참 프롤레타리아의 후예가 되었습니다. 그들은 자신이 어느 누구보다 우월하다 생각했으며 잘 먹고 잘 입었습니다. 심지어 공개비판집회에서 사람을 죽이고도 책임질 필요가 없었습니다. 아편을 하거나 도박을 하는 것보다 그게 더 재미있었던 거죠.

랴오: 마오 시절에는 인민이 나라의 참 주인이라는 말이 있었죠.
장: 공산당의 정책이 뜻은 좋을지 모르나 그 정책을 시행한 인민은 자기 마음대로, 그리고 자기 방식대로 그것을 해석해버렸습니다. 무작위로 죽이는 것이 자유가 되었죠. 나의 형은 자신이 살아남기 어렵다는 것을 알고 있었습니다.

랴오: 형이 살해될 때 당신도 그 자리에 있었습니까?

장: 형이 투옥된 뒤로는 아무도, 형수나 조카들조차 형의 소재를 듣지 못했습니다. 형 집행을 앞둔 이틀 전에야 비로소 우리 가족은 형이 루취안 현 감옥에서 사잉판으로 이감될 것이며, 거기서 비판집회를 하고 그 후에는 성파 읍으로 옮겨 한 번 더 집회를 할 거라는 소식을 들었습니다. 그 후에 형은 푸후로 다시 옮겨져 형 집행을 받게 될 터였습니다. 마지막으로 형을 보기 위해 우리는 자정에 일어나 20킬로미터를 걸어가 사잉판과 성파 중간 지점에 있는 길가에서 기다려야 했습니다. 그래서 그렇게 했습니다. 어머니가 그 길을 떠나기 전날, 우리 가족은 다같이 모여서 울었습니다. 이웃들이 듣지 못하도록 목소리를 죽여 울어야 했습니다. 어머니는 닭 한 마리를 잡아서 쌀을 넣어 닭죽을 끓였고, 둘째형과 큰누나를 데리고 집을 나섰습니다. 어머니는 내가 함께 가는 것을 허락하지 않았는데, 내게 상처가 될까 걱정하셨어요. 나는 그때 열세 살이었거든요. 어머니와 형과 누나는 다음날 저녁에 돌아왔습니다. 나는 큰형이 닭을 먹었는지 물어보았습니다. 어머니는 고개를 끄덕였는데 눈이 벌겋게 충혈되어 있었습니다. 이후로 여러 해에 걸쳐 어머니는 마지막으로 큰아들을 만난 이야기를 나에게 해주었습니다.

어머니와 형과 누나는 지정된 장소에서 약 세 시간을 기다렸습니다. 마침내 형을 태운 트럭이 멈췄고, 형이 차에서 내렸습니다. 어머니는 형이 마지막 식사를 하도록 족쇄를 벗겨달라고 군인들에게 사정했고, 군인들은 청을 들어주었습니다. 형은 닭고기와 죽을 먹었습니다. 다 먹고 나서 형은 어머니에게 이렇게 속삭였습니다. "저는 곧 떠나요. 하지만 슬퍼하지 마세요. 저는 죽음이 두렵지 않아요. 감옥에 갇혀 있는 동안, 작은 성경을 가지고 있었는데 몰래 가지고 들어갔던 거예요. 감옥에서도 마음속으로 쉬지 않고 기도했어요. 제가 죽음을 피할 수 없다는 것을 알아요. 이 지역의 사람들은 제가 누구인지도 알지 못하면서도 여러 가지 혐의를 들어 저를 고소했어요. 저는 죄가 없고 저들의 고발은 거짓이에요. 저는 죄를 인정하지 않을 거예요. 하지만 살려달라고 애원하지도 않을 거예요. 부질없다는 걸 알아요. 저들은 나를 다시 푸후로 보낼 테고 거기서 저를 처형하겠죠. 푸후로 돌아가게 돼서 기뻐요. 저는 성경을 가지고 있어요. 제가 일하고 전도하던 곳에 묻히게 되겠죠. 어머니, 우리 모두는 언제가 죽어요. 그러니 저의 죽음 때문에 낙심하지 마세요. 믿음을 지키셔야 해요."

형이 처형되던 날, 군인들이 형수에게 와서 이렇게 말했습니다. "당신 남편을 처형할 거요. 맛있는 음식 좀 만들어 오시오."

어머니가 그랬던 것처럼, 형수도 닭을 잡아 쌀을 넣어서 요리했습니다. 큰형은 그 음식을 다 먹었습니다. 형수는 흐느껴 울었고, 형은 형수의 눈물을 닦아주면서 "인도자"의 말을 따르라고 했습니다. 아이들에게 집중하고 사람들의 괴롭힘과 욕설은 신경 쓰지 말라고 말했습니다.

우리는 "인도자"가 무엇을 말하는지 정확히 알았습니다. 형은 형수를 연루시키고 싶지 않았고 경비병들 앞에서 그 말을 하고 싶지 않았습니다. 형수는 다 이해했습니다. 형수는 울음을 그쳤고, 그들은 형을 데려갔습니다. 최종 공개비판집회 후에 군인들은 대로변에서 형을 총살했고, 골짜기에 난 얕은 구덩이에다 형의 시신을 던져버렸습니다. 10개월쯤 후에, 우리는 시신을 수습해도 된다는 통지를 받았습니다. 그 이유가 뭔지 알겠어요? 그 골짜기가 대로변에서 너무 인접해 있어서 사람들이 형의 시신을 보고 놀랐기 때문입니다. 현의 지도부는 우리 가족으로 반혁명분자의 시신을 수습하게 해서 더 이상 시신이 사람들 눈에 띄지 않게 하자고 결정했던 것입니다.

형의 시신은 부패해서 마치 시냇가에 박힌 쓰러진 나무처럼 보였습니다. 둘째형과 어머니가 냇물에 들어가 형의 시신을 꺼냈는데 시신은 여러 조각으로 떨어졌습니다. 우리는 뼈를 모아 깨끗이 씻고는 가져간 상자에 담았습니다.

형이 입고 있던 삭은 옷 속에서 어머니는 형의 작은 성경책을 발견했습니다. 2센티미터 두께에 손바닥만 한 크기의 성경이었습니다. 골짜기의 물속에서 10개월을 지내는 동안 형의 옷과 살은 썩어 문드러졌지만, 성경만은 남아 있었던 겁니다. 우리는 하던 일을 멈추고 기도를 드렸습니다. 보통 드리는 기도 말고 침묵의 감사기도를 올렸습니다. 하나님은 지난 10개월 동안 내내 형과 함께 계셨던 것입니다. 우리는 형의 영혼이 천국에 가 있음을 알았습니다.

랴오: 그 성경은 어떻게 생겼나요?

장: 가죽 장정에 실로 제본된 책이었습니다. 몇몇 페이지는 달라붙었고 몇몇 글자는 흐릿해졌는데, 핏자국이 남아 있었습니다. 우리는 여러 해 동안 그 성경을 보관했습니다. 하지만 정치운동이 하나 끝나면 또 다른 운동이 꼬리를 물고 이어졌습니다. 목숨을 부지하는 것조차 너무 힘들었는데, 성경은 "반혁명주자의 증거"였습니다. 문화대혁명 기간 중에 어머니는 그 성경을 불태워버리셨습니다. 달리 방법이 없었어요.

다행히도 남은 가족은 형처럼 구속되지 않았습니다. 하지만 살고 있던 집에서 쫓겨났습니다. 어머니와 둘째형과 내가 지주 계급으로 분류되었기 때문이었습니다.

여동생은 자오 시 지역에 사는 남자와 결혼했는데, 그들 또한 지주 계급으로 분류되었습니다. 교회 장로였던 작은아버지에게는 반혁명 지주라는 딱지가 붙었습니다. 가족 모두가 어려움을 당했습니다. 우리는 집을 잃고 외양간에서 살았습니다. 길에서 농부의 자녀들과 마주친 적이 서너 번 있는데, 아이들은 내가 좋은 옷을 입었다고 욕하며 나에게 옷을 벗게 했습니다. 먹을 것이 부족했고, 끝없이 이어지는 비판집회의 표적이 되었습니다.

마을 관리들은 기분이 나쁠 때면 거리에서 만난 우리를 조롱하거나 두들겨 팼습니다. 기분이 좋을 때면 자기네 밭에 가서 일하라고 명령했습니다. 우리가 굶주려 힘이 없어도 그들은 상관하지 않았습니다. 새로운 정치운동이 다가올 때마다 우리는 박해의 표적이 되었습니다. 작은아버지는 3백 번의 공개비판집회를 견뎌야 했습니다. 작은아버지는 건강이 급격히 악화되었고 1958년에 폐결핵으로 세상을 떠났습니다.

1953년에 그들은 어머니의 계급을 재심사했습니다. 우리는 지주 계급에서 부농으로 강등되었고 빼앗겼던 집과 작은 토지를 되찾을 수 있었습니다.

나보다 열두 살 많은 둘째형은 귀가 어두웠습니다. 형은 경건한 그리스도인이었습니다. 형은 1950년대에도 기도를 쉬지 않았는데, 당시 우리 가족은 작업반원들로부터 괴로움을 당하고 있었습니다. 하루는 형이 무릎 꿇고 기도하는 모습을 들켜서 작업반에 신고된 적이 있습니다. 그들이 형에게 하나님을 믿는 것은 미신일 뿐 아니라 반혁명적이

2부 이족과 먀오족 마을에서

라고 말하라고 명령했습니다. 그러나 형은 믿음을 버리지 않았습니다. 오히려 형은 눈을 감고 계속해서 기도를 드렸습니다. 그들은 형의 손과 발을 묶어 여러 날 동안 나무에 매달아두었습니다. 그들이 매달아둔 줄을 끊었을 때에도 형은 다시 무릎을 꿇고 주님께서 저들의 고문을 용서해주시기를 간구했습니다. 형은 건강이 쇠약해져 폐결핵에 걸렸습니다. 하지만 형은 거기서 꺾이지 않았습니다. 1999년에 세상을 떠나기까지, 형은 지역을 돌아다니며 가난하고 병든 사람들을 돕고 그들을 위해 기도했습니다.

문화대혁명의 마지막 몇 년 동안 나는 복음을 몰래 전했다는 이유로 세 번 수감되었습니다. 고초를 겪었지만 살아남았습니다. 1979년에 정부는 종교에 대한 통제를 완화하는 조처를 단행했습니다. 1979년부터 2003년까지, 나는 교회 장로로 섬겼습니다. 그 후에는 사잉판 지역의 안수받은 목사가 되었습니다. 우리 가족 중에서 나는 처음으로 안수받은 목회자입니다. 둘째형처럼 나도 폐결핵으로 고생하며 갖가지 약을 복용하고 있지만 큰 도움이 되지는 않습니다. 둘째형은 일흔두 살에 세상을 떠났습니다. 나는 지금 예순여덟 살입니다. 남은 생애 동안 나를 향한 하나님의 뜻이 무엇인지 모르지만, 할 수 있는 한 더 많은 일을 하고 싶습니다. 지난밤에 본 것처럼, 점점 더 많은 사람들이 예수님을 따르고 있습니다. 그 사실이 내게 용기를 줍니다.

나는 오직 눈과 귀와 생각으로

그 억양과 리듬에서 그 의미를 해독할 따름이었다.

나머지 빈 공간에는 상상력을 풀어놓았다.

그러자 예수의 피가 보였고,

그의 죽음 직전의 역겨운 냄새를 맡을 수 있었고,

내 주위 사람들이 그의 부활에 대해 느끼는

환희에 함께할 수 있었다.

12장
이족 언어는 노래처럼 들려도
- 만찬 -

이족의 민요는 때로는 환희에 찬 떠들썩함을, 때로는 평온함을, 때로는 슬픔과 우수에 잠겨 여행하는 외로운 영혼들을 떠올리게 한다. 내가 이족의 민요를 처음 접한 것은 다리 시를 여행하던 2007년 어느 술집에서였다. 거기서 나는 대량 산 부근의 몇몇 이족 촌락을 순회하고 막 돌아온 프랑스인 음악가를 만났다. 그는 고가의 녹음 장비를 가지고 그가 수집한 수십여 곡의 옛 민요를 세 장의 시디에 구워 가지고 있었다. 함께 술을 마시면서 그는 자신이 선별한 곡을 내게 연주해 들려주었다.

어느 날 밤, 그 노래들이 내 꿈속으로 들어왔다. 단순하고 반복적인 가락이 어두운 민둥산 속에서 울려나왔고, 각 음표마다 눈물을 뚝뚝 흘리고 있었는데 떨어지는 눈물이 지렁이처럼 미끄러지고 있었다. 깨어보니, 발이 얼음장처럼 차가웠다. 그것은 이족 문화에 대한 나의 무의식적인 해석 때문일 터였다. 어둡고 축축한 산에서 나온 민족, 신과 유령과 인간이 하나로 합쳐진 사람들이라는….

2006년 8월 초, 나는 장마오언 목사의 초청을 받아 교회에서 하는 예배가 아닌 교구민의 집 마당에서 열린 예배에 참석했다. 나는 목에 방울을 단 한가한 소들과 따가닥 발굽소리를 내며 걸어가는 배가 둥근 말들에게 길을 양보하며 그가 이끄는 대로 좁은 진흙탕 길을 따라 마을을 지나갔다. 김이 모락모락 나는 가축의 똥이 떨어져 있는 깊이 파인 발굽자국을 피해 나는 조심조심 발을 디뎌야 했다. 장 목사에게는 이런 것이 큰 지장이 아닌 듯 보였다.

그 많은 거름더미를 보고 냄새를 맡으니, 문화대혁명 기간 중 고등학교 다닐 때 읽었던 우화가 떠올랐다. 일단의 도시 청년들이 "재교육"을 받으러 시골 지역으로 내려갔다가 소가 방금 누고 간 똥 더미가 진흙탕 길에 떨어져 있는 것을 보았다. 그들이 똥을 치우기 위해 삽을 찾고 있는데, 농부의 딸이 나타나 양손으로 똥을 떠서는 마을 공동의 두엄터로 옮겼다. 자신의 좀스러운 부르주아적 타성을 직시하지 못하는 도시 청년들을 위해 농부의 어린 딸이 확실하게 본을 보여준 것이다. 그때 선생님은 우리에게 연달아 이런 질문들을 던졌다. "말똥이 더 나쁜가, 부르주아적 사고가 더 나쁜가?" "농부의 딸과 도시 청년들 중 누가 더 깨끗한 마음을 가졌는가?" 40여 년이 지난 지금, 학교 선생님들은 더 이상 쇠똥 따위를 가지고 공산주의 이데올로기를 고취시키려 하지 않는다. 중국 인민은 똥 냄새가 지독하다는 것을 알고 있으며, 제대로 된 생각을 가진 사람이라면 프롤레타리아든 부르주아든 삽을 사용해 똥을 치울 것이기 때문이다.

5분이면 충분했을 길을 30분이나 걸어서 도착했다. 당도해보니 바지와 신발이 진흙으로 엉망진창이 되어 있었다. 마른 땅에 발을 구르며 신발에 묻은 흙을 떨어내고 있는데 누군가 내 어깨를 두드리며 말했다. "곧 마를 테니 힘 빼지 말아요. 그러면 진흙이 더 잘 떨어질 거예요." 우리가 교구민의 마당 있는 집으로 가는데 두 대의 확성기에서 흘러나오는 찬송가 소리가 들렸다. 마오 시대 때 비판집회에서 당 간부들이 사용하던 것과 매우 유사한 그 확성기는 고막을 파고드는 잡음과 더불어 어둡던 시절을 잠시 생각나게 했다.

태양은 어느새 중천에 떠 있었다. 대기는 습했고 매미 울음소리가 사위를 가득 채웠다. 나는 바싹 마른 입술에 침을 묻히며 위치를 확인하고자 주위를 둘러보았는데, 지난밤 장 목사를 만났던 바로 그곳이었다. 한낮의 햇살 아래서 보니, 집과 마당은 지난밤과는 전혀 달라 보였다. 믿음으로 말미암은 행복이라고밖에 할 수 없는 미소를 사람들이 머금고 있다는 것 외에는, 마법 같던 곳은 낡아빠진 초라한 곳으로 바뀌어 있었고 모인 사람들도 여느 보통 농민집회의 군중과 다를 바가 없었다.

은발의 장 목사가 집 안으로 급히 사라졌다. 사잉판 지역에서 유일하게 안수받은 목사로서, 이 일은 그의 일이었다. 나는 교구민들을 살펴보았다. 처음 볼 때는 혼란스럽던 모습이, 부엌에서 분주히 요리하는 소리와 손님맞이를 위해 자리를 마련하고 차와 사탕을 나르는 가운데 차츰 질서를 잡아갔다.

중국 대도시의 그리스도인들은 정부의 인가를 받은 교회 문제로 크게 갈등하고 있으나, 이곳 마을 주민들은 도시의 그리스도인들처럼 정치적인 문제로 다투지 않는다. 이들은 정부의 지원을 받아 장 목사가 맡고 있는 여러 교회에서 주일예배를 드릴 뿐만 아니라 가정교회 목회자들이 인도하는 예배에도 참석한다.

장 목사의 음성이 따뜻한 아침 공기 사이로 울려 퍼지자 사람들은 이야기를 멈추고 그의 말에 귀를 쫑긋 세웠다. 나도 귀를 기울였으나 한 마디도 알아들을 수 없었다. 그는 이족어로 말하고 있었다. 어릴 적에 시인 T. S. 엘리엇의 시 낭송 테이프를 들은 적이 있는데, 비슷한 느낌이었다. 나는 오직 눈과 귀와 생각으로 그 억양과 리듬에서 그 의미를 해독할 따름이었다. 나머지 빈 공간에는 상상력을 풀어놓았다. 그러자 예수의 피가 보였고, 그의 죽음 직전의 역겨운 냄새를 맡을 수 있었고, 내 주위 사람들이 그의 부활에 대해 느끼는 환희에 함께할 수 있었다. 예배는 길지 않았다. 회중들은 "아멘"으로 화답하고 떠들썩한 세속의 삶으로 되돌아왔다.

말이 통하지 않아 예배 참석자들을 인터뷰할 수는 없었으나, 내가 장 목사와 함께 오는 것을 본 이들이 많았던 터라 나는 사진기를 들고 그들 사이로 자유롭게 다니며 흥미로운 표정과 평소 보기 힘든 장면을 담으려고 했다. 마당으로 들어오는 문가의 담벼락을 따라 쓰레기더미와 흙더미가 켜켜이 쌓여 있었다. 마당 반대편 구석에는 돼지우리와 닭장이 있었다. 가축과 사람이 나란히 함께 사는, 화목한 그림이었다. 할머니 네 분이 집으로 들어가는 계단 아래에 나란히 앉아 뙤약볕을 쬐고 있었다. 그중 한 분이 자리에서 일어나더니 비틀거리며 천천히 앞으로 나왔다. 나는 햇볕에 그을린 그 얼굴, 주름이 깊게 진 이마를 주의해 보았다.

시간은 정오를 향해 가고 있었고 파리들이 날아다녔다. 내 곁에서 마을 주민들이 손짓하고 웃고 악수하며 인사를 나눌 때마다 파리들이 그들 주위를 맴돌았다. 사람들이 동작을 멈추면 파리들은 다시 사람들의 머리와 어깨, 팔, 다리로 돌아와 앉았다. 대화가 활기를 더할수록 사람들 위로 파리 떼가 작은 구름처럼 떠돌았다.

장 목사가 불러서 나는 집 안으로 들어갔다. 집 안은 바깥보다 시원하고 파리도 적었다. 그는 다른 여러 마을에서 온 목사들에게 나를 소개해주었다. 그러나 표준 중국어로 나눌 수 있는 대화란 고작해야 간단한 의례적 인사를 넘어서지 못했다. 모두가 햇볕에 탄 듯한, 윈난-구이저우 고원지대의 적색토처럼 붉은 그들의 얼굴에서는 친절하고 고결한 기운이 풍겼다. 더 이상 할 말이 떨어지자, 우리는 차를 홀짝이며 서로를 향해 미소를 지었다.

밖에는 상이 네 개 차려져 있었다. 쓰촨 성의 시골 지역에서 자란 나는 결혼식, 장례식, 생일잔치 등 온갖 잔치에 가보았으나 여기 같은 곳은 없었다. 윈난 성 사람들은 낮은 의자와 작은 식탁을 선호하는 반면 쓰촨 성 사람들은 높은 의자와 긴 식탁을 좋아했다. 그러나 잔칫상 차리는 풍습은 똑같았다. 옛날이든 현재든 간에, 모든 성 사람들은 돼지와 염소를 잡아 살뜰히 준비한 야채와 함께 접시와 대접에 담아 내놓는다.

음식 만드는 이들은 부엌을 부산하게 드나들었다. 안주인이 들어오더니 장 목사와 다른 목사들과 전도자들에게 마당으로 나오라고 청했다. 모두가 자리에서 일어나 고개 숙여 서로 인사했다. "먼저 드시죠. 저는 나중에 먹어도 됩니다" 하며 서로 권할 뿐 아무도 밖으로 나가지 않았다. 잠시 후 안주인이 다시 들어오더니 장 목사에게 밖으로 나가자고 재촉했다. "먼저 드세요. 저는 나중에 먹어도 됩니다." 이 말을 세 번이나 하고 나서야 장 목사는 내 손목을 붙잡고 모두에게 이렇게 말했다. "다같이 가서 식사하시죠." 장 목사는 교회의 지도자들을 이끌고 계단을 내려가면서 그곳에 모인 사람들을 향해 손을 흔들었고, 식탁에 앉기까지 사람들과 짧은 말을 계속해서 주고받았다. 열 명 남짓 되는 마을 사람들이 자리를 잡았고, 보다 많은 사람들이 마당 밖에서 다음 상을 기다리고 있었다.

소고기, 양고기, 닭고기, 오리고기, 두부, 땅콩, 그리고 볶고 삶고 끓인 야채와 생야채. 음식은 모두 매운 고추로 간을 한 듯했다. 이내 십여 가지 음식이 식탁에 차려졌다. 태양은 이제 바로 머리 위에 와 있었다. 나는 무척 배가 고팠다. 파리들은 먹이를 낚아채려는 까마귀 떼처럼 음식에 달라붙었다. 다른 잔치 자리라면 사람들은 서로 잔을 부딪치며 큰 소리로 건배를 했을 것이다. 이날 마당은 웅웅대는 파리 소리 말고는 조용했다. 멀리서 햇빛을 받아 찬란히 빛나는 산이 희미하게 보였다.

장 목사는 자리에서 일어나 먼 곳을 응시하더니 고개 숙여 기도를 인도했다. 낮은 의자 위에 올라선 그는 우리보다 훨씬 출중해 보였다. 그의 입에서 나오는 이족어 단어 하나하나가 아름다운 노래처럼 들렸다.

장 목사는 기도하고 있었다.

나는 완전히 다른 감정에 휩싸였다. 꿈속에서 느꼈던 축축하고 고독하고 어두운 기운이 내 주위에서 완전히 사라져버렸다. 깊고 두터운 그의 음성과 마치 음악과 같은 그의 말은 미국 흑인들의 아름답고 영적인 가스펠 음악과 고대 아프리카 부족들의 영혼을 사로잡은 노래를 생각나게 했다.

장 목사는 기도하고 있었다.

장 목사의 "아멘" 소리에 자리에 앉아 있던 모든 사람이 화답했다. 사람들이 식사를 시작하는 소리에 나는 일상의 소리와 활동으로 돌아왔다. 더 많은 음식이 나왔다. 장 목사는 식탁에 둘러앉은 이웃들과 활기찬 대화를 나누었다. 솔직하고 자유롭고 행복한 웃음이 터져 나왔다.

그 순간 나는 이 여행을 떠나오기 전에 읽은 성경구절 하나가 생각났다. "만군의 여호와께서 이 산에서 만민을 위하여 기름진 것과 오래 저장하였던 포도주로 연회를 베푸시리니 곧 골수가 가득한 기름진 것과 오래 저장하였던 맑은 포도주로 하실 것이며"(이사야 25:6). 이날 연회는 참으로 기억에 남는 잔치요 인생을 축하하는 파티였다.

잔치는 아홉 시에 끝났다. 장 목사에게 작별인사를 마치자 운전사는 나에게 살라우에 있는 옛 남서 신학교 터를 방문할 것을 권했다.

자동차가 새로 포장된 콘크리트 도로 위를 미끄러지듯 달렸다. 작은 트랙터들이 검은 연기를 토해내며 깨끗한 하늘에 얼룩을 남겼다. 운전사가 옥수수밭 가장자리에 차를 세웠을 때, 나는 초록색 옥수수 바다 가운데 외로운 섬처럼 서 있는 신학교의 윤곽을 볼 수 있었다. 평소 경험해보지 못한 활기와 열정이 느껴졌다. 나는 도랑을 껑충 뛰어넘어 힘차게 걸어갔다. 이 신학교와 그 설립자인 장얼창이란 이름의 호주인 선교사 이야기를 풍성하게 들려주던 선 선생이 생각났다. 20세기 초, 이 신학교는 지역 기독교 지도자들을 낳은 산실이었다. 장얼창 선교사와 그의 아내는 죽어서 이 근방에 묻혔다. 내가 이 지역에서 만나 인터뷰한 거의 모든 기독교 지도자들이 이 신학교에 대해 언급했고 신학교가 지역 기독교 공동체에 미친 어마어마한 영향력에 대해 한마디씩 했다. 나는 기대감으로 한껏 고조되어 옥수수밭을 가로질러 달려갔고, 운전사는 천천히 가자며 나를 부르면서 뒤에서 헐떡이며 따라왔다.

전체 캠퍼스라 해봐야 갈색 기와를 올린 두세 채의 작고 칙칙한 건물이 전부였다. 신학교의 역사를 모른다면 농가 몇 채라고 생각할 터였다. 서양식으로 지은 건물도, 스테인드글라스 창도, 성경 이야기를 그린 벽화도 없었다.

마을 사람이 예배실 위치를 알려주었다. 2층 창에 초승달 모양의 노란색 태양 로고가 그려진 곳이었다. 우리는 마을 사람들을 따라 작은 입구를 지나 예배실로 들어갔다. 예배실 안은 넓었고 나무로 만든 대들보가 드러나 있었다. 천장의 칠은 벗겨지고 있었다. 오후의 햇살이 큰 창문을 통해 스며들어왔다. 전면에 설교단이 있고 벽에는 흑판이 붙어 있었으며, 그 위로 붉은색 십자가가 걸려 있었다. 백 명 이상의 사람들을 수용할 수 있는 녹색 장의자가 줄줄이 늘어서 있었다.

여섯 명의 마을 사람들이 반 친구들보다 먼저 교실에 온 부지런한 학생들인 양 아무도 없는 예배실 의자에 조용히 앉았다. 나는 재빨리 사방을 둘러보며 이전 영광의 흔적이 남아 있는지 찾았다. 예배실을 나가 마당을 둘러보고, 장얼창의 무덤이나 묘비를 찾을 수 있을까 하는 마음에 예배실 뒤편의 언덕에도 올라가보았다. 그러나 아무것도 없었다.

나는 인접한 건물들의 방을 하나하나 들여다보았다. 먼지와 거미, 파리, 동물의 똥밖에 볼 수 없었다. 사나워 보이는 개 한 마리가 주철로 된 무거운 목걸이를 한 채 줄에 묶여 황폐한 방에 누워 잠들어 있었다. 나는 다른 건물로 들어가 2층으로 뛰어 올라갔다. 마룻바닥에 곰팡이가 피어 썩고 있었다. 두어 걸음 앞으로 걸어갔는데 엄청난 굉음이 났다. 커다란 구멍이 생긴 것이다. 아래층에 모여 있던 사람들이 무슨 일인가 싶어 올려다보고 있었다.

우리는 그들에게 내려갔다. 운전사는 내 뒤를 바짝 따라오며 내가 더 큰 곤경에 빠지지 않을까 걱정했다.

나는 실망하여 2층과 연결된 예배실 앞 돌계단에 앉았다. 일군의 사람들이 오후예배에 참석하기 위해 나를 스쳐 지나갔다. 나는 그중 경건해 뵈는 한 여인을 붙잡아 세우고 표준 중국어로 천천히 물었다. "장얼창이란 이름의 선교사를 아세요? 남서 신학교에 대해서 들어본 적 있나요?"

여인은 당황스러운 듯 고개를 가로저었다. 그녀는 내가 무슨 말을 하는지 전혀 알지 못했다.

3부

北京　成都

베이징과 청두

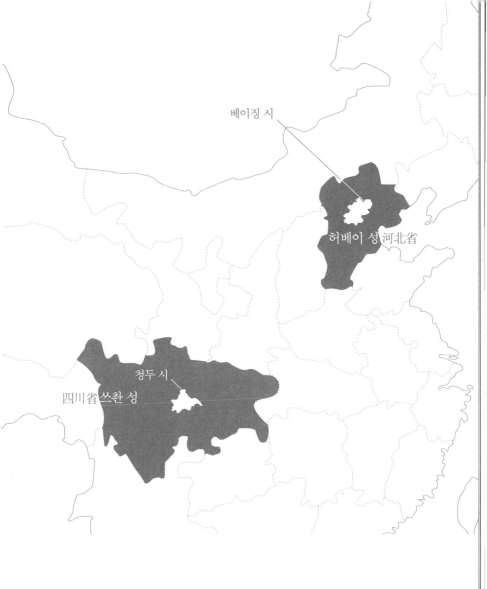

베이징 시

허베이 성 河北省

청두 시

四川省쓰촨 성

류샤오보(劉曉波 | 1955-) 중국의 문학비평가·교수·인권운동가다. 1986년부터 중국 현대문학에 대한 날카로운 분석으로 널리 알려지기 시작했다. 1989년 천안문 사건과 관련 시위 연루 혐의로 21개월간 수감생활을 했다. 2008년 중국의 민주화를 요구하는 "08헌장"의 초안을 작성한 혐의로 체포되었고, 국가전복선동 혐의로 징역 11년을 선고받았다. 중국의 민주개혁과 공산당 일당통치 종식을 주장하며 비폭력 투쟁을 한 공로로 2010년 노벨 평화상을 수상했다.

나는 기독교에 대해 아는 바가 거의 없었다.

그래서 그가 하는 말에 관심을 기울였으나

개종을 권하는 그의 말은 내심 거절했다.

결국 나는 이렇게 말했다. "나는 교회에 다니지 않아요."

그는 웃으며 말했다. "나도 교회는 다니지 않아요….

교회는 모두 정부의 통제 아래 있거든요."

13장
나도 교회는 다니지 않아요
– 비밀 방문 –

쉬웬리Xu Wenli는 저명한 인권운동가였다. 따라서 내가 베이징 바우구 앙로에 있는 그의 집에서 중국의 지하운동인 "가정교회" 교인을 처음으로 만난 것은 놀라운 일이 아니었다. 1998년 7월, 나는 차 생각이 나서 친구 집에 잠깐 들렀다가 다른 손님이 와 있는 것을 알았다. 안경을 낀 중년의 사내는 자신을 신경과 의사 쉬용하이Xu Yonghai라고 소개했다. 우리는 서로 목례를 나눴다. 쉬라는 성을 가진 두 사람은 친척은 아니었으나 형제처럼 보였다. 둘 다 말랐고 피부는 창백했으며 좁고 긴 얼굴이었는데, 웬리는 정수리 부분이 대머리였고 용하이는 천천히 탈모가 진행되고 있었다.

웬리는 인사를 나누고 나서 내게 자리에 앉으라 하고는 양해를 구했다. "용하이 씨와 하던 이야기를 곧 마치고 보세." 둘은 가까이 다가 앉아 속삭이듯 말했다. 그들의 대화에서 알아들은 몇 가지 사실을 종합해보건대, 그들은 금지된 자료를 찍어낼 계획을 세우고 있었다. 용하이는 신경이 곤두서서 수시로 고개를 들어 밖에 누가 있는지 살펴보곤 했다. 이야기가 끝나자 용하이는 내게로 다가와 귓속말로 속삭였다. "조심해야 합니다. 웬리의 집이 도청당하는 것 같소." 나는 고개를 끄덕여 동의를 표했다.

용하이는 베이징 가정교회 신자들을 위한 출판물 제작 일을 웬리가 도와주기를 바랐다. 그는 곧 나에 대해 호의를 갖게 되었다. 그러자 하나님이 주시는 구원의 개념에 대해 내게 설명하기 시작했다. 당시 나는 기독교에 대해 아는 바가 거의 없었다. 그래서 그가 하는 말에 관심을 기울였으나 개종을 권하는 그의 말은 내심 거절했다. 결국 나는 이렇게 말했다. "나는 교회에 다니지 않아요." 그는 웃으며 말했다. "나도 교회는 다니지 않아요…. 교회는 모두 정부의 통제 아래 있거든요."

4개월 후, 나는 쓰촨 성에서 돌아와서 웬리가 중국 내에 야당을 결성하려고 한 혐의로 13년 징역형을 선고받았음을 알았다. 또한 내가 집필한 『나의 증언』My Testimonials의 자필 원고를, 웬리가 구속되기 직전에 용하이가 그의 집에서 치운 사실도 알게 되었다. 그 원고는 내가 웬리의 집에 맡겨 두었던 것인데, 이제 좀더 안전한 곳에 보관되어 있다.

용하이와 나는 2002년에 연락이 끊기기까지 전화로 몇 번 이야기를 나누었다. 이후 나는 그와 접촉할 방법을 찾던 중 이 신경과 의사가 베이징 "가정교회"의 설교자이자 지도자임을 알게 되었다. 개발업자들이 그의 집을 철거 대상으로 지목하자 용하이는 부당한 처사에 반대하는 주민 시위를 이끌었다. 그러나 정부에 대한 그들의 수많은 탄원은 묵살되었다. 살던 집이 잿더미가 되자 자살이라는 방법으로 자신의 의견을 표명할 것을 진지하게 고려했으나 동료 그리스도인들의 만류로 그만두었다. 나는 그가 의사 활동을 접고 하나님의 길을 따르기로 헌신했다는 이야기를 들었다. 2004년에 읽은 보도에 따르면, 용하이와 또 다른 그리스도인 류펑강Liu Fenggang은 저장 성에서 복음을 전하다가 체포되었다고 한다. 정부는 그의 소재나 건강 상태에 대해 일절 함구했다. 이따금 간호사인 그의 아내 리산나Li Shanna가 남편의 안녕을 위해 기도해달라고 온라인에 올리는 글을 보는 게 고작이다. 용하이는 감옥에서 3년을 보냈다.

용하이의 이야기에 호기심이 생긴 나는 "가정교회" 그리스도인 한 명을 인터뷰하기로 마음먹었다. 어째서 그들은 정부가 인가한 교회를 거절하는 것인지 조금 더 알고 싶었다. 2004년 2월에 나는 베이징에 돌아와 있었다. 그때 전도자 친구인 류민Liu Min이 전화를 걸어와 내가 찾는 전화번호가 있다며 중국 북부 기독교 공동체의 존경받는 인물인 위안시앙천Yuan Xiangchen과 이야기하고 싶은지 물어왔다. 나는 여든여섯 살인 그의 아내와 통화했고, 그녀는 나를 만나주기로 동의했다. 나는 주소와 지하철로 찾아가는 방법을 받아적었다. 20세기 대부분의 시간을 살아온 그리스도인 부부와 이야기할 수 있는 드문 기회를 얻게 된 데 흥분한 나는, 자기 나라의 사회 문제를 다룬 영화 몇 편을 만든 바 있는 웬 씨Ms. Wen로 통하는 타이완 다큐멘터리 감독에게 이번 방문에 동참해줄 것을 바라며 초청장을 보냈다.

한 주 후, 우리 셋은 슈안우먼 지하철역에서 만났다. 높은 회색빛 건물들 사이로 불어오는 먼지투성이의 찬바람이 우리의 얼굴을 사정없이 때리고 지나갔다. 우리는 모두 몸을 움츠리고 본능적으로 양손을 품에 넣었다. 전철 승강장으로 내려가기 직전, 류민은 길가에 있는 가톨릭교회를 발견했다. 창백한 겨울 햇살이 교회 첨탑 위에 높이 세워진 십자가 위로 금빛을 뿌리고 있었다. 류는 잠시 들렀다 가자고 제안했다. 류는 넓은 기도실에 들어가 바닥에 무릎을 꿇고 짧은 기도를 드렸다.

우리는 지하철을 타고 양차오병원 역에서 내렸다. 베이징 토박이인 류민이 길 안내를 맡기로 했는데 그만 그가 길을 잃고 말았다. 그래서 목적지까지 가는 데 반 시간이 더 걸렸다.

"위안 삼촌 집에 왔어요." 행인들의 도움을 받아 어렵사리 찾아간 건물 앞에서 류민은 경비원에게 말했다. "2층에 사세요."

"당신은 누굽니까?" 하고 경비원이 물었으나 류민은 그를 무시하고 202호 초인종을 눌렀다. 중국의 삼엄한 정치 환경에 대해 잘 알지 못하는 웬 씨가 가방에서 비디오카메라를 꺼내 촬영을 시작했다. 웬 씨의 행동이 경비원의 눈길을 끌었다. 그러나 그 순간, 건물에서 한 주민이 출입문을 열고 나왔고 우리는 모두 슬며시 건물 안으로 들어갔다.

위안시앙천 목사의 아파트는 작지만 아늑했다. 벽에는 십자가가 걸려 있었고 성경의 잠언을 적은 서예작품도 몇 점 걸려 있었다. 소파 위에 걸려 있는 가족사진에는 위안과 그의 아내 그리고 그들을 둘러싼 서른 명이 넘는 사람들이 담겨 있었는데 4대에 걸친 대가족 사진이었다. 류는 그들 부부에게 우리를 소개하고 나서 위안의 아내 곁에 앉았다. 류와 그들 부부는 서로 만난 적은 없었지만 여러 해 동안 알고 지낸 듯 행동했다. 나는 위안 옆에 앉는 게 조금 불편했다. 그는 작은 체구였으나 실제보다 훨씬 커 보이는 기운이 있었다. 또한 가는귀가 먹었는지 내가 말할 때마다 내 말을 알아듣기 위해 오른손을 모아 귀에 대곤 했다. 분위기를 풀기 위해 류가 그녀의 기독교 활동가 친구들이야기와 그들이 이따금 부딪치는 거들먹거리는 경찰들 이야기를 꺼냈다. 이내 모두가 웃기 시작했고 분위기가 편안해졌다.

나는 녹음기와 공책을 꺼냈고, 웬 씨는 테이블 옆에 비디오카메라를 설치했다. 그녀의 신호에 따라 나는 위안즈밍의 다큐멘터리 "십자가: 중국의 예수"에 위안이 나온다는 사실을 언급하는 것으로 인터뷰를 시작했다. 위안이 처음에 어떻게 교회에 관여하게 되었는지 이야기를 시작하려는데 누군가 문을 두드렸다.

방을 가득 채운 사람들은 한순간 긴장했고, 방 안의 공기는 순식간에 얼어붙었다. 끝까지 시위를 당긴 활처럼 팽팽한 긴장감이 감돌았다. 마술사가 소품을 사라지게 하듯이 우리는 순식간에 비디오카메라와 녹음기, 기독교 관련 자료를 모두 숨겼다. 위안 목사의 장남이 조용히 방을 가로질러 문으로 다가가서 문에 귀를 댔다. 똑, 똑, 똑. 그는 목을 가다듬고 평소 목소리로 물었다. "누구요?"

"파출소에서 나온 경찰입니다."

"무슨 일이죠?" 그는 문 사이로 물었다.

"낯선 사람 세 명이 비디오카메라를 들고 인터뷰하러 당신 집에 들어갔다는 제보가 있었소." 밖에 있는 목소리가 말했다.

"여기서 언론 인터뷰를 하지는 않습니다." 그가 답했다.

"문 여시죠. 일상적인 확인 차원입니다."

위안의 장남은 모두가 준비되었는지 확인하려는 듯 방안을 둘러보더니 감독이 "액션"을 외치듯 문의 손잡이를 돌렸다.

제복 입은 경찰관은 이 구역이 자기 담당이라고 했고 동행한 여성은 자신이 거리위원회의 신임 책임자라고 소개했다. 위안은 그들에게 자리에 앉으라고 권했다. 경찰관은 나와 류 그리고 웬 씨를 바라보았다. "언론 인터뷰를 하려는 이들이 당신들이오?"

위안의 아내가 말했다. "아무도 언론 인터뷰를 하지 않아요. 이분들은 동료 그리스도인들입니다. 일상적인 방문일 뿐이에요."

경찰관은 거듭해서 우리에게 물었다. "당신들 모두 위안 씨의 그리스도인 친구들 맞습니까?"

"내가 그리스도인입니다." 류가 말했다. "위안 삼촌이 편찮으시다는 소식을 듣고 지나가는 길에 잠시 들른 거예요. 이들 두 사람은 내 친구고요."

나는 고개를 끄덕였다. "그렇습니다. 교회에 대해 궁금한 게 있어서 위안 씨와 이야기를 나누고 싶었습니다."

경찰관은 웬 씨를 향해 말했다. "그쪽은?"

웬 씨는 타이완 억양 때문에 정체가 탄로 날까 두려워 얼굴이 빨개지자 재빨리 손가락으로 목을 가리켰다.

"무슨 뜻이죠?"

웬 씨는 입을 열었으나 손짓하며 두꺼운 안경 너머로 눈만 깜빡일 뿐이었다.

류가 말했다. "후두염이 지독해서 지금은 말을 하지 못해요."

"알겠소. 그녀가 말을 하지 못한다면…." 경찰관은 류에게 말했다. 적어도 류가 우리 모두를 대신해 말하는 것을 받아들이겠다는 뜻이었다. "여기서 무슨 토론을 벌이려 했는지 말해주시오."

류는 경찰의 심문을 "태초에…"로부터 그리스도의 부활에 이르는 기독교 입문 강좌로 바꾸어버렸다. 그녀는 타고난 전도자였다. 그녀의 빛나는 언변에 경찰관과 거리위원회 책임자는 어쩔 줄 몰라 했다. 경찰관은 류의 말을 끊으려 했지만 그녀는 기회를 주지 않았다. 그는 이내 포기하고 그녀의 말을 들었다. 시간은 빠르게 흘렀다. 류는 잠시 쉬려고 미소를 지으며 경찰관에게 물었다. "질문이 있으신가요?"

경찰관은 고개를 가로저었으나 거리위원회 책임자는 이렇게 질문을 던졌다. "사람들은 왜 하나님을 믿는 겁니까? 하나님을 믿는 게 우리에게 무슨 유익이 있습니까?" 방 안에 있던 사람들이 모두 웃었고, 당황해 얼굴을 붉히기는 했으나 그녀도 웃었다. 무사하겠다 싶었는데 갑자기 경찰관의 전화벨이 울렸다. 그는 밖으로 나갔고, 우리는 불안한 듯 서로를 바라보았다. 그는 곧 돌아왔다. 류가 거리위원회 책임자의 질문에 대답하려는데 경찰관의 전화기가 다시 울렸다. 이번에도 그는 밖으로 나갔다가 나이 든 경찰관과 함께 돌아왔는데, 나이 든 경관은 위안을 잘 안다는 듯 인사를 나눴다. 그는 공안국의 지역 부국장이었다. 그는 우리에게 신분증을 보자고 요구했다. 웬 씨는 신분증이 없었고 내 신분증은 쓰촨 성에서 발행한 것이었다. "낮 시간에 신분증을 가지고 돌아다니는 사람이 어디 있습니까?" 나는 짜증난 듯한 목소리로 이렇게 물었다. "지금이 문화대혁명 시대도 아니고."

류는 신분증을 제시하면서 말했다. "나는 미국 회사에서 일합니다. 내가 이들을 보증하면 안 될까요?" 부국장는 잠시 생각하더니 류에게 신분증을 돌려주고는 우리에게 이름과 전화번호, 주소를 적으라고 했다. 웬 씨와 나는 가짜 이름을 적었다. 류는 진짜 이름을 썼다. 그 이름은 베이징 사람들 수만 명이 알고 있는 유명한 이름이었다.

이야기를 들어줄 사람이 한 명 더 늘자 류는 조금 전에 멈췄던 데서부터 이야기를 다시 시작했다. 우리의 "공무원들"은 정말로 그녀의 말에 귀 기울이는 듯 때때로 고개를 주억거리며 경청하는 것 같았다. 그래서 그녀는 설교를 멈추지 않았지만 손에 땀을 쥘 듯한 긴장감만은 여전했다. 부국장의 전화기가 네 번 울렸다. 그때마다 류의 얼굴은 굳어졌고 그녀의 눈은 부지불식간에 나를 찾았다. 웬 씨의 얼굴은 여전히 단호하고 속내를 파악할 수 없는 표정이었다. 위안은 참을 수 없을 만큼 초조해했다. 그는 두 번이나 부국장에게 이렇게 물었다. "우리에게 물어볼 것이 더 있습니까?" 거기 담긴 그의 메시지는 이런 거였다. "제발 좀 여기서 꺼져주시오. 더 이상 우리를 방해하지 마시오." 그러나 그들은 자리를 지켰다.

교착 상태.

우리가 작별인사를 하자 그들도 집을 나섰다. 위안의 자녀 중 한 명이 내 손에 종이 쪽지를 쥐어주었다. 건물을 나와 한참 동안 걸어가서 주위를 살펴보고 따라오는 사람이 없음을 확인한 후에야 우리는 택시를 잡아탔다. 쪽지에는 이렇게 적혀 있었다. "전철역 근처 가톨릭교회에서 기다리세요." 류는 택시 운전사에게 목적지를 말해주었고 우리는 시간에 맞춰 도착했다. 그러나 우리가 교회 안마당으로 들어가는데 신형 아우디 차량이 교회 입구에 멈춰 섰다. 나는 며칠 전 반체제 인사 친구의 집에 방문했다가 그 집 앞에서도 비슷한 차를 목격한 적이 있기에 아우디의 출현이 수상쩍었다. 친구 집을 방문했을 때는 내가 문을 열고 들어서자마자 아우디에서 경찰관 몇 명이 뛰어나오더니 문을 붙잡고 나를 밀어내버렸다. 나중에 밝혀졌지만, 다행히 걱정할 만한 일은 아니었다. 아우디는 교회 밖에 반 시간 가량 주차해 있었는데, 마침내 정장을 말쑥하게 차려입은 젊은이가 나타나 몰고 가버렸다.

우리 셋은 찬바람은 피해 아치 모양의 입구를 지나 교회로 들어갔다. 나는 류를 향해, 당신을 볼 때마다 티브이 인기 드라마에 나오는 지하로 숨은 공산주의자 생각이 난다고 말했다. "당신은 원수 앞에서도 위트 있고 차분하잖아요." 나는 어디선가 들어봤을 법한 흔한 말을 덧붙였다. 류는 무표정하게 말했다. "무서워 죽는 줄 알았어요." 그녀가 어린 소녀처럼 이렇게 말하자, 우리는 웃음을 터뜨렸다. 그리고 체온을 유지하기 위해 교회 안을 걸었다. 반 시간쯤 후에 위안의 차남인 위안후성이 비닐봉지를 들고 나타났다. 비닐봉지 안에는 비디오카메라와 녹음기, 그리고 내 노트가 신문지에 싸여 들어 있었다. 마르고 허약해 보이는 위안후성은 지하교회와 함께 오랫동안 일해온 경험 많은 사람이었다.

위안후성은 인터뷰 일정을 다시 잡을 수 있도록 내게 전화번호를 주었다. 어느새 황혼이 내리고 있었고 우리는 작별인사를 나눴다. 집으로 가면서 보니, 붉은 구름으로 물든 하늘이 그 아래 있는 모든 것을 붉게 물들이고 있었다. 거리며 자동차며 건물이며 사람까지.

그리스도인에게 가장 큰 불행은

이 세상에서 부닥친 재앙이 아닙니다.

오히려 이 땅의 세속적인 것을 얻기 위해

하나님을 배반하는 것이지요.

그리하면 친척과 소유를 지킬 수 있을지는 모르나,

영혼은 아무런 구원의 희망 없는

어둠 속에 영원히 갇히게 될 것입니다.

아버지는 그것이야말로 더없이 끔찍한

재앙이라고 생각했습니다.

14장
가이사의 일은 가이사에게
- 지하교회 목사 -

베이징 지하 기독교 공동체의 저명인사인 위안시앙천 목사를 인터뷰
하려던 계획이 수포로 돌아가고 나서, 나는 2004년 3월 3일에 그의 차
남 위안후성과 연락을 취했다. 위안후성은 중국의 수도인 베이징에서
정부의 감독 하에 운영되는 공인교회에 출석하기를 거부하는 그리스
도인들을 돌보는 아버지의 사역을 돕고 있었다.

   하는 수 없이 우리는 사람들이 붐비는 비교적 안전한 곳에서 비밀
인터뷰를 진행해야 했는데, 지단 공원 근처의 맥도널드로 잡았다. 우
리는 둘 다 일찍 도착해서 서로의 위치를 파악하고는 미행이 따라붙
지 않았는지 확인하기 위해 한동안 서로 다른 방향으로 각각 거닐었
다. 전국인민대표자대회가 개회 중이라 거리에 경찰들이 많았다. 우리
는 인도교를 건너가 맥도널드 매장으로 들어갔다. 햄버거를 사랑하는
청소년들이 그곳을 가득 채우고 있었다. 우리는 비교적 조용한 구석
에 자리를 잡고, 콜라를 하나씩 주문했다. 나는 녹음기를 꺼내 냅킨으

로 덮어 위안 앞에 두었다.

"오늘 무척 긴장되네요." 위안이 속삭였다. "일 년 내내 늘 똑같습니다. 아버지는 삼엄한 감시를 받고 있습니다. 아버지를 대신해 내가 인터뷰를 하겠습니다. 아버지는 당신이 우리를 다시 방문할 수 있기를 바라고 있습니다."

나는 맞은편 테이블에 앉은 젊은 커플을 바라보는 척하면서 그의 말에 고개를 끄덕였다.

"아버지는 저장 성에서 복음을 전하던 중 체포된 쉬용하이 선생을 위한 철야기도모임을 꾸리고 있습니다. 얼마 전 예배 때 아버지는 쉬 박사는 모든 젊은 그리스도인이 본받아야 할 자랑스러운 인물이라고 말했습니다."

용하이의 이름을 듣고 기뻤다. 나는 이상한 점은 없는지 매장 안과 그 안에 있는 얼굴들을 주의 깊게 살폈다. 그렇게 우리는 세 시간에 걸쳐 이야기를 나누었다.

위안후성: 아버지의 이름은 위안시앙천입니다. 1914년 6월에 태어나셨습니다. 태어난 정확한 날짜는 잊어버렸지만 아버지는 다시 태어난 날, 그러니까 그리스도인이 된 날인 1932년 12월 29일을 생일보다 더 좋아합니다. 아버지는 모든 사람에게 두 개의 생일이 있어야 한다고, 즉 육신의 생일과 영혼의 생일이 있어야 한다고 하세요. 아버지는 완쇼우 산 뒤에 있는 이화원에서 흘러내려오는 물로 왕밍다오 목사에게 세례를 받았습니다.

아버지가 태어난 곳은 안후이 성 방부 시였습니다. 할아버지는 광둥 성 토박이였고요. 할아버지는 젊었을 때 베이징-광둥 간 철도공사 현장에서 근무했기 때문에 온 가족이 할아버지 일터를 따라 북부 광둥 성에서 방부 시로 이사했고 결국에는 베이징에 정착했습니다. 할아버지는 대학에서 서양식 교육을 받았고 나중에는 철도 건설 일을 도우며 서양인들과 함께 일했는데, 영어를 꽤 잘하셨습니다. 그렇게 아버지는 서구화된 가정에서 태어나셨습니다. 열세 살 되던 해에 아버지는 YMCA에서 운영하는 학교에 가서 영어를 배웠고 많은 성경구절을 암송했습니다.

십 대 시절은 어려웠습니다. 조부모님이 계속해서 이사를 한 탓에 한 곳에 뿌리를 내릴 수 없었어요. 한동안 깊은 침체에 빠져 콘센트에 가위를 꽂는 등 두 번이나 자살을 시도했습니다. 아버지는 스승 두 분으로부터 지대한 영향을 받았다고 합니다. 한 분은 미국인인데 중국 이름으로는 샤오안나Xiao Anna이며, 또 한 분은 중국인으로 쉬티안민 Shi Tianmin입니다. 두 분 다 경건한 그리스도인이었죠. 그분들은 청 왕조의 몰락과 새 공화국의 설립 이후 쑨원 선생이 지지했던 새로운 학문과 사회사상을 아버지에게 가르쳐주었습니다. 또한 복음을 전해주었습니다. 아버지는 종교에 관심을 갖게 되었고 나중에 왕밍다오 목사를 소개받았습니다.

1934년 여름에 아버지는 고등학교의 첫 해를 마쳤습니다. 부모님은 아버지가 학업을 계속해서 졸업 후에 안정적인 직업을 갖고 결혼해서 아이를 낳아 편안한 삶을 살기를 바랐습니다. 그러나 아버지는 반대했어요. 아버지는 학교를 그만두었고, 성경의 감화를 받아 베이징에 있는 신학교에 등록했습니다. 극동 신학교Far East College of Theology 계열의 학교였습니다. 아버지는 거기서 4년간 공부했습니다. 1936년 여름에 아버지는 다른 2천 명의 그리스도인들과 함께 전국 성경 읽기 및 상담 수련회에 참석했습니다. 1937년에는 영감 어린 글을 출간하기 시작했고 영어로 쓰인 설교자 핸드북을 중국어로 번역하기도 했습니다.

그해에 일본이 중국을 침략했습니다. 무척 혼란스러운 시기였죠. 장차 아버지의 아내, 그리고 나의 어머니가 될 리앙후이전Liang Huizhen 은 일본의 침공 후 고향집을 떠나 베이징에 이르렀습니다. 어머니도 그리스도인이었는데, 두 분은 서로를 만나 사랑에 빠졌습니다. 아버지가 신학교 학업을 마치자마자 두 분은 약혼을 했고 1938년 7월에 베이징에서 결혼식을 올렸습니다. 결혼식은 절반은 서양식, 절반은 중국식으로 진행되었습니다. 무슨 말이냐 하면, 아버지는 정장을 입고 어머니는 서양식 웨딩드레스를 입었지만, 피로연장에 갈 때는 말이 끄는 중국식 마차를 타고 갔습니다. 많은 중국 그리스도인들과 외국 선교사들이 예식에 참석했습니다.

1939년, 어머니는 큰형을 임신했습니다. 그 시기에 아버지는 통역 및 번역자로 남아달라는 신학교 총장의 제안을 받았는데, 큰 수입은 못 되지만 가족을 부양할 만한 수입은 얻을 수 있는 일이었습니다. 그러나 아버지는 그 제안을 거절했고, 그 대신에 시골 지역에 복음 전하는 일을 돕기로 했습니다. 그래서 아버지는 어머니와 큰형을 데리고 미국인 복음 전도자를 따라 남부 허베이 성 및 산둥 성의 여러 지역을 다니며 복음을 전파했습니다. 일본이 진주만을 공격한 이후로 일본 군대는 미국인들을 검거해서 산둥 성 웨이 현에 있는 수용소로 보냈습니다. 어느 날 밤, 일본 군인들이 와서 미국인 목사와 그의 아내와 두 자녀를 잡아갔습니다. 아버지가 머물던 방도 약탈을 당했습니다. 어머니는 젊고 예뻤기 때문에 눈에 띄지 않도록 여러 해 동안 얼굴에 숯 검댕을 바르고 다녔습니다. 어머니와 형은 교회 뒤편에 있는 지하창고에 숨어 지냈습니다.

전도의 일을 포기하고 싶지 않았던 아버지는 가족을 데리고 어느 마을로 이사해 농민들과 함께 살면서 그들과 함께 일을 했습니다. 그 시절 허베이 성 남부 지역은 일본 군대의 지배를 받고 있었습니다. 밤이면 공산당 게릴라 부대로 조직된 저항운동이 활발했습니다. 아버지는 자전거를 타고 이 마을 저 마을을 다니면서 복음을 전했습니다. 아버지는 항상 두 가지 종류의 통행증과 지폐를 가지고 다녔는데, 하나는 일본이 발행한 것이었고 다른 하나는 중국 공산주의자들이 발행한 것이었습니다. 아버지 자신은 중립이라고 했지만, 어느 쪽을 만나든 그들의 화폐로 통행료를 내야 했습니다. 아버지의 설교는 상당수의 마을 사람들에게 전달되었습니다. 아버지는 도시의 지식인에서 시골 농부로 완전히 바뀌었는데, 벼룩이 들끓는 솜을 덧댄 검정색 외투를 입고 밀과 옥수수로 만든 소박한 떡을 먹었습니다. 아버지는 마을에 있을 때든 밭에 있을 때든 복음을 전파했습니다. 복음 전파에 너무도 헌신적이어서, 할아버지가 돌아가셨을 때 외아들이던 아버지는 집으로 돌아가 작별인사 할 기회마저 놓치고 말았습니다.

일본이 항복한 1945년의 어느 밤에, 아버지는 베이징으로 돌아와 중병을 앓고 있던 할머니를 보살폈습니다. 아버지는 가까운 교회에서 복음을 전하면서 허드렛일을 마다하지 않고 가족을 부양했습니다. 그때 우리 가족은 일곱 명으로 불어나 있었습니다. 아버지는 상황이 나아져서 자신을 가장 필요로 하는 시골로 돌아갈 수 있기를 고대하고 있었습니다. 하지만 일본군이 중국을 떠나자 공산당과 국민당 간에 내전이 벌어졌습니다. 아버지는 불안했습니다. 아버지는 자신을 향한 하나님의 뜻을 헤아리고자 열심히 기도했습니다. 그 시기에 아버지는 후청먼 가 160번지에 소재한 일본 기독교회를 발견했습니다. 일본인 목사가 중국을 떠난 후에 국민당 정부가 교회를 폐쇄한 터였습니다. 아버지는 정부 관리들을 설득해서 교회를 임대해 사용하는 것을 허락받았습니다. 월 임대료는 쌀 150킬로그램에 해당하는 금액이었습니다. 아버지는 막일을 해서 교회와 가족을 경제적으로 건사했습니다. 한편으로 그 일은 축복이었습니다. 그 경험은 아버지로 하여금 독립적인 정신의 소유자로서뿐만 아니라 조직가로서 근력을 키워주었습니다. 아버지는 정부 기관의 도움을 일절 거절했는데, 교회는 하나님을 따르는 사람들에 의해 유지되는 거룩한 곳이어야 한다고 믿었기 때문입니다.

국민당 군대의 패전이 임박했던 1948년 말, 베이징의 상황은 악화되었습니다. 많은 선교사들과 그리스도인들이 중국을 떠났습니다. 그러나 아버지는 남기로 했습니다. 1949년 2월 3일, 공산당 군대가 베이징에 입성해 행진하며 후청먼 가에 있는 아버지의 교회 옆을 지나갔습니다. 3주 후 여러 기독교 교단의 지도자들이 한데 모여 무신론 정부 아래서 살아남을 방법을 토론하며 모색했습니다. 회의에서 아버지는 인민에게 종교의 자유를 주겠다고 한 공산당의 발표를 당분간 지켜보자고 촉구했습니다. 또한 아버지는 종교는 세상 정치와 떨어져 있어야 한다고 믿었습니다. 아버지는 종종 우리에게 이런 말을 했습니다. "중국의 그리스도인들은 자기 자신의 독립교회를 가져야 한다. 우리는 자립하는 방향으로 나아가야 한다."

처음에 새로운 정부는 질서 유지와 사회 전 부문을 지원하는 일로 분주했습니다. 종교 부문은 활동을 허락받는 데 지장이 없었습니다. 하루는 아버지가 몇몇 신도들을 이끌고 거리로 나갔습니다. 그들은 교회로 사람들을 끌어 모으기 위해 북과 징을 쳤고, 이내 아버지는 많은 사람들을 끌어 모을 수 있었습니다. 그렇지만 거리 순찰을 돌던 공산당 군인들의 주의마저 끌었습니다. 군인들은 사람들을 해산시키고 아버지를 군사통제위원회로 끌고 갔습니다. 그들은 간단히 아버지를 심문했습니다. 아버지는 정부의 '종교 자유' 시책을 들어 자신을 변호했습니다. 아버지가 수사관들과 언쟁을 벌이자 그들은 공손히 이렇게 말했습니다. "선생님의 자유는 반드시 누리셔야죠. 그런데 우리가 도시를 접수하고 해방시킨 지 얼마 되지 않았습니다. 그래서 사방이 혼돈 상태에요. 각계각층의 사람들이 떠돌아다니고 있고요. 그러니 밖에서는 전도하시지 마세요." 결국 군 지도자는 더 이상 아버지를 괴롭히지 않고 석방시켰습니다.

당시 공산당에는 종교활동에 제한을 가하고 신자들을 개혁시켜, 결국에는 모든 종교활동을 중국에서 없애버리자는 내부 정책이 있었습니다. 종교의 세계에서도 모든 사람이 자신의 주장하는 것처럼 거룩한 것은 아니었습니다.

랴오이우: 우야오종嗚耀宗, Wu Yaozong 목사를 말하는 것인가요?

위안: 네, 우 씨를 말하는 겁니다. 그 밖에도 딩광순Ding Guangxun, 류리앙모Liu Liangmo 같은 유명한 종교인들이죠(초기 삼자교회의 지도자들이다—

옮긴이 주). 우야오종에 대해 짧게 배경정보를 드리죠. 우 씨는 1893년에 태어나 어린 나이에 그리스도인이 되었습니다. 뉴욕 시의 한 신학교에서 수학한 뒤 안수받은 목사가 되어 중국으로 돌아왔습니다. 공산주의자들이 중국을 점령하자 그는 공산주의 이데올로기를 수용하고 열렬한 지지자가 되었습니다. 그는 인생에서 중요한 두 가지 변화를 경험했다고 말합니다. 첫 번째는 기독교 신앙을 받아들여 무신론자에서 신앙인이 된 것입니다. 두 번째는 마르크스주의 사회이론을 수용한 것입니다. 마르크스주의는 종교를 부인합니다. 그런데 그는 뻔뻔하게도 자신의 종교적 신념과 무신론적 공산주의 이데올로기를 섞어버렸습니다.

우 씨는 중화인민정치협상회의Chinese People's Political Consulta-tive Conference의 전국위원회 위원에 선출되었습니다. 그는 저우언라이 주석과 세 번 만나 중국의 기독교를 개혁할 방안을 구상했습니다. 그의 계획은 '외국 제국주의자들'과의 모든 관계를 끊고 삼자원칙, 즉 자치self-governance, 외국의 재정 지원을 받지 않는 자양self-support, 그리고 자력 전도하는 자전self-propagation의 원칙을 채택하는 것이었습니다. 우 씨의 계획이 공개되고 나서 곧이어 중국은 한국전에 끼어들어 미국에 맞서 싸웠습니다. 삼자원칙은 이내 애국운동이 되고 말았습니다. 중국의 그리스도인들은 "조국을 지지할" 것인지, 아니면 "외국 제국주의자들을 지지할" 것인지 선택해야만 했습니다. 이는 사람들을 열광의 도가니로 몰아넣었습니다. 애국심을 공개적으로 표현하지 않으면 반혁명분자가 되는 세상이 도래한 것입니다. 중국 내 3만3천 명가량의 그리스도인들이 이른바 삼자교회의 애국운동을 지지한다고 서명했습니다.

이 같은 정치적 외압에도 불구하고 많은 그리스도인들이 견고히 서서 삼자원칙을 배격했습니다. 그때 베이징에는 약 쉰 개의 기독교 회와 기독교 조직이 있었습니다. 열한 개 교회를 대표하는 지도자들이 공개적으로 삼자원칙에 반대를 표명하면서 중국 교회는 오래전부터 자치, 자양, 자전의 원칙을 채택해왔다고 선언했습니다. 그러니 다시 서명할 필요가 없었던 것입니다. 이들 용감한 교회 지도자들 중에는 내 아버지의 친구인 왕다오밍 Wang Daoming 목사도 있었습니다.

아버지는 기탄없이 선언한 이들 지도자들 중에 끼지 않았으나 오래전부터 교회와 정치는 서로 분리되어야 한다고 주장해왔습니다. 아버지가 좋아하던 말이 있는데, 하나님의 일은 하나님께, 가이사의 일은 가이사에게 맡기라는 것입니다. 교회가 공산당의 이익을 도모하는 데에 익숙해져서는 안 됩니다. 이러한 입장으로 인해 아버지는 신도들로부터 고립되었고, 결국 신도들 중 많은 이들이 아버지를 버렸습니다. 1952년을 기점으로 정부 관리들은 아버지를 대화에 끌어들이고자 거듭해서 찾아와 자신들의 진영에 가담시키려고 압력을 행사했습니다. 아버지는 그들의 요구를 거절했고 정치학습모임에 참석하기를 거절했습니다.

지역 종교국 관리들은 처음에는 아버지를 설득해 바꾸어보려고 찾아왔습니다. 그들은 며칠 전 우리 집을 찾아왔던 경찰관들처럼 행동했습니다. 하지만 1955년이 되자, 정부의 관용도 끝이 났습니다. 결과적으로 2만 명이 넘는 그리스도인들이 살해당한 1900년의 의화단 사건 이후로 가장 큰 재앙이 닥쳤습니다. 1955년에 중국 내 천 개 이상의 교회가 불에 타 전소되었습니다. 수만 명의 그리스도인이 구속되었습니다. 수천 명의 사람이 이단 종파에 속했다는 혐의로 처형을 당했습니다. 정부에 반대하는 종교 지도자들이 다른 지역에서 일어나는 일들로 인해 겁을 집어먹게 될 거라고 베이징 정부는 생각했던 겁니다. 마오 주석은 이 정책을 "적들 포위하기"라고 불렀습니다.

랴오: 그렇지만 운동을 지지하고 나선 사람은 아무도 없지 않았습니까?

위안: 그렇습니다. 1955년 8월 7일 밤, 왕밍다오王明道, Wang Mingdao 목사와 그의 아내, 그리고 수십 명의 전도자들이 구속되었습니다.

랴오: 그들 교회 지도자들은 오랜 징역형을 선고받았지요.

위안: 15년에서 종신형까지 선고받았습니다. 왕 목사는 육체적 고문 위협으로 인해 자술서를 쓰고 곧 석방되었으나 자신이 배반했다는 생각에 시달려야 했습니다. 영적 고문은 육체적 고문보다 훨씬 더 고통스러웠고, 그래서 경찰에 자수했습니다. 그는 이렇게 말했습니다. "남은 인생을 감옥에서 보내겠습니다. 그러면 주님의 진노를 조금 가라앉힐 수 있겠지요."

나의 아버지도 흔들렸습니다. 8월 7일의 구속에 이어, 아버지를 포함한 많은 전도자들이 압력을 견디다 못해 정치학습모임에 참석했습니다. 한 공산당 관리는 나의 아버지에게 이렇게 말했습니다. "당신은 아직 젊을뿐더러 밝은 미래가 앞에 펼쳐져 있소. 그러니 자신을 개조하도록 노력하시오." 그는 아버지에게 집회 때마다 당의 정책에 대한 지지를 공개적으로 표명하도록 종용했지만, 아버지는 침묵을 지켰습니다. 내심 아버지는 망설였던 것입니다. 결국 아버지는 기도와 성찰을 하는 가운데 뜻을 정했는데, 1957년 삼자원칙에 대한 지지를 선언하라는 자리에서 아버지는 정부의 종교정책이 부당하다고 천명해버렸습니다. 중국 헌법에는 분명 종교의 자유가 보장되어 있는데, 그리스도인들은 이제 더 이상 그 자유를 누릴 수 없었습니다. 새 정부의 지지자들인 일부 그리스도인들은 삼자원칙을 옹호했지만 그들은 위선자들일 뿐이었습니다. 그들은 일본이 침략해왔을 때 침략자들에게 투항한 사람들이었습니다. 그 후에 미국인들이 왔을 때는 미국인들에게 고용되어 잘 지냈던 사람들이었습니다. 그랬던 이들이 이제는 새 정부의 비위를 맞추려 하고 있었던 겁니다. 이런 자들을 애국자라 할 수는 없습니다. 그들은 사익에 충실하기 위해 종교를 이용하는 기회주의자들일 뿐입니다. 나중에 아버지는 술회하기를, 그때 무척 행복하고 자유로웠다고 했습니다.

정부는 아버지를 체포하기보다는 정치학습모임에 보내 그 모임에서 "우익 인사", 즉 당의 방침에서 이탈한 사람으로 인식되게 만들었습니다. 그렇게 아버지는 인민의 적이 되고 말았습니다.

하지만 일단 우익으로 공표되자 아버지는 정치적으로 진보적인 양할 필요가 없었고 정치학습모임에도 더 이상 참석하지 않았습니다. 아버지는 집에 머물면서 매일의 기도와 성경 읽기를 이어갔습니다. 또한 복음을 전했습니다. 친구들의 주의를 받을 때면 아버지는 "교회의 머리는 종교국 관리가 아니라 예수님이라네" 하고 말했습니다. 우리 가족의 오랜 친구인 치 목사는 함께 저녁식사를 하는 자리에서 아버지에게 이렇게 말했습니다.

"위안 형제, 자네에게 조언을 하나 하고 싶네. 자네가 듣지 않으리라는 것은 알지만, 자네의 친구로서 이 말은 해야 할 것 같네. 자네는 지금 매우 위태로운 상황에 처해 있네. 이 새로운 상황에서 나는 자네가 머리를 숙이고 성질을 죽이기 바라네. 그렇게 할 수 없다면, 최소한 따르는 척이라도 하고 정치학습모임에도 계속 참석하게. 고집 부리고 자기 입장만 고수하다가는 생각지도 못한 결과에 직면할지도 모르네. 가족을 위해서라도 그리하게. 병든 노모와 자녀들도 돌봐야 하지 않나. 자네에게 무슨 일이 생기면, 가족들은 어찌 하려고? 아이들은 남은 평생 동안 반동분자라는 검은 딱지를 달고 다닐 걸세. 그건 아이들에게 온당하지 않은 일일세."

치 목사는 감정이 격양되어 눈물을 흘렸습니다. 그래도 아버지의 마음은 움직이지 않았습니다. 결국 치 목사는 이렇게 말했습니다. "공산주의자들이 삼자정책을 지지하라고 요구해온다면, 우리는 시키는 대로 해야 하네. 달리 무슨 선택을 할 수 있겠나?"

1957년 말, 정부는 아버지를 "구할" 마지막 기회를 주겠다며 우리 가족에게 손을 뻗쳤습니다. 지역 공안국 책임자는 어머니와 할머니에게 지역 종교국 사무소에 출석하라는 소식을 전했습니다. 두 분이 도착하자 종교국 부책임자가 불쾌한 충고로 두 분을 맞이했습니다. "두 분을 모신 것은 위안시앙천이 생각을 고쳐먹을 수 있도록 두 분이 설득해주기를 바라서입니다. '말이 벼랑으로 떨어지기 전에 고삐를 당겨라'라는 속담도 있잖습니까. 우리는 그의 비협조적인 태도를 더 이상 좌시할 수 없습니다. 그는 아직 젊습니다. 마흔넷이잖아요. 두 분은 정부를 도와서 그를 구해내야 합니다. 우리의 이런 호의를 나약함으로 오해하지 마세요. 원하면 언제든 곧바로 그를 감옥에 잡아넣을 수 있으니 말입니다. 하지만 그런 일이 생기면, 가족 전체가 고생하지 않겠습니까."

랴오: '고삐를 당기라'는 속담은 문화대혁명 기간 중 최후통첩으로 사용되던 말이죠.

위안: 아버지는 그 말의 뜻을 곧바로 이해했습니다.

랴오: 아버지가 가족을 위해서라도 조금 양보할 수 있지 않았을까요? 가족을 궁지에 빠뜨렸다는 점에서 아버지는 변명의 여지가 없네요.

위안: 일이 터지기 전에 아버지는 그 문제에 대해 심사숙고했습니다. 많은 친구들로부터 조언을 받기도 했고요. 하지만 그리스도인에게 가장 큰 불행은 이 세상에서 부닥친 재앙이 아닙니다. 오히려 이 땅의 세속적인 것을 얻기 위해 하나님을 배반하는 것이지요. 그리하면 친척과 소유를 지킬 수 있을지는 모르나, 영혼은 아무런 구원의 희망 없는 어둠 속에 영원히 갇히게 될 것입니다. 아버지는 그것이야말로 더없이 끔찍한 재앙이라고 생각했습니다.

랴오: 나도 오랫동안 감옥에 갇혀 있었지만 당신의 아버지처럼 나 자신이 결연했다고 볼 수는 없습니다. 정부당국이 친척과 친구들을 인질로 잡고 협박하면서 믿음을 버리라고 요구했다면, 나는 자술서를 쓰고 거짓말을 하고 필요한 일은 무엇이든 다 했을 겁니다.

위안: 그렇지만 오른손을 자르고 다시는 글을 쓰지 않겠다고 맹세하지는 않겠죠?

랴오: 당연히 그럴 순 없죠.

위안: 같은 원리입니다. 아버지는 믿음을 저버리지 않았습니다. 믿음이 아버지에게는 생명이었으니까요. 사람이 자기 생명을 잃으면 가족을 위해 무엇을 남기겠습니까?

오랜 불면의 밤을 지새우며 아버지는 무릎을 꿇고 용기를 구했습니다. 아버지는 두 가지 길에 직면했습니다. 생각을 바꾸어 정부의 삼자교회에 합류할 수도 있었고, 아니면 가족과 떨어져 감옥에 갇혀 지낼 수도 있었습니다.

아버지는 열흘 동안 기도했고, 그동안 아무도 아버지를 방해하지 않았습니다. 아버지는 정부가 생각을 바꿔 자신을 구속하지 않을지도 모른다고 생각하기 시작했습니다. 1958년 4월 19일 밤 11시, 경찰이 아버지를 만나러 왔습니다. 그들은 먼저 예의를 갖춰 노크를 했습니다. 지역 교도소에서 온 경관 두 명이 밖에 서 있었습니다. 그들은 지역 공안국 사무실에서 열리는 약식 회의에 아버지를 "초대"했습니다. 그곳에서는 경관 몇 명이 아버지를 기다리고 있었습니다. 그들은 아버지에게 구속영장을 읽어주고는 아버지 손목에 수갑을 채웠습니다. 그들은 "적극적인 반혁명분자"라는 혐의로 아버지를 고발했습니다. 같은 시각에 일단의 군인들이 우리 집을 수색하여 성경과 찬송가, 그리고 그 밖의 기독교 문건을 찾아 마룻바닥에 쌓아놓고는 짓밟았습니다. 그들은 트렁크 가방을 열어 젖혀 안에 있는 것을 쏟아냈고 집 안을 샅샅이 뒤졌습니다. 철봉으로 마루 밑과 벽 속에 은신처가 있는지 살폈고, 빈 공간이 있을 것 같은 부분은 죄다 뜯어냈습니다. 심지어 세례식 때 사용하는 연못까지 샅샅이 파헤쳤습니다. 그들은 설교자에게 필요한 일반

용품 외에 더는 찾아내지 못했습니다. 금덩어리도 없었고, 공산주의에 반대하는 자료도 없었습니다. 새벽 네 시 삼십 분, 군인들은 책과 값어치 있는 모든 것을 트럭에 싣고 떠났습니다. 당시 어린아이였던 우리는 가만히 서서 지켜보기만 했습니다. 그날 밤은 평생 잊지 못할 것입니다.

아버지는 21년하고도 8개월 동안 집으로 돌아오지 못했습니다. 이제 적극적인 반혁명분자의 아내가 된 어머니는 거리위원회 책임자직을 빼앗겼습니다. 당시 열일곱 살이던 형은 학교에서 공산주의 청년회 회장으로 선출되었으나 회장에서 물러나야 했습니다. 우리 가족은 후청면 가에서 쫓겨나 바이타시네 가에 있는 15평방미터의 작은 집에 여덟 식구가 들어가 살아야 했습니다. 아이러니하게도, 그 집은 백색 사원 근처의 티베트 승려들을 위한 숙소로 사용되던 서쪽 별채의 일부였습니다.

어머니는 공사 현장에서 임시직 일을 얻어 가족을 부양했습니다. 그 일은 아무도 원치 않는 중노동 일이었습니다. 얼마 안 되는 벌이였지만 어머니는 일을 얻은 것에 감사했습니다.

랴오: 1955년부터 1958년 사이에 기독교 목회자들이 체포되고 전국적으로 교회들이 폐쇄되었습니다. 베이징에서만 60개가 넘던 교회가 네 개로 통폐합되었고, 그 네 교회마저도 문화대혁명 중에 폐쇄되었습니다. 어떤 면에서 정부는 원하는 것을 얻은 셈인데, 중국 내 모든 종교활동을 없애버린 것이죠.

위안: 하지만 정부가 사람들 마음속까지 지배하지는 못했습니다. 그 어려

운 시기에 우리는 어머니와 함께 날마다 기도를 드렸습니다. 어느 날 어머니는 여섯 자녀를 먹일 음식을 구할 수 없었습니다. 어머니는 무릎 꿇고 기도드렸습니다. "하나님, 쌀이 떨어졌습니다. 밀가루도 없습니다. 먹을 게 아무것도 없습니다. 내일도 오늘과 마찬가지겠지요. 우리가 이런 어려움을 겪는 것이 당신의 뜻이라면 받아들이겠습니다. 아이들에게는 물을 끓여 먹이겠습니다…"

다음 날, 한 여인이 우리 집을 찾아왔습니다. "여기가 위안 형제 집인가요?" 그녀가 물었습니다. 어머니는 고개를 끄덕였습니다. 그 여인은 주머니에서 봉투를 하나 꺼내 어머니에게 전해주었습니다. 봉투 안에는 50위안이 들어 있었습니다. 어머니는 고개를 들어 고맙다는 인사를 하려고 했는데 그 여인은 이미 떠나고 없었습니다. 50위안이면 온 가족이 두 달 동안 먹을 수 있을 만큼 충분한 돈이었습니다. 어미는 무릎 꿇고 하나님께 감사기도를 올렸습니다. 그 후로 20년 동안, 우리 가족은 익명의 돈을 우편함에서 정기적으로 받았습니다.

라오: 아버지의 운명에 대해 알게 된 게 언제입니까?

위안: 아버지의 소재에 대해 아무 소식도 듣지 못하고 있었는데, 1958년 11월에 지역 법원의 서기가 우리 집에 와서 어머니에게 법원의 평결문을 전해주었습니다. 우리 가족은 아버지가 종신형을 선고받고 복역 중이라는 사실을 알게 되었습니다. 세상 정부로부터 핍박받을 때 그리스도인들은 정부에 항소하지 않습니다. 어머니도 이 전통을 따랐습니다. 설령 항소를 했다 해도 소용이 없었을 겁니다.

12월에 아버지가 베이징 감옥에서 엽서를 보내왔는데, 처음으로 가족 면회가 허락되었다며 날짜를 알려주었습니다. 그래서 어머니는 나와 막내여동생과 할머니를 데리고 지싱 로로 갔습니다.

대기실은 면회 온 사람들로 붐볐습니다. 한 번에 몇 명씩 30분간 면회가 진행되었습니다. 아버지는 머리를 짧게 깎았고 기력이 떨어져 보였습니다. 우리 가족은 서로 보게 되어 무척 흥분했습니다. 손을 맞잡고 무슨 말을 해야 할지 몰랐습니다. 어머니는 그리스도인 형제자매들이 더 많이 체포되었다는 말을 전하려고 했으나 간수가 면회시간 내내 옆에 붙어 서 있어 그럴 수 없었습니다.

랴오: 감옥에서 아버지는 동료 그리스도인들을 만났나요?

위안: 네. 1959년 어느 날 밤, 재소자들이 야외에서 정치선전 영화를 보고 있었는데, 아버지는 자기 앞에 앉은 사람이 아버지의 멘토였던 왕밍다오 목사임을 알아챘습니다. 둘은 잠깐 서로를 바라보았습니다. 서로 아무 말도 하지 않았지만, 두 사람은 고개를 들어 하늘을 바라보았습니다. 하늘에 계신 그들의 주님을 의미하는 행동이었습니다.

알고 있는 그리스도인과 마주치는 경우도 이따금 있었으나 아버지는 무척 신중해졌습니다. 구치소에 있을 때 가톨릭 신자였던 사람이 아버지가 구치소에서도 복음을 전한다고 당국에 고발한 적이 있었기 때문입니다. 아버지는 그 일로 처벌을 받았습니다.

1960년 여름이 끝날 무렵, 중국의 많은 지역에 기근이 들어 범죄율이 급등했습니다. 베이징의 교도소들은 재소자들로 바글바글했습니다. 정부는 장기 징역형을 선고받은 죄수들을 헤이룽장 성 북동부, 구소련과 국경을 면한 싱카이호의 강제노동수용소로 보내기로 결정했습니다. 아버지도 거기 포함되었습니다.

강제노동수용소에 도착한 죄수들은 처음에는 철조망을 두른 천막에서 잠을 잤고 자신들이 수감될 감옥을 짓는 데 사용할 벽돌을 직접 만들었습니다. 나중에는 수용소의 50미터 길이의 침상에서 어깨를 맞대고 잤습니다.

겨울이 오면 헤이룽장 성의 기온은 섭씨 영하 30도까지 떨어졌습니다. 하루는 아버지가 밭에서 일하고 있는데 감방 동료가 아버지 코의 피부색이 변했다고 일러주었습니다. 아버지는 실내로 들어가 몸을 따뜻하게 해서 코에 동상이 걸리는 것을 면할 수 있었습니다. 불운한 이들은 추위에 양쪽 귀를 잃기도 했습니다. 아버지는 들판의 벌거벗은 나무 둥치처럼 얼어 죽는 죄수들을 여럿 본 적이 있었습니다. 앙상하고 몸도 빈약한 지성인인 아버지가 그 춥고 긴 겨울을 어떻게 이겨내고 살아남았는지 상상이 되지 않습니다. 아버지는 아픈 적이 없었다고 합니다. 1962년, 중국과 소련은 공식적으로 우호 관계를 접고 서로 전쟁 준비에 들어갔습니다. 수용소는 폐쇄되었습니다. 2천 명이 넘는 수용자 가운데 50명이 반혁명분자, 즉 가장 위험한 죄수였고 그들은 베이징으로 이송되었습니다. 아버지는 그것이 오히려 복된 일이라 여겼습니다. 가족을 다시 볼 수 있을 테고 배식 형편도 나아질 것이기 때문이었습니다. 헤이룽장에서 죄수들은 옥수수 겨나 나물로 만든 떡을 먹으며 근근히 버텼습니다. 베이징에서는 적어도 고구마 정도는 먹을 수 있었습니다. 또한 가족들도 빈약한 감옥 배식을 보충할 사식을 넣을 수 있었습니다.

1965년 10월, 나는 고등학교를 졸업하고 닝샤 성 북서부의 군부대

농장에 배치되었습니다. 그곳으로 떠나기 전에 나는 아버지를 면회하러 갔습니다. 아버지는 내 손을 잡고 한참 동안 놓지 못했습니다. "네가 벌써 열여덟 살이 되었구나. 이제 시골에서 새로운 삶을 시작하게 될 게다. 자기 자신을 잘 돌보아야 한다. 신앙에 대한 확신은 갖고 있느냐? 찬송가를 부를 줄은 알고?" 아버지의 물음에 내가 모두 예라고 대답하자 아버지는 미소를 지었습니다. 얼마나 기뻐하시는지 알 수 있었습니다. 이후로 14년 동안 아버지를 다시 만나지 못했습니다.

랴오: 아버지의 신앙을 간수들은 어떻게 대했습니까?

위안: 간수들은 공산주의 이데올로기의 세뇌를 받은 사람들입니다. 그들 머릿속에서는 종교와 미신이 아무런 차이가 없습니다. 하루는 교도관이 중국에서 미신적인 관행을 일소하는 방법이 담긴 소책자를 배부했습니다. 아버지는 그 책자를 받자마자 자리에서 일어나 이렇게 말했습니다. "나는 어떠한 미신적 관습에도 관여한 적이 없소. 나의 신앙은 참신앙입니다." 아버지 주위에 있던 사람들은 불안해졌습니다. 그러나 교도관은 궁금해했습니다. "당신은 자신이 참 신앙을 가졌다고 하는데, 절에 있는 수도승 정도라면 불교를 믿는 참 신자라 할 수 있을 거요. 그렇다면 당신도 수도승이었소?" 아버지는 진지하게 답했습니다. "아니오, 중국 사원의 수도승이었던 적은 없습니다. 수도승이란 표현을 정 쓰고 싶다면, 외국 사원의 머리 기른 수도승이라고 할 수 있습니다." 교도관은 웃음을 터뜨렸고 그 후로 아버지는 "외국 수도승"이란 별명을 얻게 되었습니다.

랴오: 마음이 넓은 교도관이었던가 보네요.

위안: 다른 성의 교도관들에 비해 베이징의 교도관들은 교육 수준도 높고 비교적 개화된 편이었습니다. 근무 여건도 훨씬 나았고요. 그러나 좋은 날이 오래가지는 않았습니다. 1966년에 문화대혁명이 시작되자 수많은 지식인과 전직 정부 관료들에게 반혁명분자라는 낙인이 찍혔습니다. 잠깐 동안에 베이징의 교도소들은 죄수들로 넘쳐났고 당국은 다시 한 번 장기수들을 헤이룽장으로 재배치시켰습니다. 아버지는 또 다른 농장으로 보내졌습니다. 그들은 처음부터 다시 시작해야 했습니다. 벽돌을 굽고, 공동숙소를 지었던 것입니다. 1966년이 끝날 무렵, 죄수들조차 문화대혁명에 동원되어 당의 사상과 행동에 반대하는 사람을 서로 폭로하라는 명령이 떨어졌습니다. 아버지는 "외국 제국주의자들의 앞잡이"였기에 감시가 훨씬 삼엄한 감옥으로 이송되었는데, 그곳에서 아버지는 정치학습모임에 매일 참석하고 정치 연설을 듣고 자술서를 써야 했습니다. 정치 영역에서 아버지는 문맹이나 다름없었습니다. 많은 정치학습모임에 참석해 자리를 지켰지만, 아버지의 마음은 다른 곳에 가 있었습니다. 모임에 관심을 기울이지 않았던 것입니다. 하루는 다른 죄수들과 함께 뉴스를 듣던 중 아버지는 궁금해서 무심코 이렇게 소리쳤습니다. "매일 나오는 뉴스에 왜 류사오치 주석 이야기가 없는 거지? 실각한 건가? 공산당 내부에도 정치적 권력 다툼이 있다는 말인가?"

실제로 류사오치는 마오에게 축출되었는데, 아버지의 이러한 발언은 위에 보고되었습니다. 아버지는 당에 반대해 "나쁜 뜻을 품었다"라는 혐의로 고소되었습니다. 심문을 받는 동안 아버지는 계속해서 짧게 답했습니다. "위안시앙천, 지금도 하나님을 믿소?" "네, 그렇습니다." 자신이 잘못 들었다고 생각한 교도관은 다시 물었고, 아버지는 침착하게 "네, 그렇습니다" 하고 답했습니다. 교도관은 몹시 화를 냈습니다. "당신은 고집 센, 구제불능의, 악질 반혁명분자요. 정치 학습으로는 더 이상 당신을 고칠 수 없을 것 같소. 당신에게는 처벌이 적당하겠소."

아버지는 사방 2평방미터의 작고 어두운 감방에 수감되었습니다. 창문도 없고 통풍구도 없는 감방이었습니다. 아버지는 봉인된 무덤 속에 있는 것 같았다고 했습니다. 하루에 두 번 누군가가 문 아래에 난 작은 구멍, "개 밥그릇 구멍"으로 먹을 것을 밀어 넣었습니다. 아버지는 그곳에서 6개월을 살았습니다. 아버지는 등을 꼿꼿이 펴고 앉아 잘못을 반성하라는 명령을 받았습니다. 아버지가 등을 구부리면 감시하던 간수들이 달려들어 구타했습니다.

외부의 정치 상황이 악화될수록 더 많은 사람들이 숙청되거나 수감되었고, 교도소는 초만원이었습니다. 늘어나는 "나쁜" 사람들을 수감하기 위해 교도소는 때로 아버지의 작은 감방마저 다른 재소자와 함께 쓰도록 했습니다. 그러나 대부분은 추가 형벌로 며칠 동안 머물 뿐, 곧 다른 감방으로 이감되었습니다. 아버지만이 그 작은 감방의 영구 거주자였습니다.

아버지는 그 감방에 6개월간 있었습니다. 씻지도, 옷을 갈아입지도 못하고, 햇빛조차 보지 못한 채 6개월을 지낸 뒤에 밖으로 나왔을 때, 아버지는 마치 해골 같았고, 너무도 불결하고 기운이 없어서 걷지 못할 정도였습니다. 자리에서 일어서자, 벼룩이 한 움큼 바닥으로 쏟아졌습니다. 햇빛 속에서 오랫동안 눈을 뜰 수가 없었습니다. 하지만 서서히 회복되었습니다.

랴오: 며칠 전 부친을 뵈었을 때, 아흔 살 가까이 되셨다는 게 믿기지 않았습니다. 머리카락이 여전히 검고, 지금도 힘 있고 기력이 넘쳐 보였습니다. 그토록 심한 고생을 한 흔적이 보이지 않아요.

위안: 아버지의 장수와 건강에 대해 많은 이야기가 있었습니다. 이상하게 들릴지 모르지만, 징역형이 실은 베이징에서 벌어진 더 극심한 박해로부터 아버지를 지켜주었던 것입니다. 문화대혁명 기간 동안 수많은 목회자들이 홍위병들에게 맞아 죽었습니다. 베이징은 그런 혼란의 중심이었고요. 다행히, 북동부의 상황은 그처럼 격렬하지는 않았습니다.

　　1969년 봄, 아버지가 수감되어 있던 교도소는 더 이상 수감자를 받을 수 없을 만큼 꽉 찼고, 그래서 아버지를 비롯한 약 천 명 정도의 중범죄자들은 멀리 넌장 현으로 이송되었습니다. 그들은 다시 한 번 자신들의 공동숙소를 짓고 재정착했습니다.

랴오: 몇 번이나 자신의 교도소를 지었던 거죠?

위안: 그게 네 번째였어요. 새로운 곳에 도착하자마자 아버지는 옛 친구인 우무자Wu Mujia 목사와 우연히 마주쳤습니다. 그는 삼자정책에 서명하기를 거부했던 열한 명의 교회 지도자들 중 한 명이었습니다. 우 목사는 15년형을 받고 복역 중이었습니다. 아버지는 야채 밭에서 일하고 있던 우 목사를 발견했던 겁니다. 교도소의 규칙은 수감자들 간의 대화를 금지하고 있습니다. 그래서 아버지는 콧노래로 찬송가를 흥얼거리는 것으로 인사를 대신했습니다. 우 목사는 그 가락을 듣고 고개를 들었다가 아버지를 알아보았습니다. 두 분은 한동안 서로를 빤히 바라보았고, 그 후에 우 목사가 먼저 몸을 돌렸습니다. 아버지는 우 목사가

아버지를 따라 콧노래로 찬송가를 따라할 줄 알았습니다. 하지만 우 목사는 그러지 않았고, 아버지는 친구의 반응에 충격을 받았습니다. 두 사람은 서로 친구였고 인생의 많은 사건을 함께 거쳐온 사이였습니다. 나중에 아버지는 우 목사가 신앙을 버렸다는 사실을 알게 되었습니다. 그 소식을 듣고 아버지는 큰 실의에 빠졌습니다.

랴오: 그렇기는 하지만, 그것은 정치적 외압에 굴복한 이들이 있는 반면 더 많은 이들이 외압을 견뎌내기로 결심했음을 보여주는 사례 아닐까요? 북서부 인촨 시의 바포라는 이름을 가진 기독교 전도자를 기억하고 있는데, 그는 여러 해 동안 감옥에 수감되었어요. 마오 주석이 사망하자, 그는 예정보다 일찍 석방되었죠. 정부당국은 그의 석방 허가서에 그가 자신의 죄를 고백했다고 했습니다. 그러나 그는 그런 적이 없었습니다. 바포는 정부당국에 자신의 기록을 정정해줄 것을 요청했습니다. "나를 석방하지 않아도 됩니다. 나는 죄를 자백한 적이 없습니다" 하고 말이죠. 자신의 요청이 거절되자 그는 다시 감옥에 집어넣어 줄 것을 요구했습니다. 당국은 거절했죠. 그러자 그는 교도소 밖에 작은 움막을 짓고 거기 살면서 일주일에 5일을 금식하며 그가 말한 바 하나님의 진노를 누그러뜨리려 했습니다. 그는 죽을 때까지 그 움막에서 20여 년을 살다 갔습니다.

위안: 영적으로 아버지를 지탱해주고 아버지가 계속 살아갈 수 있도록 힘을 준 것은 신앙이었습니다. 가족 중 아버지가 살아남을 거라고 생각한 사람은 아무도 없었습니다. 보통의 경우, 종신형을 선고받은 사람들은 대개 자살하거나 정신이상으로 생을 마감하는 게 대부분입니다. 아

버지는 끔찍한 육체적 고문을 받았지만 살아남았습니다. 그뿐 아니라 아버지는 오히려 감사해야 한다고 농담을 하기도 합니다. 북서 지방의 강제노동수용소에서 아버지는 양끝에 바구니를 매단 장대를 어깨에 이고 흙을 날라야 했는데, 얼어붙은 길이기에 등을 곧게 펴 균형을 잡고 걷지 않으면 넘어지기 십상이었습니다. 지금도 아버지는 등을 곧게 펴고 걷습니다. 등이 굽지 않았죠. 그리고 비슷한 연배의 사람들처럼 가쁘게 숨을 몰아쉬지도 않습니다.

1979년 10월의 어느 날, 아버지가 밭에서 돌아오자 교도관이 공동 숙소에 들어와 종이 한 장을 아버지에게 건네주었습니다. "죄수 위안 시앙천을 가석방 처분한다. 석방일로부터 1989년까지 가석방 기간 동안 베이징의 거주지를 벗어나서는 안 된다. 위안은 지역 공안국에 자신의 활동과 사상을 정기적으로 보고해야 한다." 가석방 서류를 손에 쥔 채 아버지는 곧바로 짐을 꾸렸고 3킬로미터를 걸어서 버스 정류장에 갔으며, 다음 마을에서 기차를 잡아타고 세 개의 현을 지나 베이징에 도착했습니다. 아버지가 집으로 돌아오다니, 전혀 예기치 못한 일이었습니다.

형은 지방 법원에 편지를 써서 아버지가 마오 시대에 광신주의자들에 의해 잘못 기소된 것이니 현 정부의 시책에 따라 아버지에게 내려진 평결을 뒤집어서 아버지의 오명을 씻어줄 것을 판사에게 요청했습니다. 하지만 형이 받은 답변은, 아버지는 반혁명 도당의 주모자이며 따라서 평결은 여전히 유효하다는 것이었습니다. 형이 받은 법원 진술서는 다음과 같았습니다.

"당신의 요청사항을 면밀히 검토해본 결과, 우리는 당신 부친에 대한 우리 법원의 평결이 여전히 유효하다고 생각합니다. 그에 대한 혐의사실은 변함이 없습니다." 1979년 11월 16일자로 보내온 편지에는 법원의 인지가 붙어 있었습니다.

랴오: 그리고 꼭 한 달 후에 부친이 가석방으로 풀려났죠.
위안: 공산당은 변덕스럽거든요.

우리 가족은 아버지를 맞으러 역에 나가 있었는데, 아버지는 한 시 달도 빨리 집에 오고 싶은 마음에 잠시도 지체하지 않고 바이타 시 정거장에서 막차 버스를 탄 것입니다. 아버지는 우리 집을 찾으려고 온 동네를 돌아다녔고, 그러다가 어머니의 이름을 소리쳐 부르기 시작했습니다. 형수가 집에 있다가 아버지의 소리를 들었습니다. 두 분은 그때 처음으로 만난 셈입니다. 우리가 집으로 돌아와 보니, 아버지는 뜨거운 물이 담긴 대야에 두 발을 담그고 계셨습니다.

랴오: 부친께서는 교도소 밖 생활에 어떻게 적응하셨나요?
위안: 쉽지 않았습니다. 현대 생활과 완전히 단절되어 있었으니까요. 물리적 현실에는 다시 적응해야 했지만, 영적 현실과는 시종일관 조화를 이루었습니다. 굳이 바뀐 게 있다면, 신앙이 전보다 강해졌다는 정도일 것입니다. 1979년이 지나면서, 종교적 신념 때문에 수감되었던 많은 사람들이 석방되었습니다. 석방된 이들이 정부 승인의 삼자교회에 대해 공개적 지지를 표명하면, 종교국은 그들에게 일자리를 주고, 보상을 해주고, 주거 공간도 마련해주었습니다. 우무자 목사도 삼자교회에 합류해서 옌징 신학교Yanjing Theology Academy에서 교수직을 얻었습니다.

그는 꽤 안락하게 살았습니다. 아버지는 구태여 법원에 결백을 주장하지 않았고 이내 자신의 종교활동을 재개했습니다.

아버지는 집을 교회로 바꾸었습니다. 처음에는 우리 집에 모인 열 명에게 설교를 했습니다. 몇 년이 지나지 않아 아버지의 회중은 3백 명으로 늘어나 아버지의 교회는 베이징에서 가장 큰 가정교회가 되었습니다. 공간을 더 확보하기 위해 집의 침대를 전부 분해하기도 했지만, 몰려드는 이들을 모두 수용하기에 우리 집은 분명 너무 작았습니다. 머지않아 아버지가 설교할 때면 사방 골목길까지 사람들로 가득 찼습니다. 우리가 하던 농담이 있어요. "우리가 받은 건 성경과 장의자뿐. 그것 말고 우리 집에는 모든 게 부족해." 지금도 아버지는 정부와 교회가 분리되어야 하며 교회는 자립해야 한다고 생각합니다. 오픈도어 Open Doors 선교회 같은 몇몇 해외 기독교 기관들이 성경을 기증하겠다고 도움을 제안해왔습니다. 아버지는 자신의 가정교회가 비영리기구로 등록되어 정부당국의 감시를 받게 되는 상황을 원치 않습니다. 지금까지 우리 집은 여러 번 가택 수사를 당했고 끊임없이 괴롭힘을 당하고 있지만, 아버지의 입장에는 아무런 변화가 없습니다. 아버지는 계속해서 복음을 전하고 있고 아버지를 따르는 이들의 수는 거듭해서 늘어났습니다. 몇 년 전에 우리는 새로운 아파트로 이사를 했습니다. 당신이 방문했던 아파트가 바로 그 집입니다.

랴오: 내가 당신의 부모님을 뵙고 싶었던 것은 "십자가: 중국의 예수"라는 최근 다큐멘터리 영화에서 그분들의 인터뷰를 보았기 때문입니다. 영화 중간에 부친께서 쉰 목소리지만 흥분한 듯한 소리로 찬송가를 부르

는 장면이 있습니다. "최후 승리를 얻기까지 주의 십자가 사랑하리. 빛난 면류관 받기까지 주의 십자가 붙들겠네." 어머님이 콧노래로 따라 부르고 아버지는 손을 들어올려 흔드는데 그 얼굴에 흥분이 흘러넘치더군요. 그런 분이 아흔 살 가까이 되었다는 게, 그리고 그 오랜 시간 동안 감옥에 갇혀 있었다는 게 믿기지 않았습니다. 무척 감동적이었어요.

위안: 그 찬송가 제목은 "갈보리 산 위에"The Old Rugged Cross입니다. 부모님은 마음만은 청년이시죠. 1989년 6월 3일 밤 이야기를 해드려야겠군요. 그날 군인들은 완전 무장을 한 채 거리를 장악하고 학생 시위를 단속하기 시작했습니다. 우리는 밖에서 끊임없이 들려오는 총성을 들을 수 있었습니다. 아버지는 겁먹지 않았습니다. 교회 예배는 중단 없이 계속되어야 한다고 고집하셨죠. 다음 날 아침, 아버지는 새벽 다섯 시에 일어났습니다. 버스가 다니지 않았기 때문에 아버지는 자전거를 타고 15킬로미터를 달려서 나의 누이 집으로 갔고 거기 모인 그리스도인들에게 설교를 했습니다. 설교 중에 아버지는 학생들과 시민들에 맞서는 정부의 행위를 비판했습니다. 아버지는 하나님의 말씀을 근거로 들어 학살에 희생당한 사람들을 위로했습니다. 되돌아보니, 그날 어떻게 아버지 홀로 그 길을 다녀왔는지 지금 생각해도 두렵네요. 거리에서는 여전히 군인들이 닥치는 대로 총을 쏘아대고 있었으나 이미 여든 줄에 접어든 아버지는 침착하고 용감하게 밖으로 나갔던 것입니다.

랴오: 요즘 부친의 활동에 대해서 정부는 어떤 반응은 보이나요?

위안: 정부는 항상 우리를 괴롭게 합니다. 해마다 경찰은 불법 모임을 조직했다는 혐의로 아버지를 고소하고 다시 감옥에 집어넣겠다고 위협

합니다. 경찰이 우리를 괴롭히는 주기는 대체로 베이징의 정치 상황과 일치합니다. 예를 들어, 당 대회가 열리는 동안이나 천안문 사건, 노동절 등의 기념일 기간 중, 혹은 주요 나라의 수반들이 중국을 방문하는 경우 우리는 24시간 경찰의 감시를 받습니다. 그럴 때면 우리 집 전화는 도청당하거나 회선 자체가 아예 먹통이 됩니다. 동료 그리스도인들이 우리 집에 모여 아버지의 설교 듣는 것을 어렵게 만들어버립니다. 오바마 대통령이 오거나 종교기구 또는 국제인권단체의 수장들이 중국을 방문할 때면, 경찰은 아버지가 외국 언론과 인터뷰하거나 정부를 당혹스럽게 할 만한 일을 미연에 방지하기 위해 부모님을 모처의 호텔로 데려가 나오지 못하게 합니다. 그 밖의 시간에는 괜찮습니다.

랴오: 베이징의 수많은 반체제 인사들이 비슷한 대우를 받고 있는 것 같습니다만.

위안: 다른 반체제 활동가들과 달리, 아버지의 행동은 반정부적 활동을 목적으로 하지 않습니다. 그저 여기서 하나님의 일을 할 뿐입니다.

랴오: 부친께서는 그러한 괴롭힘을 어떻게 해결하나요?

위안: 그 오랜 감금의 시간조차도 아버지를 조금도 바꾸지 못했습니다. 오히려 아버지는 더 견고해졌고 보다 단호해졌죠. 경찰이 우리 집에 나타날 때마다 아버지는 앞으로 나아가 경찰을 직접 대면합니다. "동료 그리스도인들이 오기 원하는 한, 당신들이 내 집에 자물쇠를 채우고 나를 잡아가지 않는 한, 나는 그들이 오는 것을 막을 수 없소. 나는 신앙인이오. 나의 신앙이 이 나라의 종교법에 위배된다면, 미안하지만 그

래도 나는 하나님의 말씀을 따를 것이오." 경찰관들은 고개를 가로저
을 뿐 달리 어찌할 수 없습니다. 보다시피, 아버지는 세속 권력에 의해
흔들리는 분이 아닙니다.

랴오: 빌 클린턴 미국 대통령이 전 세계 기독교 지도자들이 참석하는 백악
관 연례 조찬모임에 부친을 초청한 적이 있다고 들었습니다.

위안: 네, 하지만 아버지는 그 제안을 거절했습니다. 미국 정부가 중국 삼
자교회의 지도자들도 초청했기 때문입니다. 아버지는 권력에 고개 숙
이고 자신의 신앙을 버린 이들과 한 방에서 기도하고 싶은 생각이 전
혀 없었습니다. 게다가 아버지는 미국이든 중국이든 정부가 조직한 종
교활동에 참석하고 싶지도 않았습니다. 마지막으로, 설령 아버지가 그
제안을 받아들였다 하더라도 중국 정부가 여권을 발급해주지 않았을
겁니다. 아버지는 돈이나 권력과 연합할 필요를 느끼지 못합니다. 요즘
에는 흔한 일이 아닌데, 우리는 온 가족이 아버지를 중심으로 모입니
다. 우리는 모두 그리스도인이며, 여러 가지 어려움이 있지만 이곳 중
국의 미래는 밝다고 봅니다.

후기

위안시앙천 목사는 2005년 아흔두 살의 나이로 세상을 떠났다. 그는 여섯 명의 자녀를
두었는데, 자녀들은 모두 경건한 그리스도인이다. 내가 인터뷰한 아들 위안후성은 베이
징에 있는 그리스도인 공동체에서 계속 활동하고 있다.

1949년, 중국 내전은 그 끝을 향해 달려가고 있었고

국민당 정부는 완전히 몰락하기 직전이었어요.

대다수 친구들이 중국을 떠날 것을 종용했으나

장 신부는 남기로 했어요.

"하나님께서 나를 택하신 것은 재앙과 고난 가운데 있는

한족을 섬기고 이 혼란스런 세상에 남아 있으라고 하신 것입니다."

15장
공산당이냐 바티칸이냐
- 시인과 신부 -

"절박해요." 그녀가 속삭였다. "더 이상 중국에서 살 수 없어요. 탈출하고 싶어요." 내가 마지막으로 리우시성Liu Shisheng을 보았을 때, 그녀는 젊고 아름다웠다. 이제 그녀의 피부는 햇볕에 그을려 거칠어졌고, 이마에는 깊은 주름살이 새겨져 있었다. 1980년대 쓰촨 성의 전위시avant-garde poetry 운동의 지도자였던 리우는 오래전에 사람들의 시야에서 사라져버렸다. 지난 수년간 아무도 그녀의 이름을 들어보지 못했다. 2002년 청두 시의 '삼일서점' 앞에서 친구들과 함께 앉아 있던 나는 검은색 옷 차림으로 걸어오는 그녀를 보고 깜짝 놀랐다. 그녀의 이야기도 놀라웠다. 그녀와 나는 따로 떨어진 테이블로 자리를 옮겼다. 그녀는 울기 시작했다. 리우시성은 가톨릭 활동가가 되어 시골 지역에서 개종활동을 벌인 혐의로 7개월 동안 징역을 살고 나왔다.

그녀가 걱정되었던 나는 그녀를 대신해서 몇 가지 질문을 던졌다. 그러나 내가 인터뷰 날짜를 잡으려 했을 때 그녀는 내 문자 메시지에

응답하지 않았다. 내게는 그녀에게 연락할 다른 연락처가 없었다. 나는 3개월 후에 다시 그녀를 만났다. 음력으로 새해 셋째 날이었다. 그녀는 야외 찻집에서 강연을 하고 있었다. 침착하고 느긋해 보였다. "매일의 기도가 엄청난 내적 평화를 가져다주었어요." 그녀는 이렇게 말했다. 리우는 중국 가톨릭 공동체의 핵심 인물인 장강이Zhang Gangyi 신부에 관한 정보를 모으는 중이라고 했다.

리우는 공산당 관리 집안 출신이다. 그녀의 아버지는 국공내전 기간 동안 마오쩌둥과 함께 싸웠다. 국민당이 타이완으로 도망할 때 청두 시에 있으면서 새 정부 수립을 도왔다. 여러 해 동안 공산주의 청년동맹을 책임졌다. 그는 중국의 사기업을 국유화하는 운동이 진행되던 시기에 리우의 어머니를 만났다. 그녀는 섬유 공장 노동자로서 공산주의 대의에 헌신적인 사람이었다. 그들은 결혼했다. 1961년 봄, 중국에 대기근이 찾아왔을 때 리우가 태어났다. 극히 소수의 아이들만이 그 시기를 견뎌내고 살아남았다.

리우시성: 나는 반역자, 집안의 골칫덩어리였어요. 부모님과 닮은 점이 하나도 없었죠. 겨우 18개월 된 아이일 적에 부모님은 고위 정부 관리들의 자녀를 위한 특별 유치원에 나를 보냈어요. 나는 특수 고등학교에 진학했고 이후에는 대학에 갔어요. 공산주의 이데올로기로 세뇌되었죠. 부모님은 가족보다 자신이 맡은 일에 더 헌신적이었어요. 부모님이 기숙학교로 나와 동생들을 만나러 올 때면, 마치 교도소에 면회 온 것 같았어요. 짧고 격식을 차린 만남이었죠. 부모님이 은퇴하자 당은 더 이상 그분들을 필요로 하지 않았고 그제야 부모님은 자신들이 당만 알

았지 그 밖의 인생은 전혀 없었다는 것을 알게 되었죠. 부모님은 가족으로 함께 살아가는 방법조차 몰랐어요. 부모님 두 분 다 칠십 대인데, 지금도 하루 종일 싸우세요. 싸울 때면 매우 비이성적으로 변하고 철천지원수인 양 말로 서로를 공격하지요.

랴오: 부모님은 공산주의를 믿으셨을 텐데….

리우: …그분들의 믿음이 결국 빈껍데기였던 거죠. 부모님은 인생 전부를 공산당에 바쳤고 당은 그분들에게 거액 수표를 써줬어요. 하지만 당이 파산했으니 수표를 현금화할 수 없는 거죠. 여러 세대에 걸쳐서 중국인들은 당에 속아왔어요. 사람들은 모두 광신주의자들이 되어버렸죠. 전직 정부 관리들 중 다수가 파룬궁 수련에 빠져들었는데, 아무리 이단이라는 딱지를 붙이고 애를 써도 이 종파에 사람들이 빠져드는 것을 당은 막지 못했어요. 이유는 간단해요. 수련자들은 당에 대해 환멸을 경험한 사람들이거든요. 그들은 당이 약속한 수표에 인생을 모조리 걸었는데 나중에 알고 보니 수표에 쓰여진 금액이 가치가 없다는 것을 알게 된 거죠. 이제 아버지가 공산주의 최고 지도자들을 들먹이는 경우는 욕을 쏟아낼 때뿐이에요. 아버지를 비롯한 참전용사들이 천안문 광장에 모여 연좌시위를 벌이기로 계획한 적이 있어요. 그들은 군인 제복을 입고, 훈장을 모두 달고, 옛 혁명의 전통과 가치가 사라진 데대해 항의하는 집회를 열기로 계획했지요. 그들은 새로운 지도층이 당의 이미지에 먹칠을 했다고 느꼈어요. 낌새를 챈 경찰이 그들의 계획을 만류하려고 달래기도 하고 대가도 약속했어요. 아버지는 경찰관들과 일대 토론을 벌였는데 나중에 한 말이지만 그 대화를 통해 정부가

그들의 불만에 주의를 기울이고 있음을 느낄 수 있었다고 했어요. 참 전용사들은 물러섰어요. 하지만 그들이 얻은 것은 말뿐이었어요.

나는 부모님과 부모님의 이데올로기에 신물이 났어요. 그래서 교회에 가서 영적으로 거듭나기를 구한 거예요. 세례를 받으면서 나는 이름을 아예 새로 바꾸었어요. 지금 내가 쓰는 이름은 장강이 신부가 지어준 이름이에요. 나의 길을 찾기까지 한동안 시간이 필요했어요. 하나님은 나의 운명을 바꾸어주셨고 나는 인생의 의미를 발견했어요. 쉽지 않았죠. 나는 한 번 결혼한 몸이었고 오랫동안 방황하고 있었으니까요.

라오: 내가 당신 전남편의 친구였다는 점 잊지 말아요.

리우: 어떻게 잊을 수 있어요? '환생 길'에서 지낼 때, 우리는 모두 의식의 흐름에 따른 시를 쓰려고 무던히 애썼잖아요. 술 먹고 취했던 것 기억해요? 녹음기를 켜놓고 마이크에 대고는 횡설수설 떠들었잖아요. 그때 우리는 세상에서 가장 위대한 시를 짓고 있다고 생각했었죠. 그 경험에서 건진 건 딱 한 줄이에요. "포도주에 젖은 붉은 늑대, 입에서 방울방울 떨어지는." 1986년 전위시가 전국을 강타했을 때, 내가 살던 집은 호텔을 방불케 했어요. 미치광이 한 떼가 나가면, 또 다른 미치광이들이 기다렸다가 들어왔죠. 그들은 내 집에서 아무데서나 자고 먹고 마시고 싸고 그랬어요. 나는 종일 요리를 했고, 식료품을 사고 술을 샀죠. 음식을 만들고 만들고 또 만들었어요. 어느 날 밤에 나는 부엌에 들어가 문을 잠그고 가스 불을 켜고는 목숨을 끊으려고 했어요.

랴오: 왜 그랬죠?

리우: 예술가 친구들은 문화 엘리트임에 틀림없지만, 아무짝에도 쓸모없
는 삭막한 무리들이었어요. 한번은 술에 취하더니 그룹 섹스를 하더군
요. 구역질이 났어요. 도대체 저기에 예술가의 비전이 어디 있다는 말
이야? 그렇게 모든 것이 의미를 잃어갔어요. 어떤 목소리들이 내 귀에
들리기 시작했고요….

　　1989년 대학에서 가르칠 때였어요. 그 무렵 학생운동이 시작되었
는데, 나는 흥분했고 중국의 희망을 보았죠. 나는 내가 가르치는 학생
들에게 전폭적인 지지를 보냈어요. 그런데 그때 정부의 강경진압이 시
작되었어요. 나는 심각한 우울증에 빠졌어요. 사람 만나는 일도 그만두
고, 시인 친구들과도 연락을 끊었어요. 목적 없이 거리를 배회했어요.
그러던 어느 일요일 아침, 주마 거리에 있는 가톨릭교회를 지나게 되
었어요. 노랫소리가 들려왔는데 호기심에 교회 안으로 들어가보니 수
백 명의 사람들이 높고 아름다운 아치형 천장 아래서 오르간 반주에
맞춰 성가대와 함께 노래하고 있었어요. 나는 뒤에 서서 고개를 숙이
고 있었는데, 어느새 그들을 따라 콧소리로 흥얼거리고 있는 거예요.
누군가 내 팔꿈치를 건드리는 게 느껴졌어요. 어느 할머니가 나를 바
라보며 미소 짓고 있었어요. 그녀의 얼굴은 천 년 된 나무의 껍질처럼
주름이 자글자글했어요. 그녀는 내게 고개를 들어 노래하라고 몸짓으
로 말했어요. 당황스러웠어요. 나는 전에 찬송가를 들어본 적이 한 번
도 없었어요. 그처럼 순결한 천상의 음악은 난생처음 듣는 거였어요.
두 눈에서 눈물이 솟구쳤어요. 할머니가 내게 찬송가를 건네줬어요. 다
시 내게 미소를 보내는 할머니를 보니 이빨이 하나뿐이었어요. 그녀는

거기 서서, 마르고 평평한 가슴을 꼿꼿이 펴고 마음을 다해 노래하고 있었어요. 온 교회가 예수라는 마법에 걸린 듯, 한 치도 흐트러짐이 없이 말이죠. 모든 것이 굉장히 밝고 순결했어요. 내가 처음으로 부른 찬송, 그 노래를 결코 잊을 수 없을 거예요.

여호와는 나의 목자시니 내게 부족함이 없으리로다.
그가 나를 푸른 풀밭에 누이시며
쉴 만한 물가로 인도하시는도다.
내 영혼을 소생시키시고
자기 이름을 위하여 의의 길로 인도하시는도다.
내가 사망의 음침한 골짜기로 다닐지라도
해를 두려워하지 않을 것은 주께서 나와 함께 하심이라….

나는 조화를 깨뜨릴까 봐 큰 소리로 노래하지 못했어요. 길을 잃었다가 다시 찾은 아이처럼, 기쁨에 사로잡혔어요. 눈을 들어 제단 위 십자가와 인간의 고통을 짊어지신 예수님을 바라보았어요. 마음에 감동이 밀려왔어요. 온몸이 전기에 감전된 것 같았죠. 시가 쓰고 싶어졌어요. 전에 쓰던 전위시니 뭐니 하는 헛소리 말고 진짜 시 말이에요.

랴오: 당신이 말한 교회에 나도 가보았어요. 쓰촨 성 가톨릭 애국교회죠.
리우: 그때 나는 정부가 승인한 삼자애국교회와 지하의 가정교회가 있다는 사실조차 몰랐어요. 예배 후에 나는 중국애국가톨릭연합회 사무실에 가서 어떻게 하면 교회에 가입할 수 있는지 물어보았어요. 신부는

수상쩍어하는 것 같았어요. 왜 교회에 소속되고 싶어하는지 미심쩍었 겠죠. 신부는 종교에 대해 당이 정한 정책과 자치, 자립, 자전의 원칙을 설명해주었어요. 신부는 애국심을 가져야 할 필요에 대해 역설했어요. 내가 바티칸에 대해 묻자, 그의 답변은 이러했어요. "우리 중국 교회는 바티칸과는 아무런 관련이 없습니다. 바티칸이 우리를 지배하지 못하 죠." 그리고 나서 그는 계속해서 교회에 가입하는 과정에 대해 말해주 었어요. "교회에 소속되고 싶다니 좋은 일입니다. 하지만 당신이 근무 하는 대학으로부터 추천서를 받아와야 해요. 그러면 당신이 낸 지원서 를 교회가 검토할 거고, 그 후에는 지역 종교국의 승인을 받아야 하고 요. 당신의 서류는 종교국에서 보관할 거예요." 신부의 말은 끝이 없었 어요. 터무니없어 보였고요. 그래서 신부의 말을 가로막고 이렇게 말했 어요. "신부님께서는 조금 전에 모든 사람이 평등하고 이 나라에는 종 교의 자유가 있다고 말씀하지 않았나요?" 신부는 방어적인 태도를 취 하더군요. "물론, 이 나라에는 종교의 자유가 있어요. 적합한 절차를 거 치기만 한다면 말이죠. 성경을 사서 읽어보세요. 그리고 깊이 생각해보 세요."

집에 오자마자 나는 신부에게서 사온 성경을 읽기 시작했어요. 너 무 실망스러웠어요. 그 성경은 축약본이었고, 뒤표지에는 공산당 종교 국을 정점으로 해서 그 아래 중국애국가톨릭연합회가 있고 그 아래로 중국 가톨릭 주교협의회, 그리고 주교, 신부 하는 식으로 서열화된 조 직도가 붙어 있었어요. 교회 안에 계급이 있고 공산당이 최고 보스라 니 이상했어요. 하나님 아닌가요? 나는 사무실로 되돌아가서 환불을 요청했어요. 접수 담당자는 신부님이 외출 중이니 나중에 오라고 하더군요. 화가 치밀어올라 건물 입구에서 분통을 터뜨리고 있는데, 한 여인이 다가와서 이렇게 말했어요. "환불받으려고 하지 말고 그냥 던져버려요." 나의 멘토가 될 바이 선생과의 첫 만남이었어요. 그녀는 내게 성경을 빌려주며 말했어요. "주님의 참 자녀가 되기 원한다면, 이곳에서 멀리 떨어져 있어야 해요. 중국애국가톨릭연합회는 타락한 마귀예요."

바이 선생은 나를 자기 집으로 데려갔어요. 그곳에는 몇몇 사람들이 모여서 미사를 드리고 있었는데 거의 끝날 때가 되었어요. 그녀는 모두에게 나를 소개했어요. "고난을 겪고 있는 새 자매가 왔습니다. 이 자매를 위해 함께 기도해요." 열댓 명의 여자들이 나를 위해 묵주기도 Novena Rose Prayer를 암송했어요. 그때 이후로 살면서 문제에 부딪힐 때마다 나는 묵주기도를 해요.

랴오: 지금도 멘토와 함께 있나요?

리우: 아뇨. 나를 만나고 나서 얼마 후 선생님은 체포되었어요. 불법 종교 활동을 한 혐의로 7년 징역형을 선고받았어요. 1990년대 후반부터 정부는 청두 시에 있는 많은 가정과 교회들을 급습했어요. 지하교회의 지도자들 여러 명이 공산당이 아닌 바티칸에 충성을 서원했다는 이유로 수감되었죠. 수많은 지하교회 지도자들이 비밀 채널을 통해 바티칸과 연락을 취하려고 해요. 전부 말하려면 긴 이야기죠. 아무튼, 체포되기 전에 바이 선생은 장강이 신부에게 나를 소개해주었고, 1993년 부활절에 나는 산시 성 가오링 현의 장어스 촌으로 가서 장 신부에게 세례를 받았습니다. 신부님은 여든여섯 살이었고 세례명은 안토니였어요. 이 이름을 기억해주면 좋겠어요.

랴오: 왜 그렇죠?

리우: 그는 나와 같은 가톨릭 신세대에 영감을 준 분이거든요. 때가 되면 그의 인생을 책으로 쓰고 싶어요.

랴오: 1950년대에 바티칸과 관계를 끊지 않고 정부가 공인한 교회를 인정하지 않은 혐의로 체포된 공핑메이Gong Pingmei 추기경에 대해서는 알고 있습니다. 그는 30년 징역형을 선고받았죠. 1970년대 후반 그가 아직 감옥에 있을 때 교황은 아무도 모르게 그를 추기경에 임명했고 1991년에 그 사실을 공개했습니다. 중국 외교부가 바티칸의 내정 간섭을 비난했다는 기사가 「인민일보」 국제면에 실린 적이 있어요. 물론 추기경 임명이 공개적으로 알려진 것은 추기경이 미국으로 거처를 옮긴 뒤였습니다.

리우: 지난 50년간 국가의 탄압과 박해 때문에 많은 그리스도인들이 죽었습니다. 정부가 언론을 통제하기 시작한 후로 우리는 이들 순교자들의 소식을 거의 듣지 못하고 있어요. 당신과 다른 사람들이 공 추기경에 대해 아는 것은 당 신문이 그를 비판의 표적으로 지목했기 때문이지요. 내가 장 신부에 대해 알게 된 것도 같은 경로를 통해서예요. 「인민일보」는 종교가 인민에게 얼마나 "해로운지"를 보여주기 위해 신부님과 관련된 이야기를 실었었죠. "미신을 타파하고 옛 관습과 전통을 바꾸자"고 했어요. 기사의 어조는 빈정대는 투였죠. 기사는 이런 식으로 이어졌어요(리우는 기사를 읊었다).

최근 전국적인 전염병이 지역을 강타하자 많은 사람들이 병에 걸렸다.

그런데 이 기회를 이용해 사람들이 하나님을 거부한 결과 질병이 퍼진 것이라고 소문을 퍼뜨리는 악한 사람들이 있다. 어느 날 자정이 지난 시간, 전에 외국인 선교사 묘지였던 곳 위로 찬란한 후광이 떠 있는 것을 보았다는 지역 주민들이 있다. 후광 안쪽에는 십자가를 들고 있는 예수의 모습이 있었다고 한다. 전직 가톨릭 신부는 즉시 정치적 사상이 뒤처진 일부 마을 사람들을 모았다. 그는 흑색선전에 다름없는 말로 그들을 선동했다. 그는 이렇게 말했다고 한다. "이번이 주님께서 여러분에게 나타나실 마지막 기회입니다. 하나님은 길 잃은 양들이 바른 길로 돌아오기를 원하십니다." 이 전직 신부는 자신이 예수의 제자인 베드로라고 주장한 것으로 알려졌다. 또한 지역 주민들은 이 전직 범죄자와 관련된 거짓 이야기를 퍼뜨렸다고 한다. 그가 자신이 서 있는 곳 근처에 있던 악취 나는 도랑물을 한 움큼 떠서 마셨더니 도랑물이 순식간에 깨끗한 물로 바뀌었다는 것이다.

그 결과 이야기를 들은 많은 병자들이 후광이 나타난 곳에 몰려와 근처의 깨끗해진 물이 흐르는 시내에서 물을 마셨다. 그러자 곧바로 병이 나았고 더없이 건강해졌다. 이런 신화 같은 이야기에 현혹된 군중은 만병통치약을 찾은 줄로 믿고 매일같이 장어스 촌으로 몰려들었다. 이 기사를 쓰기 위해 기자가 그 지역을 방문해보니, 도랑은 여전히 더러웠고 깨끗한 물이 흐른 흔적은 어디서도 찾아볼 수 없었다. 거룩한 영이 출현했다는 증거도 물론 없었다.

기사 말미에서 기자는 사람들에게 미신을 믿지 말라고 경고하며 전염병이 돌거든 공중보건부에 신고하라고 충고했어요. 또한 기자는

"소문을 퍼뜨리는 이들을 주시하고 악한 사람들을 발견하거든 경찰에 신고하라"고 사람들에게 충고했죠.

　기사에 나온 그 전직 신부가 바로 장강이 신부예요. 나는 후광과 깨끗한 시냇물에 대한 주장이 사실인지 아닌지는 몰라요. 장 신부에게 흠집을 내기 위해 당 신문이 날조한 이야기일 수도 있고, 아니면 정말로 무슨 일이 있었는데 지역 주민들에 의해 미화된 것인지도 모르죠. 사람들의 생리를 당신도 알잖아요. 그런 "부정적인" 이야기로 장 신부와 장어스 촌은 전국적으로 유명해졌죠. 그리스도인들이 사방에서 흘러들었는데, 일부는 그 기사를 손에 들고 찾아왔죠. 그들은 와서 기도했고 장 신부의 축복기도를 원했습니다. 장 신부는 이 지역에 가톨릭 신앙을 되살리는 데 기여했어요. 1989년 말에 체포될 때까지 그는 부활절마다 지역교회에서 대규모의 미사를 열었어요.

랴오: 그에 대해서 알고 있는 것을 얘기해주시죠.

리우: 장강이 신부는 1907년 시양 현 신청 촌의 한 가톨릭 가정에서 태어났습니다. 오늘날로 치면 산시 성 산위안 현이에요. 열여덟 살에 통위 안팡 수도원에 들어갔고, 그 후에 산시 성 남부 안캉 교구로 옮겼습니다. 1930년에 그는 가톨릭교회 종단 가운데 최고 종단 중 하나인 프란체스코회에 들어가도록 선임되었죠. 그리고 프란체스코회의 후원을 받아 로마 본부에서 연구하는 시간을 가졌습니다. 1932년에 수련 수사가 되었고, 1937년 8월 15일에 신부로 서품받았습니다.

　2차 세계대전이 발발하자, 교황 피우스 12세는 이탈리아 북부 전쟁 포로 수용소로 장 신부를 보내 사제로 섬기게 했어요. 연합군 병사 수천 명이 수용소에 갇혀 있었거든요. 무솔리니 치하의 이탈리아는 나라 전체가 하나의 거대한 병영 같았어요. 곳곳에 검문소가 있었죠. 잘 알려진 이야기가 있는데, 장 신부는 체포되어 취조를 받던 중 유창한 영어로 "나는 전쟁포로가 아니라 신부입니다"라고 말했다고 해요. 하지만 심문관은 그 말을 인정하지 않았어요. "당신은 적국 출신이니 우리는 당신을 전쟁포로로 분류하겠소." 장 신부는 이렇게 반박했어요. "하나님 보시기에, 적국 같은 것은 없습니다. 적은 오직 사탄만이 있을 뿐이죠." 심문관은 웃음을 터뜨렸어요. "전시에는 우리의 적이 곧 사탄이오." 장 신부는 전쟁포로로 잡혀 수용소로 보내졌는데, 2차 세계대전 때 당신도 보았을 만한 수용소였어요. 가시철조망, 탐조등, 감시탑 등이 있는 수용소 말이에요. 장 신부는 연합군 포로들을 목회하고, 부상병들을 돌보고, 기도가 필요한 이들을 위해 기도하고, 일요일이면 미사를 인도하면서 시간을 보냈어요. 장 신부의 이름은 상당히 유명해졌습니다. 무솔리니조차도 그를 만나고 싶어했을 정도니까요. 무솔리니와 만난 뒤에 장 신부는 지역의 모든 전쟁포로 수용소를 책임지는 사제가 되었고 거동이 비교적 자유롭게 되었습니다. 1943년 말, 이탈리아가 연합군에 항복하자 독일이 전쟁포로 수용소를 인수했는데, 1944년 말 장 신부는 영국인과 미국인 포로 4천 명이 처형될 거라는 정보를 듣게 되었어요. 어느 비 오는 밤, 그는 수용소로 가서 문을 활짝 열고 이렇게 외쳤습니다. "여러분은 하나님의 자녀입니다. 하나님밖에는 아무도 여러분의 자유를 빼앗을 수 없습니다. 나를 따라오세요. 이 지상 지옥을 떠납시다. 집으로 가서 가족들과 재회하셔야죠. 하나님의 은총이 여러분과 함께하기를 빕니다!" 포로들은 돌진하여 경비병들을 무장 해제하고 탈출에 성공했습니다.

이후 장 신부가 어떻게 되었는지에 대해서는 두 가지 이야기가 있어요. 인터넷에 떠도는 이야기에 따르면, 장 신부는 나치에 잡혀 독일 군사 법정에서 사형을 언도받았어요. 1945년 1월 15일에 처형될 예정이었는데, 연합군 공군 작전 중 구조되어 전쟁 중 남은 기간을 바티칸에서 보냈다고 해요. 산시 성에서 들은 다른 이야기가 있는데 확증해 줄 자료는 찾지 못했지만 재미있어요. 포로들이 탈출한 뒤에 장 신부는 여장을 하고 머리에 숄을 두른 채 이탈리아 로마까지 걸어가서 성 베드로 성당의 뒷문으로 살짝 들어갔다고 해요. 그는 한 신부를 뒤쫓아 동굴 같은 복도를 따라갔는데, 길을 잃지 않으려 서두르다가 그만 앞서 가던 신부를 놓치고 말았대요. 어디로 가야 할지 궁리하던 중 뭔가에 걸려 바닥에 넘어졌어요. 그 신부였어요. 신부는 웬 여자가 자기를 따라온다 생각했던 거예요. 여자인 줄 알았던 사람이 실은 여장을 한 아시아인 남자임을 발견한 신부는 장 신부의 숄을 벗기며 이렇게 물었다고 해요. "동양 남자들은 모두 다 머릿수건을 쓰나요?"

라오: 그건 분명⋯극적으로 가공된 얘기네요.

리우: 장 신부는 교황을 알현했어요. 그의 이야기에 감명받은 교황은 그에게 바티칸 시국에 남아 계속해서 섬기라고 했지요. 전쟁이 끝나자 장 신부는 조국인 중국으로 보내줄 것을 요청했어요. "바티칸은 하나의 도시에 불과하지만, 그 영적 영토는 서양과 동양을 모두 포괄합니다." 장 신부는 그렇게 말했다고 해요. "우리는 선교사로서 하나님의 발자국을 온 세계에 남길 것입니다."

떠나기에 앞서 장 신부는 전후 이탈리아 정부로부터 전쟁포로들을 구한 공로를 기리는 훈장을 받았고, 로마 시내에 있는 한 성당에서 미사를 올려달라는 요청을 받았습니다. 1947년 초, 장 신부는 중국에 도착했어요. 장제스 총통이 당시 수도였던 난징에서 그를 만나 "국가 영웅" 훈장을 수여했죠. 장 신부는 산시 성 남부로 돌아와 계속해서 복음을 전했습니다. 1949년, 중국 내전은 그 끝을 향해 달려가고 있었고 국민당 정부는 완전히 몰락하기 직전이었어요. 대다수 친구들이 중국을 떠날 것을 종용했으나 장 신부는 남기로 했어요. "하나님께서 나를 택하신 것은 재앙과 고난 가운데 있는 한족을 섬기고 이 혼란스런 세상에 남아 있으라고 하신 것입니다."

1950년, 장 신부는 안캉 지구에서 전도하지 말라는 명령을 받았습니다. 그는 고향인 쌴위안 현으로 돌아갔고, 1959년에는 정부가 승인한 삼자애국교회를 거부하고 바티칸에 충성을 바치는 사람들과 함께했죠. 결국 혁명에 반대하는 첩자로 체포되어 종신형을 선고받았어요.

1980년, 중국 정부는 서구에 문을 열기 시작하면서 종교에 대한 통제를 다소 완화했어요. 투옥된 지 21년이 되어가는 시점에 장 신부는 석방되었습니다. 고향인 장어스 촌으로 돌아와서 그는 바티칸과 이탈리아 정부로부터 여러 통의 편지를 받았어요. 바티칸은 지난 20년 동안 그의 상황을 주시하고 있었어요. 중국과 이탈리아가 외교 관계를 맺자 이탈리아 관리들은 외교 경로를 통해 장 신부 문제를 다루려고 했어요. 그러나 바티칸과 이탈리아 정부 모두 중국 정부로부터 어떠한 대답도 듣지 못했죠. 마오 주석이 죽고 문화대혁명이 막을 내리자, 중국 내 많은 그리스도인들이 바티칸의 요청으로 장 신부에 관한 정보를 수집했는데, 이에 따르면 그는 산시 성에 수감되어 있었어요. 젊은 시절 외국에서 유학한 중국의 새 지도자 덩샤오핑은 장 신부의 석방을 허가했습니다. 한 걸음 더 나아가 덩은 장 신부가 지난 35년간 볼 수 없었던 바티칸으로 순례를 떠나도록 허락해주었어요. 관광객들과 순례자들로 넘쳐나는 바티칸은 그가 기억하고 있는 전시의 버려진 도시와는 극명한 대조를 이루고 있었습니다. 건물들은 전과 다름이 없었으나 사람들은 전혀 달랐죠. 새 교황인 요한 바오로 2세는 바빴고, 장 신부는 사흘을 기다란 끝에 바티칸의 한 관리를 만나 이런 대화를 나누었다고 해요.

바티칸 관리는 장 신부에게 인사했습니다. "교황을 대신해 당신을 환영합니다. 지난 20여 년 동안 큰 고생을 하신 것, 잘 알고 있습니다."

장 신부는 침묵했습니다.

관리는 말을 이었습니다. "중국 내 상황은 속히 개선되어야 합니다. 우리는 중국 정부가 바티칸으로부터 독립한 애국교회 조직을 세우는 작업을 해온 것을 오래전부터 알고 있었습니다. 원한다면 그 교회에 합류해서 미사를 드려도 괜찮습니다."

장 신부가 물었습니다. "새 교황께서 원하시는 것입니까?"

관리는 고개를 끄덕였습니다. "덩샤오핑이 권력을 잡은 뒤로 공산주의 중국에서 종교활동이 재개되었습니다. 돌아가셔서 공산당의 지도를 받아 조국과 민족의 교회를 돌보십시오."

"이것도 새 교황의 말씀입니까?" 장 신부는 물었습니다.

바티칸 관리는 고개를 끄덕였습니다.

장 신부는 분노하여 벌떡 일어섰습니다. "그렇다면 교황께 가서 이렇게 전해주십시오. 중심은 단 하나뿐입니다. 바로 바티칸입니다. 바티칸은 온 세계 가톨릭교회의 영적 수도입니다."

장 신부의 격한 감정에 놀란 관리는 자리에서 일어나 그를 껴안으며 말했습니다. "교황을 대신하여 말씀드립니다. 집에 돌아오신 것을 환영합니다."

교황 요한 바오로 2세를 접견할 때 장 신부는 감격했습니다. 교황은 장 신부를 맞으며 이렇게 말했습니다. "우리는 당신이 공산주의자들에게 세뇌되었을 수도 있다고 생각했습니다. 당신이 바뀌지 않아서 얼마나 기쁜지 모릅니다."

장 신부는 다음의 성경구절을 인용해 말했습니다. "나를 존중히 여기는 자를 내가 존중히 여기리라"(사무엘상 2:30).

교황과의 접견 소식은 빠르게 퍼져 나갔고 장 신부는 다시 한 번 중국 내 가톨릭 공동체에서 유명한 인물이 되었어요. 그는 이제 나이가 많이 들었으나 여전히 날카로운 지성을 가지고 있어요. 중국으로 돌아와 그는 고향으로 돌아갔고, 중국에서는 이단 대우를 받게 될 길을 계속해서 걷기로 다짐했어요. 2차 세계대전 중 그가 보인 영웅적인 행동을 기려 이탈리아 정부가 수여한 훈장의 부상으로 받은 돈으로 그는 마을에 교회를 짓고 마을의 길을 닦았어요. 이러한 장 신부의 행동은 그 지역에 일련의 논란을 불러일으켰어요. 지역 공산당이 그가 미신을 퍼뜨린다고 비난하는 특집 기사를 내보낸 거예요. 덩샤오핑은 지방정부에 관용할 것을 명령했어요. 그는 국가의 개혁운동이 궤도를 벗어나는 것을 원치 않았던 거예요.

라오: 1980년대 초부터 중반까지 중국은 신앙 부흥을 경험했습니다.

리우: 네, 한때는 "외국 제국주의자들의 영적 아편"으로 간주되던 가톨릭 신앙의 전파가 허용되었어요. 가톨릭 전도자들이 공개적으로 활동할 수 있게 된 거죠. 1980년, 3백 명가량의 중국 가톨릭 지도자들이 상하이에서 회합을 가졌는데, 문화대혁명 이후로 처음 갖는 회합이었습니다. 바티칸은 외교 경로를 통해 교황의 특사가 회의에 참석할 수 있게 해달라고 요청했어요. 중국 정부는 바티칸의 요구를 거절했고요. 가톨릭교회는 종교국의 관할을 받기 때문에, 종교적 자유에 해당하는 어떤 활동이든 하기 위해서는 애국심이 전제되어야 했어요. 장 신부는 분노했고 정부 관리들에게 바티칸의 요청을 재고해줄 것을 요청했어요. "바티칸의 교황은 중국 내 가톨릭교회 모든 교구뿐만 아니라 전 세계 가톨릭교회의 물리적·영적 지도자입니다. 교황은 예수 그리스도의 수위권首位權을 구현하는 것이며, 이 땅의 어떤 정부도 어떤 구실로도 그것을 바꿀 수 없습니다."

이런 입장을 견지한 탓에 장 신부는 교회 지도자들로부터 비난을 받았습니다. 일부 신부들과 주교들은 그를 질타하며, 그가 조국을 배반하고 중국 가톨릭교회를 위험한 길로 이끄는 자라고 욕했어요. 마오 시대의 공개비판집회와 흡사했지요.

장 신부는 디모데에게 보낸 바울의 편지를 인용했습니다. "그는 육신으로 나타난 바 되시고 영으로 의롭다 하심을 받으시고 천사들에게 보이시고 만국에서 전파되시고 세상에서 믿은 바 되시고 영광 가운데서 올려지셨느니라"(디모데전서 3:16). 그러고 나서 이렇게 물었어요. "여러분은 종교국 관리들이 이 말씀의 의미를 이해한다고 생각하십니까? 여러분 중에도 많겠지만 그들은 성경을 읽어보지도 않았을 겁니다. 주님의 말씀을 가감하는 것이 얼마나 중하고 용서받지 못할 죄인지 알고 계십니까?"

장 신부의 국제적인 명망과 지위 때문에 의장은 회의에서 그를 내쫓지 못했어요. 그 대신 의장은 장 신부의 요청사항을 투표에 붙임으로써 회의의 "민주적" 성격을 보여주자고 했어요. 회의 참석자들은 교황이 과연 중국 가톨릭교회의 유일한 영적 지도자인지 손을 들어 표해 달라는 요구를 받자 침묵을 지켰어요. 오직 단 한 사람, 장 신부만 손을 들었습니다. 그는 네 시간 동안 이어진 회의 시간 내내 손을 들고 있었고, 다른 351명의 성직자들은 그를 무시했고요.

랴오: 그 후에 어떻게 되었나요?

리우: 장 신부는 손을 든 채 교회 밖으로 나갔어요. 이미 날은 저물었고 거리는 사람들도 혼잡했어요. 그는 하늘을 바라보며 "주님!"을 외치고 나서 계단에 쓰러졌어요. 병원으로 이송되었죠.

1989년 6월, 정부의 천안문 광장 시위 무력 진압이 벌어지자, 이후 장 신부는 정부의 무력 사용을 공개적으로 비판했어요. 미사에서 그는 사상자들을 위해 기도했어요. 11월 21일, 정부공인교회에 합류하기를 거절한 일단의 주교들과 신부들이 장어스 촌에 모였습니다. 거기서 그들은 중국 가톨릭 주교회의를 결성했어요. 바오딩 시의 판수어얀Fan Xueyan 주교가 의장으로 선출되었어요. 이 조직은 정부의 중국 가톨릭 주교회의의 영향력에 맞서기 위해 만들어진 것이에요. 2주가 지나자마자, 지역 경찰은 심문을 위해 장 신부를 구금했어요. 그들은 1990년 6월 12일까지 신부님을 붙들어두었죠. 장 신부님은 1997년에 세상을 떠날 때까지 국가로부터 교회의 독립을 지키기 위한 싸움을 멈추지 않았어요. 돌아가실 때 아흔 살이었죠.

랴오: 가톨릭 신자로서 그는 당신에게 어떤 영감을 주었나요? 위험이 앞에 빤히 보이는데도 장 신부처럼 당신도 복음을 전할 건가요?

리우: 그래야죠. 나는 시골 지역을 순회했고 탄광 지역도 방문했어요. 한번은 빛 한 줌 없는 지하의 어둠 속에서 복음을 전한 적도 있어요. 학대받아 죽은 아이들이 잠들어 있는 묘지에서 기도하기도 했고요. 번번이 경찰의 추적을 받았고 감옥에도 여러 번 들락날락했어요. 8개월 징역형까지 받은 적도 있고요. 감옥에서는 기도가 금지되어 있었고, 그런데도 기도하면 매를 맞았어요. 그들은 나를 고문할 온갖 방법을 구상했어요. 나는 의지가 약해졌어요. 죽을 만큼 무서워요. 하지만 나는 중국에서 죽고 싶지 않아요. 이곳을 떠나고 싶어요.

랴오: 아직까지 좋은 소식은 없나요?

리우: 문을 걸어 잠그고 집에서 기도해요. 하루에 세 번씩 묵주기도를 드리죠. 이 두려움을 이겨내고 하나님이 원하시는 나라에 이르고 싶어요.

부모님이 도착해서 보니, 병원에는 아무도 없었습니다.

이후 3일간 총성이 끊이지 않다가 갑자기 멈췄어요.

공산당 군대가 도시를 점령했다고 할머니가 말해주었어요.

불꽃놀이가 벌어졌죠. 사람들은 춤추고 노래했어요.

충칭은 "해방"되었던 것입니다.

모든 게 운명이었습니다.

새로운 공산주의 중국이 설립되면서 나의 시력을 앗아간 거였죠.

16장
중국의 해방과 나의 시력
– 눈먼 악사 –

웬후아춘Wen Huachun은 청두 시 거리의 맹인 악사다. 그는 다 쓰러져 가는 건물 2층의 간소한 아파트에서 지낸다. 그의 방에는 식탁 하나, 긴 의자 네 개, 오래된 텔레비전, 그리고 웬 자신이 직접 만들었다는 악기 여러 개가 있을 뿐이다. 웬은 두 줄 비파인 얼후 연주의 달인이다. 창문 맞은편 벽에는 큼지막한 비틀스 포스터가 걸려 있다.

나의 집필 계획에 대해 들었던 시인 친구 장지Jiang Ji는 2006년 3월 25일 웬을 만나는 자리에 나를 데리고 나갔다. 나는 웬이 연주하는 것을 본 적 있다. 손수 만든 오르간의 페달을 밟는 동시에 얼후를 연주하고 노래하는 그를 내가 살고 있는 바이구올린 지역에서 보았던 것이다. 한번은 "새로운 시대로 들어가며"를 노래하는 그에게 2위안을 던져주기도 했었다. 그 노래에서 "새로운 지도력은 선구자들의 대의를 진척시키고 새로운 시대로 우리를 인도하니"는 내가 특히 좋아하는 소절이다.

우리는 건물 입구에서 웬보다 스무 살 어린 그의 아내를 만났다. 그녀는 농촌 출신이었다. 어여쁜 얼굴에서 온기와 결의가 풍겼다. 웬의 재능과 개성 강한 성격에 이끌린 그녀는 남은 인생을 그와 함께하게 될 것을 알았다고 한다. 결혼 후 그녀는 평상형 삼륜차를 구입해 남편을 태우고 악기를 싣고서 시내 전역을 직접 페달을 밟고 다녔다. "나는 그이의 아내이자 운전기사이며 유모이자 경호원, 그리고 그이의 눈이에요." 그녀가 우스갯소리를 했다. 복도에서 우리가 나누는 이야기를 들었는지 웬이 문을 열었다. 나는 미소 담긴 그의 얼굴을 바로 알아보았다.

나는 그가 부르는 "새로운 시대에 들어가며"를 들은 적 있다고 말하며 거리의 맹인 연주자들 사이에서 그 곡이 인기인 것 같다고 덧붙였다. 나는 같은 곡을 북쪽 끝단의 우루무치(중국 신장 위구르 자치구의 주도—옮긴이 주) 현과 베이징에서도 들어보았으나 그들의 요란한 앰프 때문인지 웬의 노래가 가장 마음에 들었다. 웬은 짐짓 시비조로 말했다. "지금 우리를 놀리는 거요?" 나는 웃으며 말했다. "그래볼까요?"

웬후아춘: 당신도 아는 것처럼, 시대가 변했고 사회가 진보하고 있어요. 우리는 지나온 과거를 주시하고 미래를 긍정적으로 바라봐야 합니다. 공산당에 대처하는 것은 마치 큰 호랑이를 다루는 것과 같아요. 다독이고 빗질해줄 수는 있지만 조심스럽게 해야만 해요. 빗질을 잘못했다가는 큰 곤란에 빠지게 되지요. 나는 이게 맹인과 일반인 모두에게 적용된다고 봅니다. 우리는 "새로운 시대로 들어가야" 해요.

랴오: 당신 인생 이야기부터 해보죠. 어쩌다가 시력을 잃게 되었나요?

웬: 나는 1944년 12월 8일, 충칭 시 남부의 후앙지아오예에서 태어났어요. 엄마 말에 따르면 아기일 적에는 시력이 아주 좋았다고 해요. 나는 울지 않는 아이였기 때문에 모두가 나를 좋아했어요. 어머니가 결혼식이나 장례식 피로연에 나를 데려가면 식탁에 앉은 사람들은 내가 무슨 음식이라도 되는 양 한 사람씩 돌아가면서 나를 안고는 입맛을 다시고 나를 놀려대던 기억이 납니다. 잔치집 주인은 내 주머니에 사탕을 가득 넣어주곤 했죠. 마당에서 병아리를 쫓아 달려가 잡던 기억도 나네요. 지금도 우리 집 근처의 거리와 가게들을 마음속으로 그려볼 수 있어요. 할머니는 종종 나를 업어주었어요. 길가 노점에서 두부국을 사주었죠. 그런데 1947년 9월, 만 세 살이 되기 전에 유모는 내 눈이 그 지역 표현으로 "수탉의 눈"이라는 걸 알게 되었던 거죠.

랴오: 그게 뭐죠?

웬: 낮에는 잘 보이는데 밤이면 아무것도 보이지 않는 거예요. 나는 수탉 같았어요. 아무도 거둘 수 없는 육중한 장막이 눈앞을 가려버린 것 같았어요. 아실지 모르겠지만, 수탉은 땅에 있는 무언가를 보려면 고개를 기울여야 해요. 눈이 점점 멀어가면서 내가 그랬어요. 고개를 기울인 채 보려고 했어요. 때로는 학처럼 목을 길게 뺐어요. 마침내는 아무것도 볼 수 없게 되었고 눈을 부비며 울곤 했죠.

랴오: 세균 감염 같은 거였나요?

웬: 모르겠어요. 부모님은 도시에서 사업으로 바빴어요. 나는 시골에서 유

모의 손에 자랐고요. 그 시절에 아이들은 요즘 같은 대우를 받지 못했죠. 나를 키운 유모는 자기 아이도 몇 명 있었어요. 유모는 낮 동안은 밭에서 농사일을 해야 했고 밤에는 집안일을 했어요. 중간에 쉴 때 나에게 젖을 먹였고요. 그래서 나는 낮 시간 대부분을 바닥을 기어다니며 지냈어요. 얼굴이 먼지와 흙 투성이였죠.

충칭 사람들이 얼마나 매운 음식을 좋아하는지 당신도 알죠! 나는 아주 어릴 때부터, 제대로 걷기 전부터 매운 음식을 먹기 시작했어요. 고춧가루를 잔뜩 뿌린 밥그릇을 들고 다녔어요. 매운 고춧가루 때문에 땀과 콧물과 눈물이 범벅이 되어 얼굴에 흘러내렸죠. 정말 맛있었어요. 모르는 사람들은 내가 잘못한 게 있어서 벌을 받는 줄 알았을 거예요. 여름에는 전골냄비에 담긴 뜨겁고 매운 국물에 생고기를 담갔다가 꺼내서 먹었어요. 그러면 옷이 땀에 흠뻑 젖어서 속옷 바람으로 다니기도 했죠. 부모님이 나를 다시 도시로 데려왔을 때는 고추장 단지를 치워버려야 했어요. 온몸에, 그러니까 입 양쪽과 겨드랑이와 등에 뾰루지가 났기 때문이었어요. 양 관자놀이에 붉은 발진 두 개가 크게 생겼는데, 땅콩만큼이나 큰 상처였어요. 계속 긁었더니 나중에는 감염이 되었어요. 의사의 진찰을 받았죠. 내가 얼마나 괴로워하는지 보고 사람들은 내게 매운 음식을 먹지 못하게 했어요. 나는 아예 먹지 않았고 항의의 뜻으로 그릇을 박살냈어요. 지나치게 매운 음식을 먹은 게 눈을 멀게 한 것은 아닌가 싶어요.

하루는 유모가 나를 만나러 왔어요. 마당에서 유모의 말소리가 들려서 급히 방에서 나갔어요. 실은 손으로 더듬어 갔던건데 그만 발을 헛디뎌 넘어져서 머리를 다쳤죠. 그녀는 나를 가슴에 껴안고 햇빛에 내 눈을 자세히 살펴보더니 말했어요. "끔찍해. 아이가 수탉의 눈을 가졌어." 유모가 할머니에게 하는 말을 들었어요. 유모는 점쟁이에게 나를 데려간 적이 있는데 장애가 내 운명이라 하더라고 했어요.

어쩌면 나는 맹인이 될 운명이었나 봐요. 하지만 유모의 말에 따르면 점쟁이는 내가 태어난 해와 날과 시를 가지고 사주를 보았는데 또 하나의 미래를 보았다고 해요. "이 아이는 유력한 인물, 적어도 현 급에서 정부 관리가 될 수도 있어요. 그러나 세 살이 될 때까지는 시골에서 키워야 합니다. 그러지 않으면, 아이의 운명이 바뀔 수 있어요. 얼굴이나 발에 장애를 입을 수도 있다고요." 안타깝게도 내가 세 살이 되기 3개월 전에 부모님은 나를 도시로 데리고 왔습니다.

랴오: 그런 말을 믿나요?

웬: 믿지요. 내가 네 살이 되었을 때 할머니는 다른 점쟁이에게 나를 데려갔습니다. 그 점쟁이도 나의 미래에 대해 비슷한 얘기를 해주었어요.

랴오: 의사는 당신의 시력에 대해 뭐라고 하던가요?

웬: 나보다 한 살 많은 누이가 있었는데 1946년에 천연두로 죽었어요. 그러자 나는 부모님의 유일한 아이가 되었고 부모님의 각별한 사랑을 받았죠. 부모님은 나를 병원으로 데려가서 눈 검사에 많은 돈을 썼습니다. 어머니는 병원비를 대기 위해 가진 것을 거의 다 전당포에 저당 잡혔어요. 의사들은 하나같이 똑같은 진단을 내렸는데 시신경이 손상되었다고 했습니다. 나는 한약, 양약, 연고, 주사 등 온갖 치료를 받았죠. 한 해 동안 스무 명 넘는 의사를 만났던 것 같아요. 부모님은 낙담했어

요. 집은 빈털터리가 되었지만 나는 여전히 앞을 볼 수 없었어요. 그렇게 포기하려고 할 때, 누군가 외국 의사, 그러니까 선교사를 만나보라고 얘기해주었습니다.

친구의 말에 따르면 그 외국인은 신부인데 왕산 꼭대기에 있는 교회 병원에서 일한다고 했습니다. 그는 자신이 하나님의 일을 하는 거라고 했어요. 아버지는 다소 회의적이었죠. 그 외국인이 믿지 않는 사람도 치료해주겠는가? 외국 종교의 신봉자였던 그 친구는 하나님은 고통받는 모든 사람을 동등하게 대하신다고 아버지를 안심시켰습니다. 그래서 갔죠. 친구는 우리를 병원으로 데리고 갔어요.

랴오: 가톨릭 병원이었겠군요.

웬: 나는 아무것도 몰랐어요. 동네 사람들은 기독교를 "양자오", 곧 "외국 종교"라 불렀습니다. 다들 그렇게 말했었죠. 국민당 정부는 일본이 침공한 동안 수도를 난징에서 충칭으로 임시 이전했어요. 그러자 많은 미국인들이 내가 살고 있던 도시로 와서 살게 되었죠. 게다가 장제스 총통과 그의 아내 모두 그리스도인이잖아요. 2차 세계대전 전후로 많은 서구 선교사들이 충칭으로 왔습니다. 그들은 교회를 세우고 병원과 자선 단체를 세웠어요. 토착 불교와 도교는 사람들에게 분향하고 제사 지내라고만 했는데 말이죠.

랴오: 왕산은 어디 있는 산이죠?

웬: 나의 고향인 황자요야에서 멀지 않은, 충칭 시의 후앙산Huangshan 옆에 있는 산으로, 한때 장제스 총통이 머물던 곳입니다. 부모님은 아침

3부 베이징과 청두

에 떠났는데 오후 늦도록 돌아오지 않았어요. 부모님은 안약 한 병을 가지고 돌아왔습니다. 그때 나는 사립문 옆에서 놀고 있었는데, 부모님은 흥분해서 내게 말했죠. "얘야, 가만히 앉아봐라. 네 눈을 씻어줄 테니." 나는 가만히 앉았어요. 어둠 속에서 사는 게 너무도 지겨웠어요. 태어날 때부터 앞을 못 보는 사람은 어둠밖에 모르지만, 나는 보다가 못 보게 되었으니 너무 힘들었습니다.

안약을 바르기 전에 먼저 젖은 수건으로 눈을 닦아냈는데, 할머니는 두 대야나 물을 사용했습니다. 부모님이 병원에서 가져온 알코올에 적신 솜뭉치로 눈 부위를 깨끗이 닦고 소독했어요. 선교의사가 일러준 대로 했던 거예요. 한 주쯤 후에 나는 빛과 어둠을 구분할 수 있게 되었고, 다시 몇 개월 후에는 해가 지는 때를 분간할 수 있을 정도가 되었습니다. 그것은 마치 빛 조각을 내게 흩뿌리는 것 같았어요. 그 뒤로 사람들이 그림자처럼 보였고 나무를 식별할 수 있게 되었어요. 모두가 기뻐서 울었고, 이웃 사람들은 웬 소동인가 싶어 달려왔어요. 누군가 이렇게 말하더군요. "이 아이는 정말 복 받은 아이예요. 하나님이 기적을 행하신 겁니다."

부모님은 내 상태가 좋아지자 무척 자신감을 가지셨고, 매일 치료를 이어가자 눈에서 안개가 걷히기 시작했습니다. 할머니는 부모님 편에 의사에게 줄 선물을 마련했지요.

랴오: 안약에는 무엇이 들어 있었나요?
웬: 알 길이 없지요.

랴오: 부모님이 약 이름을 말해주지 않았나요?

웬: 부모님도 몰랐던 것 같아요.

랴오: 약값은 얼마나 들었나요?

웬: 한 푼도 들지 않았습니다. 의사는 자신이 하나님의 일을 하고 있다고 말했어요. 다섯 살이 되었을 때 시력은 조금씩 회복 중이었어요. 그즈음에 공산당 군대가 우리 도시로 진격해오고 있었습니다. 밤낮 없이 총성과 대포의 꽝음이 들렸어요. 도시에는 국민당 군대가 있었죠. 공산당 군대가 국민당 군대의 방어선을 무너뜨리기까지 많은 시간이 걸렸습니다. 지붕 위로 유탄이 메뚜기 날 듯 날아가고 기와를 박살내기도 했어요. 밖으로 나다니는 사람은 아무도 없었죠.

안약 담은 병이 바닥나자 부모님은 혼란과 위험에도 불구하고 약을 더 구하러 가겠다고 했어요. 부모님은 아침 일찍 떠나 해가 지기 전에 돌아왔는데, 기운이 하나도 없고 몹시 슬퍼했어요. 국민당 정부의 패배가 임박해오자 선교사를 포함한 충칭 시의 외국인들이 모두 도시를 떠났던 겁니다. 부모님이 도착해서 보니, 병원에는 아무도 없었답니다. 이후 3일간 총성이 끊이지 않다가 갑자기 멈췄어요. 공산당 군대가 도시를 점령했다고 할머니가 말해주었어요. 불꽃놀이가 벌어졌죠. 사람들은 춤추고 노래했어요. 충칭은 "해방"되었던 것입니다.

모든 게 운명이었습니다. 새로운 공산주의 중국이 설립되면서 나의 시력을 앗아간 거였죠. 그러나 그런 말을 공개적으로 해서는 안 된다는 걸 나는 알았어요. 그 후로 수년간 나는 계속해서 빛을 보고 사람들을 그림자로 인식할 수 있었습니다. 하지만 조금씩 어둠으로 되돌아갔어요. 부모님은 외국인 의사가 준 치료약을 찾으려고 백방으로 수소문했습니다. 새로운 중국인 의사에게 나를 데려갈 때마다 부모님은 너무 늦었다는 말을 듣는 게 전부였습니다. 안구 수축이 진행되고 있었던 거죠. 당신이 지금 내 눈을 본다면, 눈구멍이 거의 비어 있는 것처럼 보일 거예요.

결국, 부모님은 포기했습니다. 그리고 점쟁이의 다른 경고, 즉 자신을 돌볼 수 있도록 기술을 익히게 해야 한다는 점에 주의를 기울였습니다. 그때 나는 꽤 영리했고 호감이 가는 아이였어요. 음악에 소질이 있는 것으로 드러났고 나도 음악이 좋았습니다. 그렇게 맹인 음악가가 되기로 결정되었던 겁니다.

우리 집 앞의 거리를 사람들은 '예술가 거리'라고 불렀습니다. 많은 거리의 음악가와 공연가들—춤꾼, 곡예사, 바이올린 연주자, 얼후 연주자, 플루트 연주자들—이 그곳에 즐겨 모였죠. 나는 주위의 음악가들을 따라 하면서 몇 가지 기술을 익혔습니다. 내가 위안 삼촌이라 부르던 옆집 이웃이 플루트 연주법을 가르쳐주었어요. 얼마 후에는 아래쪽 길가에 살던 맹인 리 선생한테서 얼후 수업을 받았습니다. 머지않아 나는 혼자 연주할 정도의 실력이 되었습니다. 일급 얼후 연주자나 플루트 연주자와는 거리가 있었지만, 몇 가지 곡은 꽤 연주를 잘할 수 있었어요.

우리는 전국 단위, 지역 단위의 다양한 정치운동에 대한 지지를 끌어 모으기 위해 혁명가를 많이 연주해야 했습니다. 이를테면, 미군과 싸운 한국전쟁, 삼대반대운동Three-Anti movement, 화재 및 도난 방지 캠페인, 또는 제국주의의 첩자를 폭로하거나 중소연합, 반우익운동, 대약진운동을 알리는 일이었죠. 정말 노래를 많이 불렀는데, 나는 그 노래들을 아주 빨리 배웠습니다. 두어 번만 연습해도 암기할 수 있었으니까요.

사람들에게 제국주의의 첩자를 주의하라고 경계하는 노래가 있었습니다. "어두워지면 문을 걸어 잠가야 해. 낯선 자가 문 두드리거든, 말하기 전에 묻고 생각해야 해. 두 눈 크게 뜨고 정신 바짝 차려야 해. 정보를 수집하려는 첩자일지 모르니." 반혁명주의자들과 우익인사들의 잘못을 성토하도록 사람들을 부추기는 노래들도 있었죠.

거리 위원회에서는 내게 작은 관현악단에서 얼후 연주하는 일을 배정했습니다. 나는 이미 천여 곡의 노래를 암기하고 있었고 상을 여러 개 받은 전력이 있었거든요. 기근 때에 민중들은 굶어 죽었지만, 정부는 여전히 우리를 공연에 내보냈습니다. 그때 나는 많이 젊었습니다. 급료를 받지 못했지만 교환권은 많이 받았죠. 음식과 맞바꿀 수 있는 교환권이었는데 음식이 있을 때만 사용할 수 있는 거였어요. 하는 수 없이 우리 가족은 여러 번 굶어야 했습니다.

랴오: 기근이 닥친 몇 해 동안에는 무슨 공연을 했나요?

웬: 당의 위대한 지도력을 찬양하고 우리가 쟁취한 멋진 삶을 노래하는, 전과 다름없이 낙관적인 혁명가였죠. 나는 굉장히 열심히 했기에 계속해서 상을 받았습니다. 장애인을 위한 공개집회에서는 거리 위원회 위원장이 단 위로 나를 불러내 붉은 증서를 수여하기도 했죠. 집회 후에 그 증서를 가지고 고구마 한 대접과 맞바꿀 수 있었어요. 문화대혁명 중에는 수많은 혁명 공연단이 조직되었기 때문에 자연스럽게 우리 공

연단은 해체되었습니다. 그들에게는 이제 장애인 공연단이 필요하지 않았던 겁니다. 그렇게 나는 일자리를 잃었습니다.

랴오: 문화대혁명은 다른 방면에서도 당신에게 영향을 주었나요?

웬: 아뇨, 적어도 처음에는 아니었어요. 나는 아무 할 일 없이 그냥 집에 있었습니다. 문화대혁명의 말미에는 제한된 오락거리에 모두가 질려 있던 터라 몇몇 젊은이들이 나와 어울리기 시작했습니다. 나는 그들에게 얼후를 가르쳤고 배우려는 사람들로 집은 발 디딜 틈이 없었습니다. 1950년대의 옛 노래를 가르쳐주기도 했는데, 사람들 중에는 공산주의 이전 시절의 노래를 좋아하는 이들도 있더군요. 그들의 노래에 맞춰 나는 얼후와 플루트 반주를 넣었어요. 때론 다락에서 옛 레코드판을 찾아내 오래된 축음기에 틀기도 했지요. 우리는 단파 라디오 방송을 청취하고 해외의 음악 프로그램을 들었습니다. 단파 라디오 방송을 듣다가 적발되면 감옥에 가는 시기였기에 무척 조심해야 했습니다. 그러나 젊은이들은 모험을 좋아했고 그래서 우리는 무척 즐거웠지요. 하지만 거리 위원회가 낌새를 알아채고 "지하 클럽"을 운영한 혐의로 나에게 경찰에 출두할 것을 요청해 왔습니다. 어느 날 밤, 경찰이 들어와서 집을 수색했어요. 그들은 심문을 위해 나를 데려갔지만 아무것도 찾아내지 못해 곧 방면했습니다. 이후 몇 년간 경찰들의 한밤중 기습 수색은 계속 이어졌습니다. 나는 구치소를 들락날락했고요. 그러나 내가 장님인 탓에 나를 감옥에 집어넣기가 어려웠습니다.

마침내 마오 주석이 죽었습니다. 문화대혁명도 끝났고요. 나는 생계를 위해 일을 해야 했습니다. 거리공연을 하면서 사람들이 내 음악을 좋아한다는 것을 알게 되었어요. 근근이 살아갈 만큼 벌이도 되었고요. 경찰은 수시로 나를 괴롭혔습니다. 악기를 압수해가기도 하고 며칠씩 구금하기도 했어요. 나는 풀려나자마자 거리로 돌아가 다시 공연을 했어요. 아마도 그들은 나를 어떻게 처리해야 할지 몰랐던 것 같아요.

거리의 음악가로 살아온 지 30년입니다. 이제 고참이라고 할 수 있죠. 나에 대한 긍정적인 이야기도 언론에 여러 번 나갔고요. 하지만 경찰은 지금도 나를 주시하고 있고, 나를 구금하기도 하고 벌금을 물리기도 합니다. 이젠 익숙해졌어요.

랴오: 비틀즈 포스터를 벽에 붙여둔 이유가 있나요?

웬: 비틀즈의 노래를 무척 좋아해요. 바라기는 언젠가 해외여행을 가서 미국의 거리에서 공연하고 싶어요. 거기 가면, 그 옛날 미국인 선교사가 내게 준 안약이 무엇이었는지 알아낼 겁니다. 오랫동안 마음을 괴롭혀온 질문이에요.

랴오: 하지만 시력을 잃지 않았다면 뛰어난 거리의 음악가가 되지는 못했겠죠.

후기

웬후아춘의 시력을 회복시켜주었을지도 모를 안약, 선교사가 준 그 약은 무엇이었을까? 나는 청두 시의 유명한 역사가 리우사허에게 문의해보았다.

"어유(魚油)입니다." 그는 이렇게 답했다. "오늘날의 기준에서 보면 흔한 강장제입니다. 하지만 고산지대 사람들에게 물고기는 무척이나 드문 음식이었고, 어유는 체내의 영양 섭취를 활성화시켜주는 역할을 하는데, 그런 건 아마 들어본 적도 없었을 겁니다.

눈에 영양분을 줘야 한다고 당시에 누가 생각이나 했겠어요? 그걸 알고 있던 서양 의사는 어유를 추출해서 안약으로 만들었던 거죠." 리우의 말에 따르면, 공산혁명 이전에 중국에서는 어유로 만든 안약이 수많은 맹인들의 눈을 치료하는 데 쓰였다고 한다.

만 수녀는 미국으로 돌아갔고,

한수인은 1960년대에 그녀를 만나러 갔습니다.

한수인은 만 수녀에게 정치적 의도가 없었음을 알게 되었습니다.

만 수녀는 공산당을 헐뜯지 않았습니다.

그녀가 마오의 초상을 찢은 것은

정치적인 이유 때문이 아니었습니다.

다만, 세속 정부의 권위가 하나님의 권위 위에 있어서는

안 된다고 생각했던 것이었습니다.

17장
그녀가 마오의 초상을 찢은 이유
- 고아원 -

나는 공산주의 치하의 중국에서 태어나 자랐다. 공산주의 체제 아래서 어떤 것은 "선"으로 받아들여야 했을 뿐, 절대 의문을 제기해서는 안 되었다. 마오 통치기의 중국에서 종교는 "악"이었고 종교를 믿는 사람은 기껏해야 망상에 빠져 재교육이 필요한 사람이었고 최악의 경우 이교 숭배자이거나 조국의 기반을 약화시키는 제국주의의 첩자였다. 나는 기독교 고아원이나 기독교 병원이 지상에서 가장 무시무시한 곳 중 하나라고 믿으며 자랐다.

초등학교 시절 담임선생님은 외국 선교사들이 중국에 온 것은 중국 민중을 예속시키고 살해하기 위해서라고 했다. 그리고 고아원을 운영하는 수녀들은 괴물이라고 배웠다. 비록 나중에 전 세계에 퍼져 있는 가톨릭교회 가운데 규율을 강조하는 가톨릭교회의 엄격한 수녀들을 희화화한 고정관념이 전 세계에 퍼져 있다는 것을 이해하게 되었지만 중국에서 수녀들은 악몽에 나올 법한 인물이었다. 수녀들은 가난한 집에서 아이들을 데려와 항아리에 넣어 키우다가 십 대가 되면 항아리를 깨고 애들을 꺼낸다. 그때까지 피그미 족 사람처럼 작게 자란 아이들은 하루 종일 식탁 시중을 들고 "하나님"께 기도해야 한다. 아이들은 절대 뛰어다녀서는 안 된다.

자료를 조사하는 과정에서 나는, 종유원Zhong Yuwen이란 기자가 1964년 6월 5일자로 쓴 국영 신화통신발 기사에서 오래되었으나 새로운 이야기를 발견했다. 다음은 기독교 선교사역이 서구에 대한 적대감을 불러일으키는 데 어떻게 효과적으로 사용되었는지를 예증해 주는 기사다.

'세상이 변했다'

난징 어린이병원 방문
1964년 6월 5일

세계 어린이의 날인 6월 1일, 다수의 초등학교 교사들과 학생들이 난징 시립 어린이병원을 찾았다. 요청에 따라 한 의사가 나와서 병원의 역사를 방문객들에게 소개했다.

1937년, 오랜 세월 동안 민중을 착취하고 억압하던 국민당 정부와 반동분자들은 내전을 벌여 나라를 혼란 속으로 밀어 넣고 민중을 도탄에 빠뜨렸다. 많은 가정들이 무너졌다. 죄 없는 수천 명의 아이들이 부모를 잃었다. 이때 외국 제국주의자들의 사주를 받은 일단의 외국인 수녀들이 종교의 옷을 입고 이 도시에 도착했다. 그들의 목적은 반혁명주의자들을 돕는 것이었다. 그들은 자선이란 자비로운 얼굴을 가장해서 민중의 마음을 얻었다. 또한 광저우 로 근처에 집을 지어서 "성심

어린이집"을 열고 버려진 아이들을 받아들였다. 그들은 아이들을 학대하고 거룩한 어린이의 집을 지상 지옥이자 죽음의 어린이 수용소로 바꾸어놓았다. 그들은 아이들의 배식 양을 가혹할 정도로 줄였는데, 매일 미숫가루 200그램에 우유를 부어 만든 죽을 먹였다. 한 살배기 아이들에게 미음만 하루에 네 번 먹였다. 서너 살 아이들에게는 똑같은 묽은 미음을 하루에 세 번 먹였다. 그 결과 아이들은 영양실조에 걸렸다. 아이들은 나무막대기처럼 앙상했다. 골다공증이 널리 퍼져 있었다. 세 살 먹은 아이들 다수가 허리를 펴고 앉는 데 문제가 있었다. 네 살 먹은 아이들 중에는 아직 걷지 못하는 아이들도 있었다. 세 살 된 아이들 상당수가 몸무게가 겨우 5-6킬로그램밖에 안 되었다.

수녀들이 아이들을 잘 돌보는 일이 없었기에 아이들 대부분이 습진과 욕창으로 고생했다. 우는 것은 아이들의 본능적인 행동이건만, 이곳 아이들은 울 기력조차 없었다. 그저 말없이 자리에 누워서 죽기만을 기다릴 뿐이었다. 이곳의 사망률은 70퍼센트가 넘었다. 아이가 죽으면 자선가라 하는 이들은 기뻐하며 이렇게 말했다. "아이들의 영혼이 천국으로 갔으니 우리는 그 죽음을 기뻐해야 합니다."

수녀들은 물리적으로 아이들을 학대했을 뿐만 아니라 아이들의 마음을 해쳐놓았다. 나이 든 아이들은 아침마다 교회의 차가운 시멘트 바닥에 무릎 꿇고 앉아 하나님께 죄를 용서해달라는 기도를 드려야 했다. 수녀들은 끊임없이 하나님을 들먹이며 아이들을 위협했고 하나님의 용서를 간절히 구하라고 했다. 그 결과, 아이들은 항상 두려움 속에 살았고 자존감이 무척 낮았다. 또한 수녀들은 마리아, 앤드류, 필립, 마틸다 같은 영어 이름을 아이들에게 붙여주고 외국 교육을 시켰는데,

이로써 아이들은 자신이 태어난 나라에 대해서는 무지하게 되었다. 이런 식으로 아이들은 제국주의자들에 의해 예속화되었다.

공산주의자들이 와서 도시를 해방시킨 후에 아이들은 구조되었다. 민중의 정부는 혁명대중의 요구에 따라 법에 의거해 외국 제국주의자들을 처벌했고 성심어린이집을 인수해 아이들을 치료했다. 공산당의 보호 아래서 아이들은 가뭄에 단비를 맞은 묘목마냥 건강하게 자랐다. 1953년에 정부는 외국 제국주의자들이 아이들을 학대하던 그곳을 어린이병원으로 개조했다. 의사와 간호사들은 공산당의 보호와 격려를 힘입어 중국 어린이의 건강을 지키기 위한 사업에 공헌했다.

나는 이 이야기를 청두 시내의 자비원 옆에 살고 있는 일흔다섯 살의 역사가 친구 리우사허와 함께 나누었다. 그는 거짓말을 꾸며내 기독교 선교사들에 대한 증오심을 부추긴 게 공산당 정부가 처음은 아니라고 했다.

리우사허: 가톨릭 수녀들은 가난한 중국 어린이들의 피를 빨아먹는 흡혈귀이고 아이들 눈알을 뽑아 장식품으로 쓴다는 말을 어릴 적에 종종 들었지요. 사람들은 1898년부터 1901년에 걸쳐 중국 북부에서 일어난 반기독교운동인 의화단 사건이 있기 훨씬 이전부터 사실 무근의 소문을 퍼뜨리기 시작했어요. 쓰촨 성에서 일어난 악명 높은 사건이 있습니다. 1896년, 현재는 청두 제2시립 민중병원이 된 기독병원을 지역 주민들이 떼 지어 몰려가 공격한 사건이에요. 주민들은 의사가 순진한 어린아이들을 사탕으로 꾀어 병원으로 데려가 살해한 후 시신을 피클

항아리에 담아 두었다가 아이들의 살을 먹었다고 주장했습니다. 성난 주민들 수백 명이 창문을 깨부수고 병원을 차지했습니다. 의사와 간호사들은 모두 달아났고 일부는 산시 로에 있는 교회로 피신했죠. 주민들은 결국 교회를 공격해서 불을 질러버렸습니다. 나중에 그 사건은 한 지역 주민이 병원 연구실을 지나가다가 포름알데히드액에 들어 있는 죽은 아기의 조직 표본을 본 게 전부였던 것으로 드러났지요. 그 이야기가 대중들 속으로 퍼져 나가면서 터무니없이 부풀려졌던 거죠.

랴오이우: 선교사에 대한 적대감은 공산주의 치하에서도 바뀌지 않았죠.

리우: 정부의 선전 기관은 그런 소문들을 영구적인 것으로 만들고 새로운 소문을 퍼뜨려서 그리스도인들에 대한 혐오감을 부추기고 사람들로 하여금 신앙을 포기하게 만들었어요. 당신이 보여준 신화통신의 기사 같은 게 완벽한 사례라고 할 수 있겠죠.

공산주의 이전 시절, 특히 2차 세계대전 무렵에는 외교관이나 군인사, 선교사들뿐 아니라 많은 미국인들이 충칭과 청두 시로 왔었죠. 그들은 공항과 병원을 짓고, 수많은 고아원을 세웠습니다. 1945년 봄에 청두에는 콜레라가 만연했습니다. 거리에 시신이 널려 있었어요. 관은 모두 팔려서 구할 수 없었고 병원은 죽어가는 환자들로 미어터졌어요. 핑안차오 가에 있는 프랑스 기독병원이 일반인 진료를 받자 환자들이 몰려들었습니다. 얼마 있지 않아 병상이 모두 차자 환자들은 복도를 매웠고, 그러고도 모자라 병원 마당까지 채웠습니다. 프랑스 의사와 간호사들은 낮과 밤으로 일했지요. 약이 떨어지자 그들은 경구용 수액제 및 정맥 수액제를 투여했습니다. 어떤 때는 환자가 실려왔으나 이미 너무 늦은 경우도 있었어요. 그런 경우에도 그리스도인 의사와 간호사들은 포기하지 않고 환자를 살리기 위해 최선을 다했습니다.

내가 알고 지내던 미국인 수녀가 있었어요. 이름이 M자로 시작했는데, 중국어 "만"자와 발음이 비슷했기 때문에 우리는 모두 그녀를 '만 수녀'라고 불렀지요. 그녀는 여러 해 동안 청두에서 살아왔는데 산파가 되고 싶어하는 젊은 여성들에게 무료 강습을 해주고 작업장도 사용하게 해주었습니다. 당신도 알다시피, 옛날에 부유한 가정에서 자란 여성들은 산파가 되고 싶어하지 않았잖아요. 가난한 집 여성들이야 산파가 되고 싶어도 조산학원에 다닐 돈이 없었고요. 그 결과, 쓰촨 성의 유아 사망률은 높은 편이었죠. 물론 국민당 정부도 비슷한 사업을 시행했어요. 하지만 내 생각에는 만 수녀의 공로가 훨씬 컸던 것 같아요. 그녀는 이곳에 있던 미국 기독교 선교병원 소속이었어요. 또 만 수녀는 여러 권의 책을 낸 작가였습니다. 한수인 Han Suyin이란 작가(『모정』Love Is a Many-Splendored Thing의 저자—옮긴이 주)에 대해 들어봤을 텐데, 그녀는 1세대 중국 공산당 지도자들과 친밀한 관계를 유지했었죠. 한수인과 만 수녀는 한 병원에서 일했습니다. 두 사람은 친한 친구 사이가 되었어요. 한수인은 만 수녀의 타자기로 습작을 했습니다. 1949년 공산당이 정권을 인수하고 나서, 한수인은 동남아시아로 가서 병원을 열었고 만 수녀는 청두에 남아 자신의 작업장을 계속 열었습니다. 그녀는 청두 시를 자신의 영원한 고향으로 생각했습니다. 1950년대 초에 정부는 모든 학교의 교실에 마오 주석의 초상을 걸 것을 요구했습니다. 만 수녀는 정부의 요구를 거절했습니다. 지역 지도자들이 찾아와 그녀와 이야기하면서 정부 시책에 따를 것을 종용했습니다. 그녀는 꼼짝하지 않았습니다. 하루는 만 수녀가 자리를 비웠을 때 지역 지도자들이 와서 마오의 초상을 칠판 위에 달았습니다. 그녀는 돌아와 초상을 보고는 격분했습니다. 그녀는 사다리를 가져다 올라가서 초상을 떼어내 찢어버렸습니다. 이 사건은 당국의 심기를 몹시 불편하게 했습니다. 지역 지도자들은 그녀를 제국주의자들의 첩자라고 공개적으로 비난했고 결국 이 나라에서 추방해버렸습니다.

만 수녀는 미국으로 돌아갔고, 한수인은 1960년대에 그녀를 만나러 갔습니다. 한수인은 만 수녀에게 정치적 의도가 없었음을 알게 되었습니다. 만 수녀는 공산당을 헐뜯지 않았습니다. 그녀가 마오의 초상을 찢은 것은 정치적인 이유 때문이 아니었습니다. 다만, 세속 정부의 권위가 하나님의 권위 위에 있어서는 안 된다고 생각했던 것이었습니다.

랴오: 당시에는 그런 생각이 일반적이었나요?

리우: 만 수녀의 이야기가 유별난 건 아니지요. 권력을 잡은 공산주의 정권은 역사를 고쳐 쓰고 서양 기독교 선교사들을 괴물이나 파괴자로 묘사했어요. 수십 년간 중국에 살면서 일해온 많은 선교사들이 어쩔 수 없이 이 나라를 떠나야 했지요. 선교사들이 벌인 그 모든 자선 사역들이 중국 정부가 서구 나라들을 비판하는 증거로 사용되었습니다. 그들의 사역이 중국 민중을 식민화하고 노예화하려는 시도였다고 정부는 주장했지요. 중국에서 기독교는 다시 번창하고 있습니다. 역사의 진실을 밝히고 그 사실을 대중에게 알리는 것, 이것은 역사가와 작가에게 주어진 과제입니다.

주님은 저를 잘 알고 계셨어요.

우리 세대를 잘 이해하고 계셨던 거예요.

우리 세대는 팝스타 숭배라는 무저갱에 빠져 있었던 거고요.

저는 거기서 빠져 나올 수 없었고,

내 인생은 망하기 직전이었던 거예요.

그때 하나님께서 마침내 당신의 모습을 저에게 나타내셨어요.

그분의 말씀은 단호했어요.

나는 그분 앞에서 나의 모든 우상을 제거하고

착한 사람이 되기로 맹세했어요.

18장
다시, 가이사의 일은 가이사에게
- 새로운 회심자 -

상수위안Shangshuyuan은 가톨릭 신학교인 성 수태고지 신학원Seminarium Annuntiationis의 고향 같은 곳이었다. 성 수태고지 신학원은 청두 교구에 파송된 프랑스인 선교사 마리 훌리안 뒤낭Marie-Hulien Dunand 주교가 1895년에 건축하기 시작한 신학교다. 완공되기까지 13년이 걸린 만8천 평방미터의 부지에 세워진 고딕양식의 이 거대한 건물은 중국 남서부를 섬긴 세기의 신부들을 배출해냈다. 그러나 한 세기 후, 신학원은 허물어지는 건물 한 동만 남았을 뿐이었다. 문화대혁명의 과도한 열정은 지난 세기 동안 풍화 작용이 건물을 침식한 것보다 더 많은 흔적을 건물에 남겼다. 2000년 초에 내가 처음 방문했을 때, 신학원은 뼈대만 남은 채 쓸쓸히 서 있었다.

2008년 5월, 한 신혼부부가 신랑은 검은색 정장 차림을 하고 신부는 서구식 흰색 웨딩드레스를 입고 사진을 찍기 위해 신학원 부지 앞에서 포즈를 취하고 있을 때, 땅이 흔들리더니 남은 교회당 건물이 그들 주위로 무너져내렸다. 불과 몇 초 만에 성 수태고지 신학원의 남은 건물이 사라져버린 것이다. 현장 사진이 순식간에 인터넷을 통해 퍼졌다. 2008년의 쓰촨 성 대지진은 약 7만 명의 인명을 앗아갔다. 홍위병보다 더 강력하고 파괴적인 지진이었다.

2010년 1월 13일 오후, 바이루 군 상수위안에서 여동생과 차를 마시던 중 나는 최신 유행하는 옷을 입은 젊은이들이 쓰촨 성 대지진에 대해 이야기하는 것을 우연히 듣게 되었다. 나는 그들의 이야기에 끌렸다. 그들 중 한 사람은 최근에 그리스도인이 된 스물네 살의 청년 호루Ho Lu였는데, 그는 지진 생각을 하면 "지금도 소름이 끼친다"며 다른 이야기를 하자고 했다. 나는 그에게 어떻게 그리스도인이 되었는지 말해줄 수 있냐고 물었다.

호루: 어릴 적에 어머니와 함께 교회에 다닌 게 시작이에요. 고등학교 다닐 무렵 저는 말 안 듣는 아이였어요. 부모님이 해주는 것은 모조리 싫었고 교회도 그만뒀어요. 하지만 지난 2년 동안 제가 조금 성장한 것 같아요. 그래서 교회로 돌아가기로 결심했어요. 6개월 전에 세례를 받았어요.

랴오: 원점으로 되돌아왔군요.
호: 그런 셈이죠. 사람은 살면서 쳇바퀴를 돌게 되는 것 같아요. 하지만 돌면 돌수록 혼란만 가중돼요. 공원의 저 할머니들을 좀 보세요. 저분들은 아침저녁으로 공원에서 시간을 때우고, 괴상한 춤을 추고, 태극권이나 에어로빅을 하고, 경극 가락에 맞춰 크게 노래를 불러요. 엉덩이를

흔드는 등 온갖 기이한 행동을 해요. 저는 가끔 저분들이 왜 저러는지 궁금해요. 처진 뱃살을 빼려는 걸까요? 영원히 살려는 걸까요?

랴오: 예의를 갖추면 좋겠어요. 저분들은 당신의 부모님이나 조부모님일 수도 있어요.

호: 아무렴요. 저의 아빠는 불교 신자예요. 엄마는 예수님을 믿고요. 할아버지는 쓰촨 대학교에서 중국 고대 문학을 가르쳐요. 찾아갈 때마다 보면, 할아버지는 고개를 좌우로 흔들며 고대 산문이나 고대 시를 암송하고 계세요. 할아버지는 도교 사상을 좋아해서 도교의 지도자인『장자』의 몇 구절을 늘 읊조리시죠. "저 먼 북쪽 깊고 어두운 바다에 곤鯤이라는 커다란 물고기가 사는데 얼마나 큰지 그 크기가 수천 리에 이른다. 그 물고기가 새로 변하면 대붕大鵬이란 새가 되는데 얼마나 큰지 그 크기가 수천 리에 이른다. 어쩌고저쩌고…."

어쨌든 우리 집에서는 세 가지 종교를 믿고 있는 거예요. 각자가 자기 신앙생활을 하는 거죠. 가족 모두가 한 종교를 믿으면 매일같이 싸울 일도 없을 텐데, 왜 못하는 거죠? 좀 이상해요. 어릴 적에 아빠를 따라 절에 갈 때면 불상의 얼굴 표정을 흉내 내곤 했어요. 책상다리를 하고 앉아 눈을 감기도 했어요. 그러면 어른들은 웃었죠. 엄마하고는 오래된 교회에 가서 예배를 드렸어요. 사람들이 찬송가를 부르는데, 정말 웅장하고 멋졌어요.

저는 기독교가 더 좋아요. 불교는 너무 지역적이고 세속적인데다 멋지지도 않잖아요. 나이 든 어른들이나 부유한 사업가나 정부 관리들은 절에 가서 분향하고 사소한 소원을 빌어요. 뭐, 돈이나 진급, 행운

같은 것 있잖아요. 도교는 너무 고상해서 도저히 도달할 수 없는 목표 같아요. 제 생각에는 기독교가 모두를 아우르는 유일한 종교가 아닐까 싶어요. 예수님은 십자가에 못 박히셨고 그분의 피가 우리를 죄에서 구속해주셨어요. 생각해보세요, 얼마나 아팠겠어요. 하지만 그분은 인류의 구원을 위해 기꺼이 십자가를 지셨어요.

부모님은 몇 년 전에 이혼 소송을 내셨어요. 제 기억에 두 분은 항상 종교를 두고 다투었어요. 엄마는 아빠가 불교를 버리고 기독교로 돌아오기를 원했어요. 아빠는 엄마를 완전 무시했고요. 엄마는 아빠에게 기독교에 대해 좀 진지하게 생각해보라고 했고, 그러면 아빠는 "더 생각할 필요도 없어. 나 같은 중국인에게는 불교가 딱 맞다고" 하며 쏘아붙였어요. 엄마도 지지 않았어요. 그러면 엄마는 "불교는 인도에서 온 종교예요. 가난하고 퇴보하고 있는 두 거대한 나라에 불교가 한 일을 보라구요" 하고 반박했고, 그러면 아빠는 "그래, 당신은 기독교 신앙으로 중국을 한번 잘사는 선진국으로 만들어보라고. 나는 가난하고 퇴보한 이 상태가 좋으니까" 하고 대꾸했어요. 결국 엄마는 고개를 절레절레 저으며 "이교도와 한 집에서 사는 건 정말 치욕이에요" 하는 말로 끝내곤 했어요.

랴오: 엄마는 언제 그리스도인이 되었죠?
호: 저를 가졌을 때요.

랴오: 1985년? 정부가 종교에 대한 통제를 완화하고 나서 몇 년 후이군요.
호: 엄마는 정말 우연한 기회에 하나님을 만났어요. 오래된 친구 분이 엄

마에게 근처의 개신교회에 소개해주었어요. 엄마는 주일예배에 두어 번 참석했어요. 그러더니 영감을 받았어요. 그리고 일흔 살 된 목사에게 세례를 받았어요. 세례식에는 많은 사람들이 증인으로 참석했어요. 엄마는 고등학교 교사였어요. 중국어를 가르치죠. 당시에 고등학교 교사의 회심은 큰 사건이었어요. 많은 사람들이 엄마의 결정을 찬성하지 않았죠.

랴오: 어머니가 삼자교회에 다니시는가 봐요.

호: 맞아요. 입구에 붙어 있는 표지판에서 봤어요. 표지판에는 중국 기독교 삼자애국운동 소속교회라고 쓰여 있어요. 엄마가 다니는 교회는 아주 오래된, 100년 이상의 역사를 가진 교회예요. 목사님은 공산주의가 들어오기 훨씬 전부터 그 교회를 섬겼다고 해요. 얼마 전에 세상을 떠나셨죠. 아저씨가 교회 내부를 보셔야 하는데, 전통적인 장식을 한 오래되고 멋진 교회예요.

랴오: 교회는 분명 엄마의 과거와 정치적 배경을 검증했을 겁니다. 정부는 간접적인 방식으로 교인 등록과정을 통제하고 있지요.

호: 그랬는지 아닌지, 저는 잘 몰라요. 제가 아는 건, 교회가 새신자에 대해 무척 신중하다는 거예요. 듣기로는 엄마의 학교 상사가 엄마의 회심을 만류하려고 했는데 엄마가 초지일관했다고 해요. 결국, 학교 당국도 엄마의 요구를 승인하고 한도를 정해주었어요. 대개, 수업시간에 학생들에게 기독교에 대해 이야기하면 안 된다 같은 거였어요. 저를 키우면서 엄마는 엄마가 세례받을 때 제가 엄마 뱃속에 있었기 때문에, 제가

절반은 회심한 거라고 말을 하시곤 했어요.

랴오: 지하교회에 다니는 사람을 아나요?

호: 아니요. 엄마가 교회에 다니기 시작한 1985년에는 청두 시에 지하교회
가 없었어요…. 저는 그런 게 대단한 문제는 아니라고 봐요. 우리에게
는 한 하나님이 있을 뿐이고 그분은 우리 모두를 인도하시죠. 어디서
예배하는가가 중요한 건 아니에요.

랴오: 우야오종 목사라고 들어봤나요?

호: 낯선 이름은 아닌데, 어느 왕조 때 인물인지는 모르겠어요.

랴오: 1950년대 초 중국의 삼자애국운동을 설립한 인물 중 한 명입니다.
그들은 중국 기독교회가 서구 제국주의자들과 맺고 있는 모든 유대 관
계를 끊고 자치, 자양, 자전해야 한다고 주장했죠. 많은 그리스도인들
이 우 목사의 의견에 동의하지 않았어요. 교회가 중국 정부의 통치 아
래로 들어가야 한다고 생각하지 않았던 거죠.

호: 제 생각도 마찬가지예요. 우야오종의 생각은 말도 안 되는 미친 생각
이라고 봐요. 주 예수님은 서구에서 오신 분이잖아요. 기독교는 서구
종교가 분명하잖아요. 그런데 어떻게 서구와 단절할 수 있겠어요?

랴오: 흥미로운 지적이네요. 세례는 어떻게 해서 받게 되었죠?

호: 이야기하자면 길어요. 엄마는 항상 학교 공부 가지고 저를 괴롭혔어요.
미술 학원에도 보냈고요. 제 생각에 엄마는 제가 반에서 수석하기를

바랐던 것 같아요. 어릴 적에는 엄마와 싸울 수 없어서 엄마가 하라는 대로 모두 따랐어요. 하지만 커서는 더 이상 엄마 말을 듣지 않았어요. 고등학교 졸업반 때에는 아예 전국 대학시험을 치르지 않았어요. 엄마는 그 충격으로 졸도 직전까지 갔어요. 매일 울면서 기도하시더라고요. 확신과 힘을 더 달라고 하나님께 구하신 거죠. 사실 저는 시험 공포증이 있었어요. 수업시간에 도저히 집중할 수 없었어요. 오전에 네 시간 수업을 들었는데, 4교시만 되면 비명을 지르고픈 충동을 참느라 괴로웠어요. 책상과 의자를 때려 부수고 싶었어요. 엄마한테 말했더니, 엄마는 저를 의사에게 데리고 갔어요. 의사는 "간헐적 불안증세"라고 진단했어요. 내가 미칠 수도 있다는 것을 알아챈 엄마는 나 혼자 있는 걸 허락하고 더 이상 압박하지 않았어요. 밖에 나가 놀거나 인터넷을 하라고 권하기까지 했어요. 나는 많이 놀고 인터넷을 했어요. 팝스타에 빠져 지냈는데, 특히 중국의 록 스타들에게 매료되었죠.

랴오: 말해봐요, 고등학교 때 연애도 했나요?

호: 연애요? 촌스럽게 왜 이러세요? 연애는 초등학교 때부터 해요. 저는 열네 살 때 "금단의 열매"를 맛봤어요. 고등학교 때는 선수였죠. 저희에게 무슨 선택권이 있겠어요? 저희 세대가 먹는 음식에는 호르몬이 엄청 들어 있다고요. 몸의 성숙이 빠르죠.

랴오: 흥미롭군요. 주제에서 벗어난 얘기를 해서 미안해요. 고등학교 이후로는 어떻게 되었죠?

호: 대학에는 가지 않았어요. 경제적으로 독립할 만한 직업을 구할 수도

없었고요. 하루 종일 집에서 빈둥거릴 밖에요. 후난 방송에서 방영한 '중국의 아이돌' 쇼를 한 회도 놓치지 않았어요. 대회에 참가한 여자들이 모두 좋았는데, 특히 리유천Li Yuchun이 마음에 들었어요. 그녀는 전위적이고 섹시해요. 짱 멋있어요. 그녀가 나올 때면 흥분해가지고 방방 뛰었어요.

랴오: 리유천? 중성적으로 보이는 가수 말인가요? 난 그녀의 노래를 한 마디도 못 알아듣겠던데.

호: 우리 엄마처럼 말씀하시네요. 그게 정확히 그녀가 말하는 바예요. 사실, 사소한 거 가지고 따지는 것은 의미가 없어요. 저는 이제 그리스도인이기 때문에 인생에 대해 좀더 진지해졌어요. 십 대 때의 방탕한 행동을 생각하면 이제는 부끄러워요. 있잖아요, 고등학교 때 엄마는 저한테 성경을 읽으라고 하셨어요. 저는 성경을 탐독하는 대신 성경에서 오류를 찾아 엄마를 난처하게 했어요. 그건 너무 쉬운 일이었어요. 예를 들어볼까요? 창세기에서 하나님은 아담과 하와를 창조하셔서 에덴동산에 두시고 무엇이든 원하는 대로 먹되 선과 악을 알게 하는 나무의 열매만은 먹지 말라고 하세요. 그런데 아담과 하와는 사탄이 쳐놓은 유혹을 이기지 못해 금지된 과일을 먹어버려요. 이 일로 하나님은 진노하시고 사람들은 에덴동산에서 쫓겨나게 돼요. 그렇게 망명자 인간의 오랜 역사가 시작되었죠. 이 부분을 읽고 나는 하나님이 중국 정부와 닮았다고 생각했어요. 인간을 무지함 속에 잡아두기 위한 정책을 펴서 인간을 다스리려고 하는 점이 말이죠. 나는 엄마를 정말로 화나게 만들었어요.

랴오: 비판적인 생각을 가지고 성경을 읽은 것만은 분명하네요.

호: 그렇게 봐주시니 기뻐요. 아무튼 저는 2년 동안 집에서 어슬렁거리면서 엄마와 쉬지 않고 싸웠어요. 대학 다닐 나이를 넘겼기 때문에 대학 진학은 더 이상 선택할 수 있는 사항이 아니었어요. '중국의 아이돌' 시청하는 게 직업일 수도 없고요. 그래서 일자리를 알아보겠다고 엄마에게 말했어요. 하지만 힘들었어요. 저는 재능도 기술도 없었고 게다가 너무 집에만 오랫동안 있어서 팔다리가 약해져 버린 거였어요. 조금만 육체노동을 해도 심장박동이 빨라지고 근육에 통증이 왔어요. 그때 아빠가 아는 친구 분을 통해 일자리를 구해주었어요. 어느 회사의 경비로 일하게 되었던 거예요. 출근 첫날, MP3 플레이어를 가지고 갔어요. 하루는 상사가 저한테 뭐라고 막 얘기했는데, 저는 헤드셋을 끼고 있어서 듣지 못했어요. 리유천의 노래를 들으면서 계속 걸어가고 있었거든요. 상사는 내 어깨를 움켜쥐더니 벼락같은 목소리로 고함쳤어요. "여기서 당장 나가라. 넌 해고야."

부모님은 정말로 나한테 진절머리를 냈어요. 잔소리하는 것조차 피곤해하셨죠. 엄마와 아빠는 나를 어떻게 할지 상의했어요. 아빠는 고개를 저으며 이렇게 말했어요. "저 애가 언제쯤 어른이 될지 모르겠소. 당분간은 애한테 일자리를 찾아주지 맙시다. 스물다섯 살이 될 때까지 집에 있으라고 합시다. 그 나이가 되면 자기 앞가림 정도는 할 만큼은 성숙해지지 않겠소." 엄마도 할 수 없이 동의했어요. 엄마는 "요즘은 집에 있는 젊은이들이 얼마나 많은데요. 그래도 우리 애는 외톨박이는 아니잖아요" 하는 말로 자신을 위로했어요.

랴오: 당신은 부모님의 결정을 어떻게 받아들였나요?

호: 신경 쓸 필요 없다고 봤죠. 저야 급할 게 없었으니까요. 성가시게 하는 여자 친구도 없었거든요. 엄마가 밥 해주고 옷 사주고, 매월 용돈도 주셨어요. 나쁘지 않았어요. 그러던 어느 날, 집에 있는데 지루했어요. 그래서 성경을 펴서 페이지를 넘기다가 예레미야서의 한 구절에서 멈췄어요. "이스라엘아, 정말로 네가 돌아오려거든, 어서 나에게로 돌아오너라. 나 주의 말이다. 내가 싫어하는 그 역겨운 우상들을 내가 보는 앞에서 버려라. 네 마음이 흔들리지 않게 하여라"(예레미야 4:1).

벼락에 맞은 것 같았어요. 한동안 머릿속이 하얘졌어요. 세상에, 그동안 제가 숭배했던 역겨운 우상들이, 즉 리유천과 제이초우가 생각났어요. 그들이 흐르는 구름처럼 마음속을 스치고 지나갔어요. 주님은 저를 잘 알고 계셨어요. 우리 세대를 잘 이해하고 계셨던 거예요. 우리 세대는 팝스타 숭배라는 무저갱에 빠져 있었던 거고요. 저는 거기서 빠져 나올 수 없었고, 내 인생은 망하기 직전이었던 거예요. 그때 하나님께서 마침내 당신의 모습을 저에게 나타내셨어요. 그분의 말씀은 단호했어요. 나는 그분 앞에서 나의 모든 우상을 제거하고 착한 사람이 되기로 맹세했어요.

그날 밤 엄마가 집에 돌아왔을 때 저는 그리스도인이 되고 싶다고, 세례를 받고 싶다고 말했어요. 엄마는 어리둥절했던지 무슨 말을 해야 할지 모르셨죠.

랴오: 갑작스런 변화였군요.

호: 진실로 하나님을 믿으려면 세례를 받아야 해요. 세례를 받지 않으면

자기 좋을 대로 하겠다는 거죠. 그때 제 생각이 이랬어요. 저는 전형적인 80년대 이후 세대에요. 수년 동안 온갖 팝스타들을 추종했고 그들의 노래를 모조리 부를 줄 알았어요. 새로운 스타가 오면 옛 스타는 주저하지 않고 버렸어요. 뼈다귀를 찾아다니는 개처럼 저는 아이돌 스타들을 찾아다니느라 인생 전체를 허비했어요. 그때 찬송가를 배웠는데 찬송가는 절대 질리지 않았어요. 찬송가는 내 영혼의 깊은 곳을 어루만지고 나를 변화시켰어요. 우리는 교회에서 자유 토론을 벌였어요. 그리스도인 형제자매에게 저의 문제와 인생에 대한 회의를 고백해도 저를 비웃거나 어리석다고 생각하지 않았어요. 직업이 없다고 말하자 그들 모두가 도와주었어요. 그래서 여러 회사에 면접을 보게 되었어요. 면접 때마다 나는 이렇게 밝혔어요. "저는 그리스도인입니다. 아직 어리고 경험도 없지만, 온 마음을 다해 열심히 일하겠습니다. 당장 일자리가 없다면 인턴도 좋고 자원봉사도 좋습니다. 정말 쓸 만하다 싶을 때, 그때 고용하거나 급여를 주셔도 좋습니다."

랴오: 그래서 일자리를 구했나요?

호: 그럼요. 지금은 한 회사에서 웹 사이트 유지관리를 하고 있어요.

랴오: 다른 사람의 집에서 예배를 드려본 적 있나요?

호: 두 번 정도요. 제가 아는 그리스도인들 중에는 사무실 건물 안에 모여서 예배하는 이들이 있어요. 하지만 저는 그러고 싶지 않아요. 저는 교회당에서 드리는 예배가 좋아요. 우리 세대는 아름다운 것을 좋아하는 것 같아요.

라오: 당신네 세대는 외양에 끌리죠. 내용보다 포장에.

호: 그게 뭐가 잘못되었나요? 고대부터 사람들은 늘 아름다운 것에 끌렸어요. 처음에 인간은 동물 가죽을 걸쳤고, 그 다음에는 옷을 입기 시작했어요. 그게 전부 다 우리 자신을 포장하고 멋지게 보이려는 거잖아요. 주님을 뵐 때 우리는 깨끗하고 품위 있어야 해요. 하늘에 계신 주님도 깨끗하고 단정한 왕궁에 계셔야 신자들의 기도를 듣고 싶은 기분이 나시죠. 만일 아무 곳이나 정해서 주님의 이름으로 그곳을 교회라 할 수 있다면, 교회당을 지을 이유가 어디 있겠어요? 세계 각지에 있는 아름다운 교회 사진을 본 적이 있어요. 그런 건물들을 지은 데는 다 뜻이 있지 않겠어요?

라오: 아름다운 교회들이 정부 종교국의 통제를 받고 있기 때문에 수많은 사람들이 그런 교회에서 예배하기를 거부하고 있는 거예요.

호: 그게 중요한가요? 설교단 위에 있는 십자가상의 거룩하신 분은 나의 주님이에요. 정부가 인정한 교회의 설교단 위에 있든 누군가의 집 거실에 있든, 마찬가지예요. 후진타오 주석이나 마오 주석이 아니에요.

라오: 글쎄요….

호: 선생님 세대의 사람들은 지나치게 정치적이에요. 정치에 지나치게 관심이 많죠. 우리 세대는 달라요. 가끔은 그게 괴롭기도 해요. 가정교회 예배에 참석한 적이 있어요. 성경을 읽고 있는데, 목사인가 교회 장로인가 하는 사람이 갑자기 자리에서 일어났어요. 그는 모두의 동의를 구하지도 않은 채 정치적인 발언을 하고는 모두에게 주님을 위해 죽은

이러저러한 사람들을 위해 기도하자, 정부에 체포된 이러저러한 사람들을 위해 기도하자 그러는 거예요. 또한 정부의 죄를 두고 기도하자고 했어요. 그 사람 때문에 그날 모임 분위기가 침울하고 비참한 분위기로 완전히 바뀌었어요. 그의 정치적 탄원을 듣고 우는 사람도 여럿 있었어요. 저는 아직 젊어서 경험이 많지 않아요. 하지만 어색했어요. 하나님께서 하나님의 일을 하시게 하고, 가이사는 가이사의 일을 하게 놔두면 왜 안 되는 거죠? 어째서 우리는 항상 그 둘을 뒤섞는 거죠? 정부는 종교를 정치화하고 싶어하고, 일부 그리스도인들도 똑같은 일을 하고 있어요. 그런 일을 보면 영적인 욕구가 싹 사라져요.

랴오: 흥미로운 관점이군요. 왕이Wang Yi라고 하는 그리스도인을 알고 있나요? 그가 당신의 주장에 대해 뭐라고 답할지 궁금하군요.

흥: 왕이라는 이름은 들어본 적 있어요. 청두 시에 살고 있죠? '가을 축복' Autumn Blessing이라 하는 기독교 선교회 대표 아닌가요? 독립적인 지식인이자 헌법학자로 유명하죠. 공산당이 그를 주시하고 있을 거예요. 그가 이끄는 모임은 두 번인가 경찰의 기습 단속을 받았을 거예요.

랴오: 맞아요. 위지에Yu Jie라는 작가도 있어요. 베이징에 있는 그리스도인이죠. 그들은 재능 있는 지성인이자 무척 용감한 사람들이죠. 체포나 투옥을 겁내지 않아요.

호: 정부공인교회 안에도 재능 있는 지식인들이 많이 있어요. 노골적으로 말하는 사람도 있지만, 낮은 소리로 말하는 사람들도 있어요. 정치적 싸움을 하려는 이들도 있지만, 정치로부터 떨어져 있으려는 이들도 있

어요. 그게 현실이죠. 위안지밍 목사의 다큐멘터리 "십자가: 중국의 예수"를 본 적이 있어요. 제 생각에 그 영화는 한쪽으로 치우친 것 같아요. 지난 역사에 너무 초점을 두고 있어요. 마오 주석이나 덩샤오핑은 오래전에 죽은 사람이에요. 중국인들 대부분이 더 이상 공산주의나 혁명 같은 것에 관심이 없어요. 공산당 관료들조차도 공산주의에 그다지 신경 쓰지 않아요. 양머리를 내놓고 개고기를 판다는 속담처럼 말이죠. 공산당 관료들은 자녀들을 서양으로 보내서 다양한 교육을 받게 해요. 그런데 우리가 왜 이 정부의 흠집을 잡느라 시간을 허비해야 하죠? 저들은 과거에 지은 범죄만으로도 이미 불안해하고 있어요. 그러니 공산주의자들의 화를 돋우지 않는 편이 나아요.

너무 많은 정보가 머리에 입력된 것은 아닌지 몰라요. 제 머리의 용량에 한계가 있는데 거르지도 않고 내뱉은 것 같아요. 죄송해요, 선생님처럼 나이 든 분들이 기분 상하지 않았으면 좋겠어요. 제 머릿속에서 불필요한 파일들을 좀 삭제해야 할 것 같아요. 예수님이 저의 인도자가 되시니 정말 다행이에요. 저는 집중하는 삶을 살고 있어요. 지금처럼 계속 정신을 업그레이드 해간다면, 저는 괜찮을 거예요.

랴오: 해외 웹사이트에 접속할 때 프록시 서버proxy server(클라이언트가 자신을 통해서 다른 네트워크 서비스에 간접적으로 접속할 수 있게 해 주는 컴퓨터나 응용 프로그램을 가리킨다. 주로 보안을 위하여 익명으로 컴퓨터를 유지하기 위해 사용한다—편집자 주)를 사용하나요?

호: 당연하죠.

랴오: 류샤오보와 몇몇 인사가 초안을 잡은 문서를 알고 있나요? "08헌장"
이라는 문서. 민주주의 및 종교의 자유를 포함한 인간의 권리를 고취
하는 선언 같은 건데, 저명한 중국 지식인 다수가 그 문서에 서명을 했
어요.

호: "08헌장"을 읽기 위해 프록시 서버를 사용할 필요는 없어요. 그 문서는
국내의 여러 웹사이트에도 게시되어 있어요. 경찰은 계속해서 지우고
있지만, 그럴수록 더 많은 게시글이 생겨나죠. 한동안은 경찰이 아무리
삭제해도 생성되는 게시글을 따라잡지 못할 거예요.

랴오: "08헌장"에 담긴 견해를 지지하나요?

호: 장기적인 관점에서는 지지하지만 단기적으로는 아니에요. 성공하기
어려울 거라고 봐요. 풀뿌리 민중의 지지를 받지 못하고 있으니까요.
그러나 성탄절 전날에 류샤오보를 구속해서 11년 징역형을 선고한 건
빌어먹을 깡패나 하는 짓이었다는 점은 언급해야겠어요. 죄송해요. 그
리스도인으로서 욕을 하면 안 되지만, 이번만은 하나님께서 용서해주
시겠죠. 아시겠지만, 류샤오보는 욕하지 않았어요. 그는 세련된 방식으
로 자기 견해를 표명했죠. 설령 그의 견해가 맘에 들지 않더라도 정부
가 그를 감금하는 것은 아니죠. 저들이 다음에는 무슨 일을 할까요? 우
리 세대에서는 한한Han Han이야말로 거침없는 쓰는 작가예요. 그는 저
의 영웅이자 오늘날 수천 명 젊은이들의 영웅이에요. 그는 매우 예리
한 정치적 논평들을 썼어요. 저들은 한한도 감옥으로 보낼까요? 류샤
오보가 형기를 마치고 나오면 예순 살이 돼요. 그때까지 중국에 민주
주의가 도래한다 해도, 뭔가 하기에는 너무 늦은 나이예요. 교회에 들

어와 세례받고 성직자로 위임받아 교회 목사가 될 수는 있겠죠. 그렇게 사람들에게 복음을 전할 수 있을 거예요. 그게 아니라면, 그에게 무슨 다른 길이 있겠어요? 안 그래요?

그는 상위 계층, 즉 교수 계층 정도에 속하는 사람이에요. 저는 대학 저학년 정도에 속하겠죠. 컴퓨터에 비유하면, 그는 펜티엄 6나 7인 반면 저는 펜티엄 2밖에 안 될 거예요. 그는 저보다 한참을 앞서 있고 제가 그의 수준을 따라잡는 일은 절대 없을 거예요. 하지만 잘 들어보면, 그와 그의 동료들이 하는 말이 맞아요.

감사의 글

_웬광후앙

2005년, 다리 시에서 가장 오래된 개신교회인 푸인탕 교회의 장로인 우용성은 『다리 시의 기독교 역사』라는 책을 펴냈다. 그 책에는 1800 년대 중반부터 1949년까지 복음을 전하기 위해 지구를 돌아 그곳까지 찾아온 선교사들의 이름이 복음 전파 순으로 나열되어 있었다. 이들 대다수가 중국 이름으로만 알려졌기에 원래의 영어 이름 표기가 잘못 표기되었거나 빠져 있다고 해서 놀랄 일은 아니었다. 윈난 성에서 복음을 전하며 살다간 이들을 기억하며 이 책을 그들에게 바친다.

考克宏 Archibald Colquhoun, 1882

斯蒂文 Frederick Arthur Steven, 1882

歐文.史蒂文生 Owen Stevenson, 1882

喬治.安德魯 Geroge Andrew, 1882

釣翰.史密斯 John Smith, 1885

德史多.福卡 F. Theodore Foucar, 1886

哈裏特.史密斯 Harriett Smith, 1890

釣翰.安德森 John Anderson, 1892

安德森小姐 E. M. D. Anderson, 1892

瑪麗.博克斯 Marie Box, 1895

幸普森小姐 A. M. Simpson, 1895

西比爾.瑞特 Sybil M. E. Reid, 1896

釣翰 John Kuhn, 1900

格蘭漢姆 L. Graham, 1900

尼克斯 S. M. E. Nicholls, 1900

郭秀峰 Arthur G. Nicholls, 1900

辛普森 William Wallace Simpson, 1900

桑德斯 A. H. Sanders, 1901

馬錫齡夫人 영어 이름 없음, 1901

理查.威廉姆斯 Richard Williams, 1902

哈科特.麥克裏 Hector Mclean, 1902

安選三 William James Embery, 1902

邁克裏 Hector Mclean, 1902

克拉克醫生 Dr. W. T. Clark, 1903

波特小姐 Ethel A. Potter, 1907

王懷仁 George E. Metcalf, 1907

內勒小姐 E. E. Naylor, 1907

海克托 Ms. Hector, 1907

붉은 하나님

克拉澤小姐 A. Kratzer, 1911

拉德加夫婦 Mr. and Mrs. Edgar, 1912

克萊門 A. J. Clement, 1912

坎寧海姆 J. D. Cunningham, 1912

達真塞勒小姐 Miss Dukesher, 1902

韓純中夫婦 Mr. and Mrs. W. J. Hanna, 1912

富能仁 J. O. Fraser, 1919

楊思惠 Allyn Cooke, 1919

普照恩 영어 이름 없음, 1919

赫德祿夫婦 Mr. and Mrs. F. S. Hatton, 1926

肯特小姐 D. S. Hatton, 1926

楊志英 John Kuhn, 1930

海富生醫生 Dr. Stuart Harverson, 1933

梁錫生夫婦 Mr. and Mrs. William A. Allen, 1931

馬耀華 호주인, 영어 이름 없음, 1934

柏特師夫婦 노르웨이인, 영어 이름 없음, 1934

何美食 Ted Holmes, 1934

施倫英夫婦 Mr. and Mrs. A. W. Snow, 1940

載德樂夫婦 Mr. and Mrs. Harold Taylor, 1940

美德純 Jessie McDonald, 1941

鮑文廉 Frances E. Powell, 1941

施愛仁 M. E. Soltau, 1941

馬光啟 Doris M. L. Madden, 1941

趙立德夫婦 Mr. and Mrs. Raymond Joyce, 1946

毛文熙夫婦 영어 이름 없음, 1948

幸醫生 Dr. Myrtle J. Hinkhouse

塗約翰 Dr. John K. Toop

塗威廉 Dr. William J. Toop

羅教師 D. W. Burrows

何莉莉 L. Hamer

畢麗蓉 Emma Blott

萬醫生 Dr. Watson

倪護士 호주인, 영어 이름 없음

溫教師 노르웨이인, 영어 이름 없음

선 선생의 도움이 없었다면 이 책을 쓸 수 없었을 것이다. 그는 두 해 동안 랴오와 동행하여 윈난 성의 여러 촌락들을 돌아다니면서 그곳의 기독교 공동체를 소개해주었다. 랴오이우에게 마음속 이야기를 들려준 용감하고 결연한 중국 그리스도인들에게 나 또한 감사를 표한다. 그들의 비범한 인생 이야기가 랴오로 하여금 이 책을 쓰도록 영감을 불어넣어 주었다.

나는 그리스도인이자 저명한 독립문학 평론가인 위지에의 지원에도 감사한다. 샌 마테오에 소재한 베이만 지역 복음주의개혁교회의 존 장 목사는 중국 내 기독교운동에 적극적으로 관여해왔는데, 그가 주도하는 '인도주의 중국'은 이 책에 실린 "암 환자" 리린샨을 위해 모금해주었고 선 선생이 중국 정부에 의해 윈난 성에서 선교를 금지당

붉은 하나님

한 뒤에 미국에 체류할 수 있도록 손을 써주었다.

나의 놀라운 에이전트인 피터 번스타인과 그의 아내 에이미가 보여준 신뢰와 인내에 나는 큰 빚을 졌다. 「아시아 문학 비평」*Asia Literary Review*에 랴오의 글을 여러 번 다뤘을 뿐만 아니라 편집을 통해 이 책의 가치를 높여준 홍콩의 팀 크립에게 감사를 드린다. 편집 과정에서 도움을 준 친구들, 「시카고 트리뷴」의 콜린 맥마혼과 모니카 엥, 그리고 일리노이 주 스프링필드의 로버트 크라울리의 도움 또한 빼놓을 수 없다.

이 책을 쓰면서 시카고 대교구를 맡고 있는 마이클 브래들리 신부의 자문에서 큰 유익을 얻었다. 브래들리 신부는 전체 원고를 꼼꼼히 읽고 나의 문의사항에 인내로 답해주었다. 그중 일부는 상당한 연구가 필요한 일이었다.

랴오이우 같은 중국의 독립 작가들을 옹호하고 지원하는 중국 독립 펜클럽 센터Independent Chinese PEN Center 대표인 마틴 랴오 티엔치에게도 감사를 드린다.

1990년대 초, 브루스 키넷과 그의 어머니 베라는 내가 미국 문화를 이해할 수 있도록 몇몇 교회 예배에 나를 데리고 갔다. 브루스는 내게 NIV 성경을 한 부 주었는데, 나는 이 책을 번역하는 동안 그 성경을 사용했다. 중국어 원문에 인용된 성경 구절은 모두 NIV를 기초로 했다.

지난 수년간, 베를린에 있는 나의 친구 게하르트 디케스는 나의 번역 작업을 조용히 돕고 랴오의 사진을 많이 제공해주었다.

내가 번역을 마친 달에 나의 친구인 케이트 더럼은 예쁜 딸을 낳았다. 딸 앤지는 엄청난 기쁨을 케이트와 크레이그에게 가져다주었고 나 같은 친구들의 삶에도 빛을 비추어주었다. 바라기는 앤지가 사람들이 서로의 신념을 존중하고 자신의 신앙을 마음껏 펼칠 수 있는 평화로운 세상에서 자라나기를 소원한다.

헌신적 그리스도인이었던 작고한 어머니에 대해 풍성한 이야기를 들려준 린다 유는 내가 공산주의 전 시대의 기독교운동을 이해하도록 도움을 주었다. 또한 타오 장, 캐런과 데일 토머스 부부, 데이비드 알렉산더의 따뜻한 지원에 감사를 드린다.

무엇보다도 우리의 편집자인 미키 모들린에게 감사하고 싶다. 이 주제에 대한 그의 관심과 식견이 있었기에 이 책이 탄생할 수 있었다. 캐슬린 랜즈와 리자 주니가는 편집 과정이 원활하게 진행되도록 수고해주었다. 감사를 드린다.

마지막으로, 나의 친구이자 동료인 새디우스 우슬리, 한스 반 휴컬룸, 앤드류 딜레니, 켈리 드링크와인, 토리 네프의 지지와 우정에 감사를 드리고 싶다.

웬광후앙(Wenguang Huang)
1964년 중국에서 태어나서 현재 시카고에서 살고 있는 작가, 기자, 번역가로 「월 스트리트 저널」, 「저널 아시아」, 「시카고 트리뷴」, 「파리 리뷰」 등에 기고하고 있다. 저서로는 『어린 홍위병: 가족 회고록』(*The Little Red Guard: A Family Memoir*, 2013)이 있고, 랴오이우의 『시체를 옮기는 사람』(*The Corpse Walker*, 2007)을 번역했다. 2007년에는 국제 펜클럽이 주는 번역지원기금을 받았다.

붉은 하나님

중국 공산주의의 엄혹한 탄압 아래서 기독교는 어떻게 살아남았는가?

Copyright ⓒ 새물결플러스 2014

1쇄발행_ 2014년 1월 10일

지은이_ 랴오이우
옮긴이_ 박명준
펴낸이_ 김요한
펴낸곳_ 새물결플러스
편 집_ 정모세·정인철·최율리·유가일·한재구·박규준
디자인_ 이혜린
마케팅_ 이성진
총 무_ 김명화

홈페이지 www.hwpbooks.com
이메일 hwpbooks@hwpbooks.com
출판등록 2008년 8월 21일 제2008-24호
주소 (우) 158-718 서울특별시 양천구 목1동 923-14 현대드림타워 1401호
전화 02) 2652-3161
팩스 02) 2652-3191

ISBN 978-89-94752-58-7 03230

책값은 뒤표지에 있습니다.

이 도서의 국립중앙도서관 출판시도서목록(CIP)은 서지정보유통지원시스템 홈페이지
(http://seoji.nl.go.kr)와 국가자료공동목록시스템(http://www.nl.go.kr/kolisnet)에서
이용하실 수 있습니다.(CIP제어번호: CIP2013028559)